索洛維約夫

世界哲學家叢書

徐 鳳 林 著

1995

東 大 圖 書 公 司 印 行

國立中央圖書館出版品預行編目資料

索洛維約夫／徐鳳林著. - - 初版. - -
臺北市：東大發行：三民總經銷，
民84
　　面；　公分. - -（世界哲學家叢書）
參考書目：面
含索引
ISBN 957 19-1732-X（精裝）
ISBN 957-19-1733-8（平裝）

1.索洛維約夫（Soloviev, Bio.
CoioBbeB,　V., 1853-1900)-學
術思想-哲學

149.469　　　　　　　　　83012208

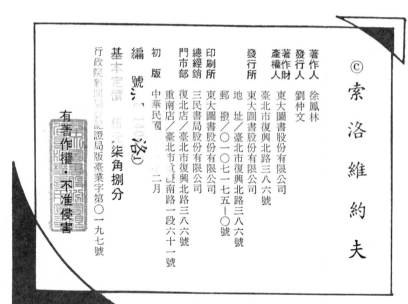

ⓒ 索洛維約夫

著　作　人　徐鳳林
發　行　人　劉仲文
產權作財人　東大圖書股份有限公司
發　行　所　東大圖書股份有限公司
　　　　　　地址／臺北市復興北路三八六號
　　　　　　郵撥／〇一〇七一七五一〇號
印　刷　所　東大圖書股份有限公司
總　經　銷　三民書局股份有限公司
門　市　部　復北店／臺北市復興北路三八六號
　　　　　　重南店／臺北市重慶南路一段六十一號
初　　　版　中華民國八十四年十二月
編　號　E 14069
基本定價　伍元柒角捌分
行政院新聞局登記證局版臺業字第〇一九七號

有著作權·不准侵害

ISBN 957-19-1732-X （精裝）

「世界哲學家叢書」總序

　　本叢書的出版計畫原先出於三民書局董事長劉振強先生多年來的構想，曾先向政通提出，並希望我們兩人共同負責主編工作。一九八四年二月底，偉勳應邀訪問香港中文大學哲學系，三月中旬順道來臺，即與政通拜訪劉先生，在三民書局二樓辦公室商談有關叢書出版的初步計畫。我們十分贊同劉先生的構想，認為此套叢書（預計百冊以上）如能順利完成，當是學術文化出版事業的一大創舉與突破，也就當場答應劉先生的誠懇邀請，共同擔任叢書主編。兩人私下也為叢書的計畫討論多次，擬定了「撰稿細則」，以求各書可循的統一規格，尤其在內容上特別要求各書必須包括 (1) 原哲學思想家的生平；(2) 時代背景與社會環境；(3) 思想傳承與改造；(4) 思想特徵及其獨創性；(5) 歷史地位；(6) 對後世的影響（包括歷代對他的評價），以及 (7) 思想的現代意義。

　　作為叢書主編，我們都了解到，以目前極有限的財源、人力與時間，要去完成多達三、四百冊的大規模而齊全的叢書，根本是不可能的事。光就人力一點來說，少數教授學者由於個人的某些困難（如筆債太多之類），不克參加；因此我們曾對較有餘力的簽約作者，暗示過繼續邀請他們多撰一兩本書的可能性。遺憾

的是，此刻在政治上整個中國仍然處於「一分為二」的艱苦狀態，加上馬列教條的種種限制，我們不可能邀請大陸學者參與撰寫工作。不過到目前為止，我們已經獲得八十位以上海內外的學者精英全力支持，包括臺灣、香港、新加坡、澳洲、美國、西德與加拿大七個地區；難得的是，更包括了日本與大韓民國好多位名流學者加入叢書作者的陣容，增加不少叢書的國際光彩。韓國的國際退溪學會也在定期月刊《退溪學界消息》鄭重推薦叢書兩次，我們藉此機會表示謝意。

　　原則上，本叢書應該包括古今中外所有著名的哲學思想家，但是除了財源問題之外也有人才不足的實際困難。就西方哲學來說，一大半作者的專長與興趣都集中在現代哲學部門，反映著我們在近代哲學的專門人才不太充足。再就東方哲學而言，印度哲學部門很難找到適當的專家與作者；至於貫穿整個亞洲思想文化的佛教部門，在中、韓兩國的佛教思想家方面雖有十位左右的作者參加，日本佛教與印度佛教方面卻仍近乎空白。人才與作者最多的是在儒家思想這個部門，包括中、韓、日三國的儒學發展在內，最能令人滿意。總之，我們尋找叢書作者所遭遇到的這些困難，對於我們有一學術研究的重要啟示（或不如說是警號）：我們在印度思想、日本佛教以及西方哲學方面至今仍無高度的研究成果，我們必須早日設法彌補這些方面的人才缺失，以便提高我們的學術水平。相比之下，鄰邦日本一百多年來已造就了東西方哲學幾乎每一部門的專家學者，足資借鏡，有待我們迎頭趕上。

　　以儒、道、佛三家為主的中國哲學，可以說是傳統中國思想與文化的本有根基，有待我們經過一番批判的繼承與創造的發展，重新提高它在世界哲學應有的地位。為了解決此一時代課

題，我們實有必要重新比較中國哲學與（包括西方與日、韓、印等東方國家在內的）外國哲學的優劣長短，從中設法開闢一條合乎未來中國所需求的哲學理路。我們衷心盼望，本叢書將有助於讀者對此時代課題的深切關注與反思，且有助於中外哲學之間更進一步的交流與會通。

最後，我們應該強調，中國目前雖仍處於「一分為二」的政治局面，但是海峽兩岸的每一知識分子都應具有「文化中國」的共識共認，為了祖國傳統思想與文化的繼往開來承擔一份責任，這也是我們主編「世界哲學家叢書」的一大旨趣。

傅偉勳　韋政通

一九八六年五月四日

自 序

1

正如普希金（A. Пушкин, A. Pushkin 1799-1837）是俄羅斯文學「黃金時代」之歷史源頭一樣，索洛維約夫（ Bi. Coіoвьев, V. Soloviev 1853-1900）是俄羅斯哲學「黃金時代」的歷史源頭。這一哲學「黃金時代」便是19世紀後半期至20世紀初。在這個特定的歷史時期和社會文化背景下，俄羅斯思想家對存在的意義問題、歷史問題、人類命運問題的體驗之深度與研究課題之豐富，在人類精神文化進程中占有特殊地位。「人在世界上的地位和使命」問題是這一歷史時期俄羅斯哲學思想的核心和焦點，而對存在問題、道德問題、自由問題和歷史問題的廣泛探討都是這一中心問題的衍生和以此為歸宿。

人的問題無疑是哲學反思的永恒主題。在西方哲學史上，古希臘哲學對人的問題的沉思帶有思辨的反省性質；文藝復興時期的思想家對人的問題的提出又具有感官享樂的個人主義色彩。而俄羅斯哲學對人的問題的解決則有自己的方式——不是把人作為獨立存在的核心，不是把自我同他人和宇宙對立起來，而是把人作為與他人和世界生死與共休戚相關的、與大宇宙有內在聯繫的小宇宙。

這樣一種哲學思考的一個重要認識論成果就是「哲學上的容忍精神」，但這種容忍不是以不顧及自身價值和原則為代價，而

是由於痛感人類之各種自然力量——社會的、心理的、精神的力量在歷史上的相互衝突是不可消除的生命之理，故而要追求大宇宙與小宇宙的統一與和諧。晚期赫爾岑（A. Герцен, A. Herzen 1812-1870）、陀思妥耶夫斯基（Ф. Доостоевский, F. Dostoevsky 1821-1881）、托爾斯泰（Лев Тостой, Lev Tolstoi 1828-1910）、索洛維約夫、晚期別爾嘉耶夫（Н. Бердяев, N. Berdyaev 1874-1948）——他們都從不同方面發展了這一思想。這樣，俄羅斯哲學所不懈追求的是人、社會與自然的統一，是人類學和宇宙論的融合。

在哲學認識論上，這一時期的俄羅斯大思想家的共同傾向是反對「抽象理性主義」，強調人的完整性。在他們看來，理性（及全部認識）的純粹性不是靠認識脫離生活來保證，而是靠人對真理和正義的誠心與信念。俄國哲學家追求知與行的統一，真、善、美的統一。於是就形成了與西歐哲學的邏輯——認識論不同的俄國特色——與社會相結合的倫理主義。

2

如今，我國對這一時期俄羅斯哲學思想的研究還相當薄弱和片面。這種狀況部分根源於前蘇聯官方50年代以來對待俄國哲學史研究的錯誤立場——把俄國哲學史解釋為「唯物主義產生和發展的歷史，是唯物主義與唯心主義的鬥爭史」，這樣一來，對於19世紀下半葉至20世紀初，俄國哲學史的對象主要是革命民主主義者和馬克思主義者。在這種意識形態下，使得我國哲學界對這段歷史的研究也帶有片面性，為我們所知曉的只有赫爾岑、別林斯基（В. Белинский, V. Belinski 1811-1848）、車爾尼雪夫

斯基（ Н. Чернышевский, N. Chernyshevski 1828-1889）、普
列漢諾夫（ Г. Плеханов, G. Plekhanov 1857-1918）、列寧
（ Вл. Ленин, V. Lenin 1870-1924）等。

然而， 在這段歷史時期還有另一片更為廣博深邃的哲學天
地，這就是宗教唯心主義哲學家的精神探索。諸如索洛維約夫、
費奧多洛夫（ Н. Федоров, N. Fedorov 1828-1903）、布爾加
科夫（ С. Булгаков, S. Bulgakov 1871-1944）、弗洛連斯基
（ П. Флоренский, P. Florenski 1882-1943）、卡爾薩文（
Л. Карсавин, L. Karsavin 1882-1952）、別爾嘉耶夫、舍斯托夫
（ Л. Шестов, L. Shestov 1866-1938）等等，他們的深刻的哲
學思考和人生體驗也留下了豐富的精神遺產。

實際上，在前蘇聯40年代以前的哲學史著作中，都肯定俄國
哲學史中占統治地位的是宗教唯心主義。在西方，這一流派的思
想家也一直得到廣泛研究，索洛維約夫被公認為最傑出的俄國哲
學家之一。他的著作有德、英、法、意、荷、日、克羅蒂亞、捷
克等各種文字版本，僅70年代在西方出版的有關他的著作就多達
百餘種。而在我國，由於種種原因，時至今日對這位俄國哲學家
的名字尚且鮮為人知，著作更無一本，這不能不是我國外國哲學
研究的一個缺憾。

3

本書非深思熟慮之研究成果，而是對索洛維約夫主要哲學思
想的簡要述評。依據該哲學家的部分原著，並參閱了一些俄國作
者的評述著作。筆者力圖按照這位哲學家的生活年代先後，盡量
通俗易懂地介紹其不同時期哲學思想的主要內容，並在若干處略

作分析與評論。使讀者對索洛維約夫哲學有所了解，對這一時期俄國精神文化有更全面認識，這是筆者的願望；若能引起個別讀者對俄羅斯哲學之興趣，則是筆者的最大欣慰了。

　　索洛維約夫哲學廣泛涉及許多西方哲學家，而且貫穿著基督教與東正教思想。筆者甚感學識有限，深知書中在譯解及評論上定有諸多不當之處，更望學界同仁及讀者諸君不吝賜教。

　　最後，衷心感謝韋政通先生及出版者的鼓勵、支持與幫助，使得本書能夠列入「世界哲學家叢書」而與讀者見面。

徐鳳林

北京大學外國哲學研究所

1994年4 月

索洛維約夫　目次

第一章　東西方哲學之間

> 我的全部學說不過是對九個世紀以來照亮俄羅斯人民的眞
> 理所作的評注。❶

縱觀世界哲學思想史，西方哲學和東方（中國及印度）哲學
作爲兩種主要的哲學傳統和類型，早已確定了其各自的地位，並
幾欲二分天下。提起俄羅斯哲學，則鮮爲人知，更有不少論者斷
言俄羅斯哲學不過是西歐哲學在俄國的傳播與發展。

固然，俄羅斯沒有西歐那樣經典而縝密的哲學體系，亦無中
國那樣深邃而悠遠的思想源流，但也不宜判定俄羅斯無自己的哲
學：俄國思想家將西歐哲學思想融合於本民族的文化傳統和思維
方式，創立了獨具特色的俄羅斯哲學。從哲學總立場觀之，這種
哲學既不等於西方哲學，也不同於東方哲學，但又兼有西方哲學
的概念範疇形式和東方哲學的精神特點。如此，在東西方哲學之
間，俄羅斯哲學應占有一席之地。

1.1　俄羅斯哲學

俄羅斯民族歷史不長，其哲學啟蒙更可謂後知後覺。自古以

---

❶　索洛維約夫語。轉引自 А. Гулыга<Вл. Соловев>/Литературная
газета,1989г.18 Января.

來，俄羅斯人生活於濃重的宗教熱忱之中，理性思維相對薄弱，
哲學思想長期處於萌芽狀態。直到彼得大帝(Петр I 1689-1725)
銳意接受西歐文化以後，在18世紀法國啟蒙運動影響下，俄羅斯
人的哲學意識方才大爲覺醒。從18世紀下半葉開始，一批熱衷於
法國和德國哲學的俄羅斯思想家脫穎而出，展開了卓有成效的探
索；19世紀則是俄羅斯哲學人才輩出成就輝煌的時代，出現了富
有俄羅斯民族精神的哲學流派，其先行者是肇始於19世紀30年代
的斯拉夫派。索洛維約夫哲學則成爲這一流派的思想基礎，他直
接繼承早期斯拉夫論者的思想，批判西方哲學，改造基督教，創
立了「萬物統一」（Всеединство）哲學。這就是「萬物統一」
哲學流派的初步奠立。20世紀初，一批俄國思想家繼承和發展他
的學說，帶來了俄羅斯宗教哲學和文化的再度繁榮。

俄羅斯哲學具有區別於西方哲學的若干特點。從比較哲學而
言，這些特點多與東方哲學相近。其一，俄羅斯哲學家往往對思
辨的自然本體論和認識論興味索然，而對歷史發展問題卻特別關
注。他們深深地思索著歷史的意義、歷史的終結、俄羅斯的歷史
命運等問題。

其二，俄羅斯哲學既非神學中心論，亦非宇宙中心論，而是
人類中心論。它研究最多的主題是關於人、人的命運與道路問
題。對人的觀點在這裡是以宗教世界觀爲基礎的，因此具有其特
別之處：與西方思想強調個性自由與價值不同，而是突出個人與
集體、與社會的關係。因此俄羅斯思想傾向於反對個人主義，主
張集體主義和團結互助；強調內在自由，認爲人的行爲應遵從於
來自上帝的良知而不是迫於外在壓力。這種把良知與外部調節相
對立使俄羅斯民族的法制觀念較爲淡薄。

　　其三，倫理道德問題也是俄羅斯哲學的核心問題。大多俄國哲學家都把所研究的各種問題與倫理問題相聯繫。正如一位俄國哲學史家所言，在俄國哲學家那裡「處處是道德觀點優先（甚至在抽象問題上）：這是俄羅斯哲學思考的最活躍和最富創造性的源泉之一」❷。

　　最後，理論研究與實踐活動、抽象思想與現實生活的不可分離，面向解決實踐問題的哲學思維取向，是俄羅斯哲學的顯著特徵。這不僅為宗教哲學所擁有，且為唯物主義流派所具備。這使俄國哲學家更偏好哲學政論，而不熱衷於構造體系。

　　索洛維約夫作為俄羅斯哲學的典型代表，其哲學思想也體現了上述一般特點。

1.2　時代環境

　　索洛維約夫所生活和創作的19世紀50─90年代，其社會大背景是資本主義的經濟發展帶來了歐洲人精神生活的危機。近代以來，資本主義的價值觀念、自然科學的迅速發展，隨之而來的哲學上的經驗主義和理性主義，都從根本上動搖了歐洲人古老的基督教信仰之基礎，代之而起的是對自然科學、理性和物質文明的迷信。然而到後來，人們發現，科學並非萬能，理性亦有局限，單純的物質繁榮只造就了虛假的幸福，這樣，一時間，歐洲人失去了藉以生活的一切信仰，面對傳統價值的荒涼廢墟而茫然無所適從，陷入深層的內心苦悶之中。這就是資本主義的精神危機。

---

　　❷　В. Зеньковский «История русской философии» том1. С.16.

這一危機雖在20世紀才完全明朗化，但在19世紀已露端倪，並為當時少數敏銳深刻的思想家所洞見。克爾凱郭爾❸、尼采（F. Nietzsche, 1844-1900）、陀思妥耶夫斯基以及索洛維約夫，便是這樣的思想家。索洛維約夫批判抽象理性和外在權威對人的絕對統治，要通過基督教——東正教哲學來找回人們失落的精神家園，通過道德完善和內心革命來實現未來的人間天國。這就是他關於哲學的意義與使命學說、「完整知識」（Цеьное знание）哲學、「索菲亞」（София）學說、歷史哲學及倫理學和美學之根本宗旨的社會動因。

西方資本主義生產方式的巨大衝擊波也震撼了封建落後的俄羅斯大地。這不僅呼喚著經濟政治的改革，也帶來思想理論的積極探索。19世紀的俄國出現了眾多的政治思想和哲學派別。尤以斯拉夫派和西方派最為著稱，它們的爭論在19世紀俄羅斯思想中產生了廣泛影響。索洛維約夫與這兩個派別亦有密切關係。

斯拉夫派和西方派形成於 19 世紀 30—40 年代（詳見本書9.1），其實質在於對俄羅斯歷史道路的不同觀點：西方派認為西歐文化代表了世界文明，因此俄國的進一步發展應吸收歐洲成就，引進資產階級生活方式，革除俄羅斯的舊傳統；斯拉夫派則強調俄羅斯文化的特色而堅決主張走不同於西歐國家的民族之路。但在自此以後兩派延續幾十年的爭論中，已遠遠超出了社會歷史觀，而廣泛涉及了哲學、文學、社會學和美學等諸多領域，形成了兩種不同的意識形態體系。索洛維約夫在哲學上首先繼承了老一輩斯拉夫論者的主要觀點，後來又與新斯拉夫論者產生重

---

❸ 克爾凱郭爾（S. Kierkegaard, 1813-1855）——又譯祁克果。丹麥宗教思想家和哲學家，存在主義的理論先驅。

大分歧並展開爭論，這主要表現在他對西方哲學的批判以及他的宗教觀和民族觀之中。

俄國知識分子似少有書齋學者和遁世文人，卻不乏社會活動家。19世紀60年代在俄國貴族和平民知識分子中就出現了一批社會活動家，被稱作「60年代人」，他們以理論和實踐活動積極參與社會變革運動，造成了廣泛的社會影響。索洛維約夫也生長於那個時代，雖思想觀點與他們大爲不同，但他也抱有改造現實的宏願，曾投身於宗教、社會和民族問題的論戰，且一生都在孜孜以求社會眞理，這成爲他的思想宗旨。但他的社會改造之路不同於社會政治革命：他開始創作的青年時代（70—80年代）正值革命民主運動低落和民粹派運動遭鎮壓之後，爲俄國社會政治較黑暗時期，在知識分子中產生了對社會變革的消沉沮喪情緒，這成了唯心主義和宗教哲學活躍起來的有利條件，在這種環境下，索洛維約夫試圖通過宗教改造、道德完善和精神革命來實現社會理想。

在索洛維約夫哲學活動的同時，70-90年代在俄國還有戈戈茨基❹和尤爾凱維奇❺的宗教唯心論、新斯拉夫主義和鄉土主義❻、

---

❹　戈戈茨基（ Гогоцкий,С. С., Gogocki,S.S., 1813-1889 ）——俄國哲學家。其著作四卷本《哲學辭典》（ 1857-1871 ）被認爲是俄國當時的百科全書。

❺　尤爾凱維奇（ Юркевич,П. Д., Iurkevich,P.D., 1827-1874 ）——俄國神學家、宗教唯心主義哲學家。1869-1873 年任莫斯科大學文史系主任。其學說是一種獨特的基督教柏拉圖主義。

❻　鄉土主義（ почивенничество ）——19世紀60年代俄國文學和社會思潮。主張回到俄國本土、俄羅斯人民之中以求發展之路，其觀點接近斯拉夫論，亦接受西方論的積極方面。主要代表人物有陀思妥耶夫斯基、A.格里高里耶夫、斯特拉霍夫等。

廣爲傳播的實證主義、齊切林❼的新黑格爾主義、維堅斯基❽的新康德主義以及唯物主義和馬克思主義等哲學思潮。索洛維約夫與它們均有這樣或那樣的關係。他受到尤爾凱維奇宗教哲學影響，贊同鄉土主義的觀點，批判實證主義者和新斯拉夫派的民族主義，與新黑格爾主義、新康德主義和馬克思主義的代表人物展開論戰。

1.3 哲學淵源

哲學史表明，許多有獨創性的哲學家都是在前人的思想成果基礎上開創自己的哲學天地的。索洛維約夫熟諳古今世界諸多哲學思想流派，他所受的哲學影響可大致歸爲三方面：歐洲古代和近代世俗哲學、西方和東方（猶太）神祕主義和俄羅斯思想。

索洛維約夫「在哲學上的初戀」對象是17世紀荷蘭哲學家斯賓諾莎（B. Spinoza, 1632-1677）。他十六歲就精心閱讀了斯賓諾莎的著作，並對之深深迷戀。斯氏哲學在某些方面對索洛維約夫世界觀產生影響。首先是哲學的使命思想。斯氏思想體系以「至善」（人生圓滿境界）作爲核心和出發點，而把哲學和其他各門科學都看成是實現這一目標的手段。這種深刻的人文精神對索洛維約夫世界觀的形成起了重要作用。大學生索洛維約夫在棄數理而轉學文史後致信友人道：「科學不能成爲生命的最終目

---

❼ 齊切林（ Чичерин, Б. Н., Chicherin,B.n., 1828-1904）──俄國哲學家、歷史學家、政論家和社會活動家。在哲學上是俄國右翼黑格爾主義的最大代表。

❽ 維堅斯基（ Введенский, А. И., Vedenski,A.I., 1856-1925）──俄國唯心主義哲學家，康德主義在俄國的最大代表。著有《從批判哲學看意志自由的爭論》、《哲學在俄國的命運》等文。

標，生命的眞正的最高目的是另一種，即道德（或宗教）目的，爲此科學只能成爲手段。」❾ 其次是宗教和泛神論思想。正是由於斯賓諾莎，索洛維約夫曾一度失卻的上帝（雖然起初還只是十分抽象的自然主義的形式）才又回到他的世界觀之中。他從斯氏那裡獲得了上帝現實存在的生動體驗，甚至明確感受到了世界的精神統一性。再次，索洛維約夫從斯氏哲學找到了反對惡無限性或無限因果論的根據，得出全部哲學都應在自因說中找到完滿性的思想。

謝林（F. W. J. Schelling, 1775-1854）是對索洛維約夫學說影響最大的西方哲學家。在19世紀，謝林對俄國哲學思想的影響曾勝過康德（I. Kant, 1724-1804）、黑格爾和費爾巴哈（L. Feuerbach, 1804-1872）。俄國謝林主義者曾是一支強大的思想派別。索洛維約夫在自己的博士論文答辯會上公開承認自己的觀點與晚期謝林「天啟哲學」的相似性；和謝林一樣，索洛維約夫也高度評價人的本體意義，與主客體分離的二元論作鬥爭，力圖超越這種分離，達到主體與客體合一；謝林主張「同一哲學」，索洛維約夫則創立了「萬物統一」哲學，以此作爲一種新型的哲學思維方式。

索洛維約夫從黑格爾（G. W. F. Hegel, 1770-1831）哲學中主要汲取了三段式的辯證法形式。在他的理論著作中經常用到類似的三分法，有如黑格爾的正反合三段式；而且他早年也曾試圖建立一種邏輯範疇體系，有公式化之嫌。但他在根本理論原則上則極力反對黑格爾的抽象理性主義和極端化的泛邏輯主義。

叔本華（A. Schopenhauer, 1788-1806）非理性主義和倫

❾ 同注❶。

理學說的影響體現在索洛維約夫的碩士論文〈西方哲學的危機〉和最初的道德哲學論著之中。

　　索洛維約夫思想淵源的另一條線索是歷史上的宗教神祕主義哲學思想。他在大學和神學院讀書的五年間就專門研讀了大量宗教哲學著作，爲其後來的宗教哲學奠定了基礎。《完整知識的哲學原理》（ *Философские начала цеьного знания* ）一書中的「肯定的虛無」思想便是受到新柏拉圖主義者普羅丁（Plotinos，約204～270）的啟發。教父哲學也是索洛維約夫宗教哲學的理論源泉之一。俄國哲學史家拉德洛夫說：「在基督教哲學家中對索洛維約夫影響最大的有兩位：奧古斯丁和奧利金。」❿ 奧古斯丁（A. Augustinus, 354-430）是教父哲學的典型代表，他第一次從哲學上全面系統地論述了基督教教義，討論了最重要的神學和哲學問題，他的思想對整個中世哲學直至近代宗教哲學都有深刻影響。索洛維約夫借鑑了他神學體系中關於上帝、創造、人及意志自由思想。奧利金（Origenes，約185-254）是埃及哲學家兼神學家，早期基督教希臘派教父的主要代表之一。他是第一個運用希臘哲學建立基督教神學體系的人。他把柏拉圖（Platon，公元前427-前347)的理念論同神學形式結合起來劃分了純粹本原（上帝）、被創造的精神（「諸靈」）和物質世界。索洛維約夫被稱作「19世紀俄國的奧利金」，因爲他與奧利金一樣，都深刻理解基督教之奧祕，都是基督教的辯護者，維護基督教免受異端和多神教哲學家的攻擊⓫。

❿　Радлов,Э. Л. （ Radlov,E.L.， 1854-1928）：
　　Вл. Соловьев:жизнь и учение.С.77.
⓫　Никольский<Русский Ориген в Х1Х веке--Вл. Соловьев>/В журнале «Вера и разум» 1902. №24

　　1875年，索洛維約夫在英國進修期間，曾專門研究了中世紀猶太教神祕主義文獻（喀巴拉⑫）。其中的思想強調猶太教儀式習俗的神祕含義，使信徒相信自己本身是神所安排的宇宙中心，應與不潔的俗世完全隔絕，期待末世來臨。這裡突出了人的思想，但不是古代哲學的自然人，而是社會人，是現實發展的社會。喀巴拉思想對索洛維約夫的宗教哲學本體論、人本學及「索菲亞」學說都有所影響。此外，索洛維約夫在神學院聽課期間閱讀的近代德國泛神論哲學家波墨⑬、巴德爾⑭的著作對他的宗教哲學創作也起了一定作用。但他力圖把上述宗教神祕主義思想同俄羅斯宗教意識融為一體。實際上對索洛維約夫世界觀影響最大的還是俄羅斯的精神傳統和某些俄國思想家。他在一篇文章中說：「我的全部學說不過是對九個世紀以來照亮俄羅斯人民的真理所作的評注。」

　　早期斯拉夫主義者依·基列耶夫斯基（И. Киреевский, I. Kireevski 1806-1856）和阿·霍米亞科夫（А. Хомяков, А.

---

⑫ 喀巴拉（Каббала）——出自希伯來語，意為傳說。後被作為中世紀猶太神祕主義文獻的總稱。主要有 9 世紀中葉後出現的《創世紀書》、《光華》及13世紀開始形成的《榮光》。其中包含著新柏拉圖主義觀念及星象學、天使、魔鬼、魂游象外等描述，以及猶太教的民間傳說等。

⑬ 波墨（Jakob Böehme, 1575-1624）——德國哲學家、神祕主義和泛神論的代表。他認為世界萬事萬物處於永恒的精神統一之中，而這種統一借助神聖的三位一體而得到實現。一切事物都是上帝精神的表露，精神隱藏灌注於可見世界之中，借助可見世界的具體事物形態和性質進行活動。

⑭ 巴德爾（Baader F.，1765-1841）——德國唯心主義哲學家，醫生、礦物學家。他利用中世紀猶太神祕哲學、聖—馬丁、波墨等人的思想，發展了神學體系，其中貫穿了關於人的存在、人的歷史完全依賴於神、知識依賴於信仰的思想。

Homiakov 1804-1860)是索洛維約夫哲學最重要的直接理論先驅。他把自己學說中關於理性知識的片面性、關於信仰在認識中的基礎性作用等基本原理都歸功於這兩位思想家。他們二人最早勾劃了獨立的俄羅斯哲學的基本綱領。基列耶夫斯基在柏林受過專門的德國哲學教育，但他對當時歐洲哲學的頂峰——黑格爾和謝林哲學持批判態度。他認為黑格爾哲學已使理性的發展達到極限，給現代人指明了純粹理性的缺陷，提出了尋找其他認識源泉的要求；他從謝林晚期轉向天啟哲學這一事實得出結論：真理的認識不能局限於理性規律的邏輯發展，必然要求神的啟示和人的精神的「內在完整性」，而這種完整性只有在信仰中才能達到；他明確提出建立俄國自己的哲學的必要性：「德國哲學不可能在我們這裡生根，我們的哲學應當從我們的生活中發展起來。」⑮

　　霍米亞科夫的哲學思想是和他關於西方文明之「破產」的社會學說相輔相成的，他強調俄羅斯應走一條根本區別於西方的歷史和文化之路。就哲學而言，他斷言西方的哲學派別無論唯物主義還是唯心主義，都陷入了抽象的片面性。他尖銳地批判黑格爾哲學。早在40年代初，當黑格爾主義在俄國盛行之時，他就在沙龍辯論中批評黑格爾。50年代，他發表文章系統論述這些觀點。他批判黑格爾哲學的主要之點一是其邏輯理性主義，二是它的無基質性。霍米亞科夫認為，事實與思想之間是不可能相互轉化的。因為事實在內容上較思想更豐富多彩，而思想則喪失了現象的偶然性和具體性，所以從抽象中不可能重建生動的現象。單憑邏輯途徑不足以獲得真理，真理在於生活本身之中，對真理的認

---

⑮　Вопросы философии. 1990, № 2, C. 103.

識要憑藉宗教體驗。霍米亞科夫指責黑格爾哲學是無基質的，因爲從純觀念（純存在）不可能得出物質世界的多樣性。他提出應以「豐富的精神」作爲世界之基礎，這種精神包含著作爲完整世界的思想和作爲世界存在之活力源泉的意志❶ 。

　　可見，在這些思想中已經表達了脫離西歐近代哲學開闢俄國哲學新路的意向，但基列耶夫斯基和霍米亞科夫的論述只限於幾篇論文，不曾寫出一部哲學專著。索洛維約夫則更進一步，寫下一系列哲學力作，這便是他早期的四部主要著作《西方哲學的危機》（ *Кризис западной Философии* ）、《完整知識的哲學原理》、《抽象原理批判》（ *Критика отвлеченных начал* ）和《神人論講義》（ *Учения о Богочеловечестве* ）。

　　另一位俄國宗教哲學家尼・費奧多洛夫的「共同事業的哲學」（ *Философия обшего дела* ）曾對索洛維約夫的萬物統一哲學尤其是愛的哲學產生很大鼓舞。費氏建立了一種人本主義的宇宙論，把人的命運同宇宙存在合爲一體，把道德標準推廣到人與自然關係的一切領域，索洛維約夫則賦予愛以一種超個人的社會歷史意義甚至宇宙學意義。他在致費氏的信中稱對方是自己的「導師和精神之父」❶ 。

　　思想創造總是既要走進歷史，又要不爲之所囿，走出前人。索洛維約夫從哲學思想史上吸收了許多思想資料，但他並不在意自己的學說與先哲的理論是否相符，也不是把它們機械組合，而是在吸收和借鑒的同時又批判改造，爲我所用，納入自己的體系。

---

❶ Галактионов А.,Никандров «Русская философия в 1X--X1X вв.» с. 294.

❶ Соловьев В.С. : Письма. том II, с.345.

1.4 思想特點

倘若站在俄羅斯哲學、西方哲學和東方哲學的一般性高度統觀索洛維約夫哲學思想特點，則可以說，索洛維約夫哲學反映了俄羅斯哲學的基本風格，又以西方哲學的形式表達了東方哲學的基本精神。以人爲中心的思考、道德和社會歷史問題占核心地位，是俄羅斯哲學的風格，也是索洛維約夫哲學的特點；他以古希臘、中世紀和近代西方哲學的概念、術語和方法構築自己的理論體系，但他的萬物統一哲學和「實踐唯心主義」（Практиче-ский идеаіизм）則體現了「道不遠人」、「梵我如一」、「知行合一」、「天人合一」和「天下大同」的精神本質。

思想家索洛維約夫區別於同時代哲學家的顯著特點是實現了廣泛的綜合，在這種綜合中創造出一種別具一格的哲學學說。他反對理論學說的各執一端和抽象片面，而從人類存在的根本意義與目的出發，追求完整知識，探索萬物統一。這是宗教、哲學和科學的綜合，也是東西方文化的融合。就理論形式而言，這樣一種學說的獨特性顯然不在於解決這樣或那樣一些本體論和認識論問題，而在於將形而上學、人本主義和歷史哲學及道德哲學和美學等融於一身，創造一種包羅萬象的世界觀，其中力圖證明世界與人、主體與客體、感性與理性、認識論與倫理學和美學的統一。於是，這種哲學的中心概念不是抽象的存在或理念，而是「應有」，是美好理想的實現；物質因素也不是一切存在的基礎和開端，而是個人、人類乃至全部天地萬物完善化的必要條件。

萬物統一是一切存在的和諧方式。自古希臘起，當哲學理性

開始探索宇宙萬物的組織原則之時，就不斷追求著「萬物統一」的理想境界。這也是東方哲學的人生與社會理想，這種理想或許不能完全實現，卻是人類思想探索的最高目標；它可能無法在邏輯上確切定義，卻是哲學無窮反思的對象。如果說近代的科學分化在發展自然科學、經濟學、政治學、社會學和歷史學等專門學科的同時，淡漠了人類存在之根本意義與目的，那麼萬物統一哲學則力圖回到這一人類古老的人文理想。

「萬物」者，固然包容一切存在，從自然環境到人和社會。在索洛維約夫哲學中，天地萬物和諧統一之本既非孤立個人，亦非自然規律，而是人類社會，個人與社會密切關聯，自然與社會相互協調。他的哲學所要回答的根本問題是「全部人類存在的目的是什麼」的問題；他把所有問題都從社會歷史觀點來看待，他對存在的一切「面目」都要在歷史中、在人類發展中揭示，不但他的倫理學要在歷史中證明善，而且他的認識論也要依靠人類精神在歷史活動中的揭示來把握存在的意義。總而言之，他的宗教形上學、人生哲學、社會哲學、歷史哲學、道德哲學和美學等皆以達到個人高尚精神和社會完善目標為指歸。這突出表現了俄羅斯思想家精神探索的共同特點。

索洛維約夫在青年時代便矢志於通過改造基督教進而改造整個現實社會生活。他要以現代知識和哲學來修正基督教的不適宜方面，「把基督教的永恒內容賦予新的、名副其實的亦即理性的形式」⑱。但他的哲學不是傳統意義上的「基督教哲學」；他本人雖深懷宗教熱情並篤信基督教基本真理，但他的綜合學說中也

---

⑱ Там же, с.89.

不乏與基督教原理相背的成分 。 他不是以哲學來補充基督教學說，而是把基督教精神納入哲學，以此豐富哲學思想。

除哲學而外，索洛維約夫在文學上也頗有造詣。他不屬那類古板的沉思者，而是一位富有激情和充滿幻想的思想家，他寫過許多出色的政論作品，尤其是80年代關於民族問題的一系列政論文章，語言明快、評論尖銳，飽含激情，為政論的優秀之作。他也是一位詩人，寫下許多詩作，尤以哲理抒情詩見長。他的詩對20世紀俄羅斯象徵主義詩派產生很大影響。

第二章　生活與創作

我確信人類的應有境況不該如今所是，就是說，我當改變
人類之現狀。❶

赫拉克利特（Herakleitos, 約公元前 540—前 470）說：「一
個人的性格就是他的命運。」大凡眞誠的思想者，便是難於安居
樂業。也許是索洛維約夫的哲人之思與詩人之情，就已注定了他
精神探索的漂泊生涯。

2.1　書香門第

弗拉基米爾‧謝爾蓋耶維奇‧索洛維約夫於1853年 1 月16日
出生於莫斯科一位著名學者之家。其父謝爾蓋‧米哈依洛維奇‧
索洛維約夫(С. М. Соловьев, 1820-1879)是19世紀俄國傑出的歷
史學家，宏篇歷史巨著《遠古以來的俄羅斯史》(*История россии
с древнейших времен*）的作者，莫斯科大學教授，並於1871-
1877年間出任莫斯科大學校長。其母波里克森娜（Поликсена,
Poliksena）是18世紀烏克蘭著名思想家格里高里‧薩維奇‧斯科
沃羅達（Г.С. Сковорода, G. S. Skovoroda 1722-1794）的後裔。

---

❶　История философии в СССР, том 3, c. 380.

知識家庭的文化薰陶和嚴格訓練爲索洛維約夫一生中非凡的學術成就奠定了基礎。他的哥哥弗謝沃羅德（Всевород, Vsevorod 1849-1903）是當時有名的歷史小說家，妹妹波里克森娜（1867-1924）是女詩人，以 Allegro 筆名發表作品。

索洛維約夫的家庭生活十分和睦，父親在思想傾向上是溫和的自由派。但家裡籠罩著「嚴肅而虔誠的氣氛」，在這裡，未來的哲學家長期沉醉於兒童的理想和夢幻之中。他後來在詩中寫道：

> 那時我是一個古怪的孩童，
> 終日做著古怪的夢──

這些離奇古怪的神祕夢幻在哲學家一生的精神氣質中都占重要地位，所以才有他與幻想中的「索菲亞」的幾次神會和他的神權政治烏托邦。

索洛維約夫十一歲入莫斯科第五中學，十六歲以優異成績畢業，榮獲金質獎章，名列學校大講堂中的金牌榜。1869年，索洛維約夫進入莫斯科大學數理系。但他並不喜歡數學和物理，卻對動物學和植物學課程更感興趣。然而自然科學終究沒能成爲未來哲學家的志向所歸，大學三年級時，他中止了數理系的學習，於1873年7月通過考試轉入文史系。

2.2　信仰三階段

少年索洛維約夫已經開始對宗教哲學問題的思考。從十三歲到十八歲，他的內心經歷了一個對宗教信仰的「否定之否定」過

程。他說，所有人在孩提時就都已具有信仰，當然此時只是對言詞的信仰；　對這種信仰必須有理解，　必須有關於信仰對象的觀念。而實際上兒童的這種信念或多或少是盲目的，往往只被作爲習以爲常的東西來直接接受，並未經過深入的理性思考。許多人（以前幾乎所有人）懷著這樣的信仰過字一生；另一些人隨著理性的逐年增長而開始放棄了童年的信仰。首先是恐懼，然後是懷疑和批判以至徹底否定。他自己在青少年時期就經歷了一個徹底否定信仰的唯物主義階段。這與當時的社會思潮有關。19世紀60—70年代，在俄國知識分子尤其是知識青年中，一反俄羅斯古老的宗教氣氛，出現了批判傳統信仰和遵從唯物主義的一時風尚，被稱爲「虛無主義運動」。此間，年少的索洛維約夫也曾一度成爲「虛無主義者」，中止去教堂作禮拜，甚至有一次竟然把聖像拋出戶外，這使他的父親大爲惱火。他童年的朋友洛怕京❷回憶說，十五歲的索洛維約夫成爲一個徹底的唯物主義者，一個「60年代典型的虛無主義者」。

當然，索洛維約夫並未滿足於對信仰的否定而就此止步。他說：

> 至於我自己，　我在那個年齡不僅懷疑和否定了先前的信仰，而且發自心底地憎恨這些信仰——我甚至羞於回憶我當時的言行所造成的愚蠢的褻瀆。結果，一切信仰都被推

❷ 洛怕京（　Лопатин, Л., Lopatin, L., 1855-1920）——俄國唯心主義哲學家。大學畢業後與索洛維約夫一同留校任教，後成爲莫斯科大學教授。曾任莫斯科心理學會主席。他以人格主義精神解釋萊布尼茨和洛采（Lotze, R. H, 1817-1881）的單子論，認爲精神的創造本質在於道德意識，在於個人的「道德轉變」。

翻了，年輕的心獲得了完全的自由。許多人停留在這種拋
棄了一切信仰的自由之中並為之感到自豪；後來他們一般
成為務實的人或騙子。而那些沒有加入此行列的人，則
力圖在被毀壞的信仰之處建起新的信仰體系，用理性知識
取代盲目信仰……具有理性思考的人已經不可能信仰他兒
時所信仰的東西了；如果這個人只具有表面的或有限的智
慧，那麼他就會僅僅停留在對自己童年信仰的簡單否定
上。然而我們從另一方面看到，一切大思想家無不是真
正的虔誠的教徒。實證科學之父培根（F. Bacon, 1561-
1626）的話是眾所周知的，他說：小智而哲學修養不高者
遠離上帝，大智而哲學修養更高之人又會走向上帝。 ❸

　　1872年底，十九歲的大學生索洛維約夫已經度過了全盤否定
階段，經過理性思考而重新認識了信仰的必要性。他在 1872 年
12月31日致表妹羅曼諾娃（Романова, Romanova）的信中論述
了這一觀點。這封信表達了這位未來哲學家的一個基本思想——
對信仰與知識的同一性的深入思考和堅定信念。他相信童年的天
真信仰階段必將被理性階段所取代。但什麼是理性？　或者是科
學，或者是哲學。但他斷言，當今的科學和哲學都是片面的，不
足以包容完整的活生生的現實。他在信中這樣寫道：

　　　科學不能成為理性信仰的基礎，因為它只懂得外在現實和
　　個別事實而別無所知；科學拒絕說明事實的真正意義，拒
　　絕對自然與人之關係的理性解釋。許多人訴諸抽象哲學，

❸　Соловьев В.С.：Письма, том Ш, с, 73.

但哲學僅在於邏輯思維領域，卻把活的現實和生命拒之門外。而人的眞正信仰不應是抽象的，而是活生生的；不在於某種理性判斷，而在於人的全部精神生活；人的信仰應當成爲他生命的主宰；它不僅包括概念世界，還包括行爲世界。這樣一種活的信仰無論科學或哲學都不能提供。那麼向何處尋找呢？於是出現了可怕的狀況——內心的完全空白、黑夜、生命中的死寂。抽象理性證明了自身的不可靠性。但這種黑暗已是黎明的先兆，因爲當人不得不說:「我是虛無」的時候，就等於說出了「上帝就是一切」。❹

最後，索洛維約夫總結說: 人對宗教的關係的正常發展要經歷三個年齡段: 首先是兒童的盲目信仰，其次是理性的發展和對盲目信仰的否定，最後階段是建立在理性發展基礎上的自覺的信仰。

2.3　神學院

1873年秋到1874年夏，索洛維約夫作爲旁聽生在莫斯科神學院主修神學和哲學。他的哲學觀的形成深受來自神學院的影響，其次是自修，而大學生活包括大學哲學課對他的影響並不顯著。他的大學生活是自由散漫的，很少去聽課，也不多與人交往。他的中學和大學同學，後來的史學家 H. 基列耶夫（H. Киреев, N. Kireev）說: 作爲大學生的索洛維約夫是不存在的，他也沒

---

❹ Там же, c. 74--75.

有志趣相投的大學同學。索洛維約夫的傳記作者 **C.** 盧基揚諾夫
則稱他是大學圈裡的「持不同政見者」。他對大學生活的評價
是「絕對空白」。只是在他準備副博士考試時才結識了一些哲學
教授。他對神學院的印象更好些,他說:「不管怎麼說,它不像
大學那樣是絕對空白。」❻

　　他對大學和神學院之態度的這種區別一是由於他思想志趣的
神祕主義傾向。另一個原因是70年代俄國大學中哲學教學的可悲
地位,以至於遠不如神學院。雖然1863年大學章程裡恢復了文史
系的邏輯、心理學和哲學史課,但由於此前的中斷,哲學教育水
平依然很低。「正當莫斯科神學院講授哲學、討論康德哲學的意
義之時,在莫斯科大學出版的雜誌《歐洲導報》(*Вестник*
Европы)中卻稱康德、費希特(J. G. Fichte, 1762-1814)、
謝林是瘋子,把他們的著作叫做『德國的胡說八道』。青年大
學生為該雜誌評論的無知與荒唐頗感吃驚。」❼索洛維約夫曾在
1879年描述了在高等世俗學院撤消哲學課的後果,並說明了神學
院對保持哲學傳統的作用:

　　　由於在我們普通學校裡取消了古典主義和哲學,俄國的學
　　界開始充斥著大量漫無目的與計畫的偶然作品,這種科學
　　質量的下降若不是神學院對古典主義和哲學傳統的保持,

---

❺ Лукьянов С. М.--Автор книги «О Вл. Соловьеве в его молодые
　годы:материалы к биографии», Петраград, 1916.

❻ 同注❸,頁105。

❼ Глагохев С. <Протоиерей феодор Алексанрович
　Голубинский>/в кн. «Память почивших наставников»,
　Сергиев цосад, 1914,с.20--21.

勢必更為嚴重。❽

「索菲亞」思想是索洛維約夫神祕主義學說的核心之一。後來的俄國哲學家弗洛連斯基❾認為，這種「索菲亞」思想就得益於神學院裡的人——神甫、哲學家戈魯賓斯基❿和布哈列夫（Бу-харев, Buharev）。弗氏說索洛維約夫到神學院本為學習神學和教會史，但發現了「索菲亞」思想後，就拋棄了學院神學而轉入此道。從此，這種獨特的神祕主義哲學思想便成為他全部學說的重要部分。但是，宗教神祕主義傾向並未妨礙他在「世俗」理論哲學領域裡的鑽研和成就。因為對他來說，在探究生命之本指導人類道路方面，宗教和哲學是一致的。

雖說大學哲學課未給索洛維約夫帶來多大幫助，但他在讀大學和神學院的幾年間精心研讀了斯賓諾莎、費爾巴哈、康德、叔本華、黑格爾和謝林的著作，所以才有他的碩士論文的誕生。

---

❽　同注❸，頁260。

❾　弗洛連斯基（ флоренский П. А.,Florenski,P.A., 1882-1943）——俄國宗教哲學家、數學家、物理學家。其哲學思想繼承索洛維約夫的萬物統一學說和「索菲亞」學說，並把它運用於各門知識領域，試圖建立一種「具體的形而上學」，其任務在於闡明作為精神——物質結構之基礎的某些第一符號。主要著作有《論宗教真理》（1908）、《唯心主義的意義》（1914）以及80年代才出版的《造型藝術作品的空間和時間分析》（1982）、《聖三一謝爾蓋修道院和俄羅斯》（1985）等。

❿　戈魯賓斯基（ Голубинский ф. А.,Golubinski,F.A., 1799-1854）——俄國唯心主義哲學家、神學家。1842年起任莫斯科神學院教授。他在批判黑格爾絕對觀念基礎上試圖建立東正教哲學體系。其哲學的基本概念是一種無限理念，它只有在內心中才能實現，只證明造物主的存在。

2.4 哲學才子

大學畢業後，索洛維約夫留在莫斯科大學從事哲學教學和研究。1874年11月24日，在聖彼得堡大學舉行了索洛維約夫的碩士論文〈西方哲學的危機（反對實證主義者）〉答辯會。這篇論文反映了年輕作者高度的哲學史修養、淵博的學識和嚴密的構思。文中考察了從經院哲學到康德、從康德到叔本華的西方哲學的發展，分析了叔本華和哈特曼⓫哲學體系的特色與得失，批判了當時流行的實證主義觀點，明確提出：純粹抽象理論認識意義上的哲學已經停止發展且一去不復返了。

公開的答辯引起了廣泛的社會反響。關於論文的爭論與評論文章大量出現在報刊雜誌，如《聲音》（*Голос*）、《聖彼得堡公報》（*Санкт-Петербурские ведомости*）、《公民》（*Граждане*）、《莫斯科公報》(*Московские ведоиости*) 等。實證主義者 B. 列謝維奇（B. Лесевиг, V. Lesevich, 1837-1905）指責索洛維約夫的哲學史觀是公式化的和臆造的，他否認當代西方實證主義有任何危機，也否認索洛維約夫所確信的西方哲學從實證主義統治經哈特曼的無意識哲學統治向未來的綜合（西方形式與東方精神直覺的完整內容的綜合）過渡。另一位俄國實證論者 K. 卡維林（K. Кавеін, K. Kavilin, 1818-1885）也說索洛

⓫ 哈特曼（Hartmann E. 1842-1906）——德國唯心主義哲學家，其哲學根源於叔本華的唯意志論和謝林的同一哲學。他的「無意識哲學」認為一切存在的基礎是無意識本原，它形成意志與觀念的絕對統一；無意識是生命的源泉、發展動力，而意識則是無意識的世界意志的工具。

維約夫在論文中所反對的實證主義哲學流派不僅沒有經歷什麼危機，而且它因擺脫了對心理現象之專門內容的貶低而成爲可靠的知識，由此看來，它已與實證科學融爲一體。

大多評論者對論文給予了積極的肯定。哲學家、斯拉夫論者H. 斯特拉霍夫（H.　Страхов, N. Strahor　　1828-1896）說，儘管論文有研究與敍述的公式化，但文中仍有一個占統治地位的中心思想，這就是對西方哲學的批判，而批判的直接對象就是以西方哲學兩個主要派別——唯理論與經驗論爲代表的西方認識論的片面性與抽象性。但他認爲索洛維約夫對哈特曼哲學賦予的意義是言過其實爲我所用。正式評論員M. 弗拉基斯拉夫列夫（M. Владиславлев, M. Vladislavlev）教授對論文給予高度評價。聖彼得堡大學學術委員會授予索洛維約夫哲學碩士學位。

回到莫斯科以後，索洛維約夫當選莫斯科大學哲學教研室副教授。於是，二十一歲的他就已站在莫斯科大學講壇上開始講授現代哲學史導論課了。

1875年夏，索洛維約夫被派往英國深造，主修「印度哲學、諾斯替派哲學⓬和中世哲學」。實際上他在英國集中研究的不是

⓬ 諾斯替派（Гностицизм ）源於希臘語gnōsis——認識。晚期希臘宗教流派及早期基督教異端學說。起源於 1 世紀，利用了東方宗教神話及晚期希臘哲學，主要是柏拉圖主義和新畢達哥拉主義。2 世紀以後又吸收了基督教某些觀念，形成基督教諾斯替派。其學說的基礎是關於靈魂墮落於低級物質世界的觀念，主張精神與肉體、善與惡的二元論。精神是善因，肉體則是罪孽與邪惡的源泉，與神相敵對，應當克服。第一個贖罪者是耶穌基督，但只有「精神的人」才能聽從基督的號召，跟隨基督的行爲，而只有通過信仰才能成爲「精神的人」。肉體的人一般不能直接超越感性世界達到精神世界。這一學說的潛在傳統一直延續到中世紀晚期，對於持有非正統的基督教神祕主義學說的哲學家有一定影響，如波墨、巴德爾、謝林、索洛維約夫及其後繼者以及德國現代哲學家齊格勒（Ziegler, 1881-1958）。

嚴格意義上的哲學，而主要是神祕主義作品。在大英博物館勤奮
苦讀幾個月後，他忽然出人意料地離開英國去了埃及，他後來解
釋說是由於「索菲亞」的神祕召喚。在茫茫的大沙漠裡，他的內
心得到了一種新的體驗。他在描述這段經歷的詩中寫道：

今日蔚藍天空下展現的一切
都是我的女皇——
心兒在甜蜜的興奮中跳盪。
在新的一天裡，
靈魂閃爍著靜謐的光芒……

但是這次旅行也有令人不快的事，甚至由於他的不修邊幅，
險些身遭不測。他以前就有過由於健忘而披著一條夜裡蓋的紅被
子上街的事。這次在埃及大沙漠旅行時，他頭戴一頂很不合適的
高筒禮帽，令人想起一幢煙囪或是一支信筒，身披一件很長的黑
色斗篷，竟然被當地阿拉伯游牧民族視為魔鬼，於是捆綁了手腳
押將起來。但他們很快就發現這不過是一個並無危險的普通人，
這才放了他。他在開羅度過了一個多天後返回歐洲。1876年夏回
到莫斯科大學，再度開辦哲學講座，講授邏輯學和哲學史。

1877年，索洛維約夫開始了他漫長而終究未果的戀情。回國
以後，索洛維約夫成為俄國作家和詩人 A. K. 托爾斯泰（A. K.
Толстой, A. K. Tolstoi 1817-1875）伯爵家的常客，托爾斯泰神
祕主義和溫和浪漫主義的氣質及其家庭的精神氣氛吸引了索洛維
約夫。就是在這個家庭裡，他結識了托爾斯泰夫人的侄女索菲亞
·希特羅沃（София Хитрово, Sophia Hitrovo 1848-1910）。

索洛維約夫對她一見鍾情，儘管這時的她比他年長五歲，早已爲人婦，而且是三個孩子的母親了。索洛維約夫還是對她情深意篤，並堅定地希望與她結婚。可她卻不情願也無勇氣毀掉原有的家庭，儘管這種婚姻並不幸福。但索洛維約夫依舊一往情深，總是把最好的詩獻給她，且經常到她所居住的莊園與她或長或短地團聚，直到去世。

1877年初，索洛維約夫忽然辭去了莫斯科大學教職。他自己承認辭職的外部原因是不願意「加入教授間的派系鬥爭」。他離開莫斯科來到聖彼得堡，在人民教育部下設的學術委員會供職。在聖彼得堡，他開始在大學和高級婦女講習班開辦講座，並撰寫他的三部重要哲學著作《神人論講義》、《完整知識的哲學原理》和《抽象原理批判》。1878年初開始的關於神學人類學的公開講座獲得了轟動效應，首都文化界人士紛紛前來聽講，大作家陀思妥耶夫斯基和列夫·托爾斯泰也在聽眾之列。一位參加者生動地描寫了在聖彼得堡大學舉行的第一次講座的情景，也刻畫了青年索洛維約夫的外貌特徵：

　　大家一下子安靜下來，幾百雙眼睛一齊向門口望去。一個穿著樸素的年輕人低著頭靜靜地走進教室。這就是索洛維約夫。最先映入眼簾的，是他的一張漂亮的、精力充沛的臉，略白而微瘦的面頰，不大的分向兩側的鬍鬚，濃黑的垂至肩頭的長髮。他慢步走上講臺，環顧一下臺下聽眾。只見在他濃黑的眉睫下，是一雙藍黑色的大眼睛，深邃、熱烈，充滿思想，又似蒙著一層神祕的霧。嘴角流露著一絲親切溫柔的笑意。聽眾沒有像通常那樣以熱烈的掌聲歡

迎新教授，而是異常寧靜，從一些「語文學家」那裡發出了
稀疏的掌聲，但馬上被眾人的「噓——噓」聲所制止……
索洛維約夫仍然帶著那種淡淡的微笑開始講課了。他開始
時聲音很輕，溫和平緩，繼而音量漸高，甚至變得慷慨激
昂：他講到基督教理想；講到超越了死亡和時間的愛的不
可戰勝；講到蔑視「淪落惡中」的世界；講到生命是一種
偉大的英勇行為，它的目的就在於盡可能接近於基督所表
現的那種完美，這樣的生命使「神化人類」成為可能，預
示著「世界之愛」和「宇宙團結」的天國的到來……這就
是他講座的開篇辭。他以一個深深的俯首禮結束了講演。
幾秒鐘的沉寂，忽然爆發出熱烈的掌聲，全場聽眾都在鼓
掌，無論是自然科學家、法學家還是語文學家。終於，講
演者舉起手，全場立刻安靜下來。顯然，他已經以自己的
精神力量征服和感染了聽眾……他說：「我想告訴大家，
先生們，——或者說，我請求大家，如果哪一位不同意我
現在所講和以後要講的基本原理，請在我講完之後向我提
出來，謝謝。」又一次爆發出熱烈掌聲。❸

　　這些講座的內容就是 1881 年正式出版的《神人論講義》一
書，其中的思想爲後來的俄羅斯宗教哲學運動奠定了基礎。
　　1880年 4 月 6 日，索洛維約夫又在聖彼得堡大學通過了博士
論文《抽象原理批判》的答辯，獲哲學博士學位。在這篇論文
中，他把哲學史上產生的彼此鬥爭不斷更替且至今尚未達到完整

❸ Лосеь А.：Вл. Солоьоеь ц е20 Вреця. С. 638-639.

綜合的各家各派哲學理論都斥之爲「抽象原理」: 傳統的經驗主
義、實在論、感覺論、傳統的理性主義、經濟政治生活的制度和
規範, 甚至忽視了人、 自然與社會之統一的宗教, 都是抽象原
理。 他力圖通過對這些抽象原理的批判而建立一種聯認識、 道
德、審美三大領域爲一體, 融眞、善、美於一身的「萬物統一哲
學」。

索洛維約夫的才思與學識深得許多人的賞識, 包括老一輩作
家陀思妥耶夫斯基在內, 他們還建立了深厚的友誼。 早在1873
年, 索洛維約夫曾把自己的碩士論文初稿寄給陀氏徵求意見, 並
附有一封信, 這封信成爲他們友誼的起點, 年輕的索洛維約夫成
爲陀氏思想上的最後一個朋友。 他還說, 索洛維約夫的面龐使
他想到他最喜歡的一幅畫——阿尼巴・卡拉齊⓮的「青年基督頭
像」。1878年, 他們還曾同去奧普丁沙漠; 1880年 4 月, 陀氏也
出席了索洛維約夫的博士論文答辯會。事後他懷著讚許的心情寫
道: 「不久前, 在爲青年哲學家弗拉基米爾・索洛維約夫報考哲
學博士而舉行的學術答辯會上, 我聽他說了一句很深刻的話: 我
相信(他說), 人類所了解的知識, 要比迄今爲止已由科學和藝
術講述出來的多得多。」⓯

1881年 1 月陀思妥耶夫斯基去逝後, 索洛維約夫曾先後發表
紀念他的三次演說, 這些演說成爲索洛維約夫論述關於宗教、道
德和民族等問題的重要著作。比如在第三次演說(1883年)中,

⓮ 阿・卡拉齊(A. Caraci, 1560-1609)——意大利畫家, 西歐繪畫
中學院派的創始人。

⓯ 格羅斯曼《陀思妥耶夫斯基傳》中譯本, 人民出版社, 1987年, 頁
634-635。

他第一次提出東西方文化融合及教會聯合的思想。此外，索洛維約夫對陀氏的文學創作也產生影響，他的思想和行為成為長篇小說《卡拉馬佐夫兄弟》（ Братья Карамазовых ）主人公之一伊凡·卡拉馬佐夫（ Иван Карамазов, Ivan Karamazor ）的素材。

2.5 漂泊與求索

從思想發展歷程而言，80 年代是索洛維約夫追求宗教社會理想的理論活動和社會活動時期，是他思想的「神權政治烏托邦」階段；他的生活是漂泊不定的：失去了固定工作、愛情仍無結果、沒有自己的家、常客居友人家中或旅居國外，但仍積極創作，寫下大量作品。

1881 年 3 月 28 日的公開演講使索洛維約夫的生活發生重大變化。講題為〈現代教育批判和世界進程危機〉，但他在演講中稱「談國事」。因為此時正值沙皇亞歷山大二世（ 1818-1881 ）被民意黨人暗殺（ 3 月 1 日）不久，索洛維約夫在演講的最後提到沙皇應當寬恕民意黨人，並表示反對死刑。他面對一千多名聽眾的這番講話觸怒了當局，他因此被逐出聖彼得堡。不久以後，他遞交了辭去公職的辭呈，從此永遠停止了高校教學活動，轉入獨立自由的理論活動之中。當然，中斷教學職業除去這一意想不到的外部原因之外，亦不無其個性方面的內因。他的傳記作者盧基揚諾夫說，在索洛維約夫身上似乎沒有多少「教授的才能」，而更多的是思想家、佈道者和預言詩人的氣質。

這也是他思想理論活動傾向的轉折點。此後，他暫時中止了

哲學探索，創作了許多關於基督教教義、教會史、民族和社會問題的學術著作和政論作品。1882-1884 年的《生命的精神基礎》（ Духовные основы жизни ）主要是對禱文〈我們的天父〉（ Наш Небесный Отец ）的解釋；1883年的《大爭論和基督教政治》（ Веіикий спор и христианская по іитика ）一書則表明了他對天主教的興趣；他還設想寫一部三卷本著作，系統論述自己關於東西方教會聯合、建立世界統一的神權政治社會的宗教社會理想。但由於書報檢查等原因只出版二本：1886年出版的《神權政治的歷史與未來》（ История и будущее теократии ）和幾經周折才於1889年在巴黎以法文出版的《俄羅斯與宇宙教會》（*La Russie et Eglise Universelle*）。由於對天主教的好感，索洛維約夫於1886年來到薩格勒布，在那裡結識了主教施特羅斯麥耶爾❶，二人建立了思想友誼，因為他們共同致力於天主教會與東正教會的聯合。

從情感與精神處境來看，80年代卻是索洛維約夫屢受打擊的不幸時期。與希特羅沃的愛情仍無結果自不必提，在事業方面，由於當時嚴格的宗教書報檢查制度 ， 使他的著作不能在本國問世，他不得不考慮用法文出版，於是1888年4月他奔赴巴黎，但這裡的情況也不盡如人意，從前與他要好的一些耶穌會神父現在背離了他，一些天主教徒甚至認為他是異教徒。總算在1889年才使《俄羅斯與宇宙教會》一書得以出版。但該出版社對另一卷不感興趣，於是他又在回國途中轉道薩格勒布找施特羅斯麥耶爾，但已時過境遷，他遇到的只是冷漠。

---

❶ 施特羅斯麥耶爾（ Strossmayer, 1815-1905）——克羅蒂亞政治活動家，哲學和神學教授，南斯拉夫科學院的組建者之一。

由於他對宗教理想的熱烈追求和對自己理論觀點的執著不
渝，使他失去了許多舊日的朋友。80年代後半期與斯拉夫論者的
重大分歧給他造成巨大的內心不安，因爲他不得不疏遠一些他曾
經十分敬重的斯拉夫論者，如 И. 阿克薩科夫❶、Н. 斯特拉霍夫、
Н. 但尼列夫斯基❽。他們認爲索洛維約夫主張教會聯合的觀點和
對教會生活的非基督教性的批判是背叛了斯拉夫主義而轉向了敵
對的西方論。更爲嚴重的是，由於新斯拉夫論者在強調俄羅斯民
族特色和使命時，形成了具有侵略性的極端民族主義觀點，索洛
維約夫與他們展開了激烈的辯論，這就是他的〈俄羅斯與歐洲〉
（ Россия и Европа 1888）、〈臆想中的與西方鬥爭〉（Мнимая
барьба с западом 1890）、〈斯特拉霍夫的美好思想〉（Счастiивые
мысли Н. Н. Страхова 1890）等一系列政論文章的主題。

此間，他與Н. 費奧多洛夫、А. 費特❿、К. 列昂季耶夫❷的
友誼也相繼喪失。費奧多洛夫關於普遍復活萬物的「共同事業的
哲學」曾使索洛維約夫十分迷戀，甚至尊費氏爲師長。但到80年
代末他們發生分歧，因爲索洛維約夫看到費氏學說中有一種非宗

---

❶ 阿克薩科夫（ Аксаков И.,Aksakov,I., 1823-1886）——俄國政
論家、詩人、社會活動家。老斯拉夫論者、哲學家 C. 阿克薩科夫
之子。
❽ 但尼列夫斯基（ Данилевский Н.,Danilevski,N., 1822-1885）
——俄國自然科學家、哲學家、社會活動家。著有影響廣泛的《俄
羅斯與歐洲》（1871）一書。
❿ 費特（ Фет, А.,Fet,A., 1820-1892）——俄國詩人，「純藝術」
學說的擁護者。
❷ 列昂季耶夫（ Леонтьев,К.,Leontive,K., 1831-1891）——俄國宗
教哲學家、作家、文學批評家。其思想具有明確的保守傾向，鼓吹
以「拜占廷主義」教權論和嚴格的等級劃分作爲國家和社會生活的
組織原則。

教性的危險，而對於索洛維約夫來說，離開了上帝的復活是不可能的。詩人費特的「純詩學」曾引起索洛維約夫的無限好感，他們建立了友誼，但終因觀點的分歧而分道揚鑣了：因為費特是泛神論者，而索洛維約夫從來不是泛神論者，而是東正教式的基督徒，對他來說自然之美從來不具有自足的意義，而是由於與美的神的相似。費特不喜歡基督教，甚至直言不諱地拿它打趣。尤其讓索洛維約夫不能容忍的是費特利用宗教關係追名逐利，於1889年2月獲皇宮高級侍從稱號。索洛維約夫與列昂季耶夫的友誼也以崩潰告終。列氏曾說過索洛維約夫「無疑是現代歐洲最傑出最深刻的哲學家和作家」，但他卻不能理解索洛維約夫的宗教政治學說。他在最後的信中宣稱「應盡一切努力將索洛維約夫永遠驅逐出國」。

此外，索洛維約夫的觀點有時不被公眾理解。他1887年3月在莫斯科為大學生所作的兩次演講便是一例。講題為〈斯拉夫主義與俄羅斯思想〉，但其中關於東正教的真正進步是彼得大帝的西化活動、普希金充分體現了俄羅斯思想等觀點就遭到反對。1889年，索洛維約夫與 H. 格羅特（ H. Грот, N. Grot 1852-1899）等人一道在莫斯科創辦了《哲學和心理學問題》（Вопросы философии и психологии）雜誌。但其他同仁對宗教問題全然不感興趣，甚至抱敵對態度。總之，80年代的索洛維約夫思想個性和創作在不斷增長，但他的精神生活卻日益沉重。進入90年代，他已逐漸失去了早年那種深刻而強烈的宗教感受，對神權政治理想在人間的實現也感到失望。

2.6 回歸哲學

90年代的索洛維約夫結束了激烈的政論階段，重新回到了理論哲學。1891年，他被任命爲布羅克塔烏斯和耶弗龍百科辭典哲學卷的編委。他不僅作編輯工作，還親自爲辭典撰寫了康德、黑格爾、孔德（A. Comte, 1798-1857）等重要條目。同年，他還在剛剛成立的彼得堡哲學學會上作了關於柏拉圖、普羅塔戈拉（Protagoras）、孔德、萊蒙托夫❷、別林斯基❷等人的學術報告；10 月 19 日，他又在莫斯科心理學會作了題爲〈論中世紀世界觀的衰落〉的演講，其中論證了基督教的衰落和另外類型的文化之路的必要性。對演講的評價眾說紛紜，一些人認爲他是預言家，另一些人則說他是冒牌的自由分子，應該閉嘴。1892年底到1894年，索洛維約夫完成了著名的作品〈愛的意義〉（ Смысл любви ）一文;1894年至1897年，完成了最系統的倫理學著作《善的證明──道德哲學》（ Оправдание добра-нравственная философия）;1897年發表了〈上帝概念（維護斯賓諾莎哲學）〉（Понятие Бога в зацигу философии Спинозы）；1897-1899年創作了總標題爲〈理論哲學〉（ Теоретическая философия ）的三篇論文。此外還翻譯了柏拉圖的著作（第一卷《柏拉圖的創作》）。

---

❷ 萊蒙托夫（Лермонтов,М. Ю.,Lermontor,M.IU., 1814-1841）── 俄國傑出詩人。其詩作把積極的浪漫主義和現實主義結合起來，反映了30年代俄國進步人士的孤獨、憂鬱和叛逆精神。

❷ 別林斯基（ Белинский,В. Г.,Belinski,V.G., 1811-1848）── 俄國卓越的文學批評家、哲學家、政論家，俄國革命民主主義美學和現實主義理論的奠基人。

　　90年代索洛維約夫的感情經歷依然坎坷。他又有過一次短暫的羅曼史。1891年底他開始傾心於另一位女性索菲亞‧馬丁諾娃（София Мартынова, Sophia Martynora）——又一個索菲亞，與希特羅沃同名，都是索洛維約夫一生鍾愛的神祕學說中完美女神的名字，這對詩人哲學家來說似乎並非巧合。馬丁諾娃當時也已經是出嫁的太太，而且有兩個孩子。她是不信教的女子，頗愛打扮，喜歡舒適快活的世俗生活。她沒有希特羅沃的宗教精神，但她豐富的涵養和莊重的舉止使索洛維約夫想起了集精神與肉體完美於一身的「索菲亞」女神。索洛維約夫說，他在她的臉上最後一次看到了永恆女神「索菲亞」的玫瑰色的光彩，看到了基督的天地和世界的靈魂。這種神祕幻想式的戀情的結局顯得有些滑稽：為了與她常見面，索洛維約夫甚至在1892年夏天把自己的別墅搬到莫斯科郊區馬丁諾娃莊園附近。但不久後終因不敵蚊蟲蟑螂的叮咬而離開別墅。縱使他有愛情之火，她卻如「冰冷的美人魚」。秋涼時節，這場羅曼史就告結束了。索洛維約夫感到精神上的極度沮喪與疲憊，他致信友人說：「你問我活得怎樣，我不能直接回答，因為我完全不是在活著，我已經死了。」

　　為穩定情緒和保養身體，索洛維約夫1893年7月又一次出國旅行，先到芬蘭和瑞典，途經蘇格蘭，又在法國住了幾月，1894年春回到聖彼得堡。他沒有忘記舊日的情人希特羅沃，當1894年新年來臨之際，他寫了一首〈新年祝語〉獻給她，表達了詩人沉痛而悲壯的愛：

　　　　新年，是一方新的墓地，

　　　　舊歲，已不堪新生命的擁擠，

喜慶的話，說出的分明是憂鬱——
一個不幸的老友，仍要道一聲「新年好」的祝語！

厄運的威嚴，抑或我們羸弱的身軀，
它能比罪惡的激情充滿幸福的愛意——
乾杯，我們仍將感激，
任激情燒乾了軀體，我們又進入自由天地。

1896年，希特羅沃的丈夫去逝，索洛維約夫再次向她求婚，但又被拒絕了，四十八歲的希特羅沃說自己要作祖母了。次年，索洛維約夫還是搬到希特羅沃所在的普斯丁卡，雖然他還時常外出，但總要回到這裡。1898 年春他再次去埃及，也許是爲了追尋他青年時代在埃及旅行中所產生的神祕夢想——與女神「索菲亞」相會。就在這年秋天回到普斯丁卡後，他寫下了神祕主義詩作《三次會面》（Три видания），生動地描繪了自己一生中有三次同「索菲亞」會面的情景。他認爲這是自己最好最重要的詩作。

1899年4月，他和希特羅沃一家旅居法國夏納，在這裡寫完了《關於戰爭、進步和世界史終結的三篇對話》（簡稱《三篇對話》（ Три разговора ）的第一部分；5月又來到瑞士洛桑，在這裡寫完了柏拉圖譯作的總前言；6月回到聖彼得堡。到1900年初完成了《三篇對話》的全文，發表於《歐洲導報》。

狂熱的情感，易衝動的性格，加之無家定居的生活，以及精神探索的痛苦與沉重，使索洛維約夫的身體健康每況愈下。幾年中他染上了霍亂、腎炎、動脈硬化等疾病，1899年又發生了一隻

眼視網膜脫落，使他整整兩個月不曾讀書和提筆。

這時的索洛維約夫已獲得相當的知名度，他收到各色各樣的大量信件，有的請求拜訪，有的請求看一看他的手稿，有的希望他寫書評，有的約定新作。對此他不能一一滿足，因此只好在《新時代》（*Новая эпоха*）雜誌（1899年10月25日）發表公開信以示歉意，並申明自己身體欠佳且手邊尚有亟待完成的主要任務：(1) 翻譯柏拉圖著作；(2) 理論哲學；(3) 美學；(4) 對普希金的美學講評；(5)《聖經》哲學的翻譯及對《聖經》的解釋。

1900年夏，索洛維約夫為把自己的柏拉圖譯作交付出版來到莫斯科。7月15日，他在他哥哥的中學同學達維多夫家作客時忽然病倒，在他自己的執意要求下，他被送到莫斯科郊區烏茲科耶莊園，他的好友、莫斯科大學教授尼古拉·特魯別茨科依㉓和葉甫根尼·特魯別茨科依㉔兄弟住在這裡。在這裡他的病情日趨嚴重，醫生診斷他的病是動脈硬化、腎硬化、尿毒症，以致機體功能全面衰竭。雖經多位醫生搶救，也無力回春。這位正值創作高峰的哲學家終於在7月31日晚永遠離開了人世，年僅四十七歲。

他的葬禮在大學教堂舉行，之後，被安葬在莫斯科新處女地公墓，其父親的墓旁。

㉓ 謝·特魯別茨科依（Трубецкой, С., Trubezkoi, S., 1862-1905）——俄國哲學家、政論家、社會活動家。1905年當選莫斯科大學校長。以自己的「具體唯心主義」發展了索洛維約夫萬物統一哲學。

㉔ 葉·特魯別茨科依（Трубецкой, Е., Trubezkoi, e., 1863-1920）——俄國哲學家、法學家、社會活動家。《索洛維約夫的世界觀》（兩卷本，1913）的作者，還有《11世紀西方基督教的宗教社會理想》（1897）、《生命的意義》（1918）等著作。

第三章　哲學與人生

> 研究哲學是一椿美好的事業，偉大的事業，對全世界有益
> 的事業。
> 哲學使人成為真正的人。 ❶

　　哲學的意義不僅限於理論認識 。 哲學與完整的人生息息相
關。兩千年前，蘇格拉底（Sokrates, 公元前 469—前 399）把哲
學的關注對象從自然轉到人生； 兩百年前 ， 康德提出哲學知識
的崇高目標和主要意義在於回答人是什麼及人在世界中的地位問
題；一百年前，索洛維約夫也深刻論述了哲學對人類生命的歷史
意義。

3.1　哲學之詞源

　　哲學是一門古老的學科。自古希臘以來，「哲學」一詞在不
同時代、不同地域以及不同具體場合往往具有不同含義。索洛維
約夫首先追本溯源，從「哲學」一詞的兩種概念上溯到「哲學」
的詞源學含義，從而說明「真正的哲學」的意義。他指出有兩種
不同的哲學概念，按第一種概念，哲學只是理論 ， 是書齋和學院

---

❶ Соловьев В. С. : <Исторические дела философии>/Вопросы
философии. 1988, № 8 c. 125.

的事業；而按第二種概念，哲學要大於理論，它主要是生命的事業，然後才是學院的事業。就前者而言哲學只屬於人的認識能力；在後一種概念中哲學還要符合人的意志的最高願望和人的情感的最高理想，因而不僅具有理論意義，而且具有道德意義和審美意義，並處於同創造和實踐活動領域的內在聯繫和相互作用之中。對於第一種哲學概念來說，哲學只要求人的發達到一定程度的智力、具有一定的知識和擺脫庸俗的偏見；對於第二種哲學概念來說，除上述那些外，還要求人的特定的意志取向，亦即特定的道德心境和藝術體驗以及想像力。總之第一種哲學只研究理論問題，與個人生命和社會生活無任何直接聯繫；第二種哲學則力圖成為個人生命和社會生活的形成和指導力量。

那麼這二者何者為真正的哲學呢？二者皆企圖認識真理，但這兩種認識方式截然不同。前者的認識是抽象的理論認識，後者則是生動的、本質上的認識。究竟孰是孰非？索洛維約夫首先從考察「哲學」一詞的詞源學含義開始尋找答案。他得出，從這方面看是有利於第二種哲學的。眾所周知，「哲學」一詞源於古希臘文的「愛智慧」，即對智慧的愛。但「智慧」一詞也有賢明之意，它不僅指知識的完滿，而且包含道德的完善、精神的內在完整性。因此，就原初意義而言，「哲學」一詞不應僅作為抽象的理論科學，而是意味著對人的完整的精神存在的追求。

當然，索洛維約夫也很清楚，單憑詞源學論據本身不足以根本解決問題，因為顯然，一個來自死亡語言的詞語可以獲得獨立於其詞源的新含義。比如「化學」一詞在詞源學上具有「黑土地的」或「埃及的」之義，而在現代意義上當然已同「黑土」或「埃及」格格不入了。就「哲學」一詞而言，索洛維約夫說應當

指出的是，今天大部分人還是按其原初意義來理解的。至今在通常的意義及其表達──口語中，哲學要寬於抽象科學，哲學家要寬於科學家。在口語中可以把學問不大甚至完全沒有學問的人叫做哲學家，只要他有特殊的才智和德性。這樣，不僅在詞源學上，而且在通常應用方面對這個詞所賦予的意義都是與抽象的學院哲學不相符合的，而更接近於生命哲學。這種觀點是正確的。我們說，哲學當然不能僅歸於抽象理論認識，哲學除認識世界外，「愛智慧」還要求思考人的本質、人的命運、人的生活的合理安排和人生的目的。「智慧」的價值還在於，它能提出最佳的解決方案、指出正確的道路，成為人的行為和生活方式的指南。

索洛維約夫反對抽象理性認識哲學是就19世紀後半期的狀況而言的，然而他對完整生命哲學的追求在百年後的今天仍有深刻的現代意義，因為在功利日重和分工日細的現代社會，哲學在許多場合已脫離了人生修養和社會生活，蛻變為狹隘的書齋學問。在這樣的時代，更需要呼喚真正的哲學家，他未必是哲學知識淵博的專家，卻是達到高度的精神完善、具備深刻的人生洞見的智者。

3.2　哲學基本問題

由於對哲學意義的不同理解，歷史上各哲學流派和哲學家對哲學基本問題的理解也不盡相同：如世界本原問題、知識的客觀性問題、上帝存在的證明問題、思維與存在的關係問題等等。索洛維約夫從自己的哲學觀出發，確認全部哲學首先應當回答的基本問題是我們存在的目的問題，亦即個人的人生目的和人類存在

的普遍目的問題。

索洛維約夫在《完整知識的哲學原理》一書的開篇便提出這個問題。他說，哲學的首要問題當然是人生的根本問題。而這一根本問題就是生存的目的問題，由個人生命問題而擴及全人類生存的普遍問題。何以如此？他論證道：假如我們的存在總是無上幸福的，那麼這個問題就不會產生：幸福的存在本身就是目的，而無需任何解釋。但事實上這種無上幸福更多地只存在於想像之中，而現實的存在是許多或大或小的痛苦。即便有某種彷彿是幸福的時刻，實質上也總是以繁重的勞作、痛苦的壓抑和難耐的寂寞爲代價，或者乾脆就是虛無縹緲轉瞬即逝的幻想。由此就使人自然而然地產生這樣一個問題：這一切是爲了什麼？這種生活的目的是什麼？對於每一個思考的人來說，這個問題首先是他個人的問題，即他自己生存的目的問題。但是一方面，一切思考者在這個問題上處於一種類似的狀況，另一方面，每個人都與他人共存，他的生存目的亦與他人緊密聯繫，因此，個人的問題必然轉化爲普遍的問題：一般的人的生存目的是什麼？人類爲什麼而存在？結果是什麼？而且這種過渡索洛維約夫認爲不僅僅是一種邏輯上的推論，因爲，第一，人具有思考這種形而上學問題的需要，我們的意識要求這種普遍的和最終的目的；第二，人生的切近目的與局部目的的價值只能取決於這一普遍的和最終的目的，因爲前者只是後者的手段。如果消除這一終極目的，則我們的切近目的便失去了自己的價值和意義，它對人來說就變成了僅僅是一種低級的動物本性的直接動機。這樣，哲學基本問題就不再是抽象的理論問題，而是人生的根本問題。

3.3　哲學的目的

　　既然眞正的哲學是完整知識，是自由神學，哲學應首要解決的是人的存在的根本問題，因此哲學的目的就不是理論自身，而是使人擺脫外在奴役，是達到人的內在自由。這就是索洛維約夫的哲學目的觀。他是從批判理性主義對哲學的理解開始論述這一問題的。

　　理性主義認爲哲學認識作爲精神活動的最高形式，它自身就是目的。這種觀點是由它對哲學本質的理解決定的，因爲在理性主義看來，既然哲學是滿足對知識的理論需要，因此它自身就是目的。然而這種理論需要只是局部的，是人的眾多需要之一種。而人有一種對於完整的或絕對的生命的最高需要，對於這種最高生命而言，一切其他的東西，也包括哲學在內，都只能成爲手段。這種絕對永恒的生命本身就是最高的幸福。顯然，這種幸福只有在下述條件下才有可能，即人不屈從於任何外部的異己的條件，不受任何外在的不情願的東西所規定，因爲一切這樣的規定都是痛苦，正如痛苦從客觀意義而言不是別的，正是對某種外部事物的屈從一般。怎樣才能擺脫這種比自己強大的外在性呢？顯然，人只有通過與那種本身就不依賴於一切外在性而又包容一切的本質的內在聯合才能做到。換言之，人只有在與眞正本原的內在聯合中才能獲得眞正自由。用我們的術語來說就是，人只有融於「天理」、「天道」，他的心靈方可獲得與天地同寬的自由。把人從上述外在性及外部的惡與痛苦中解放出來，使人與完整本原結合起來，這就是一切人的正常活動的眞正目的，因而也是眞

正哲學的目的，這種哲學不從屬於其他的局部活動，而是與這些活動一起爲這一眞正目的服務。

神祕主義也承認人與絕對者的結合是眞知識的目的，但由於其絕對者概念的片面性，也就片面地理解了這種結合，即理解爲融合或吞沒，在這樣一種融合中，世界對人消失了，人對自己也消失了，這一切都在邏輯上歸於完全消滅，歸於佛教的涅槃。但消滅不等於自由、不等於幸福（因爲自由和幸福必然要求有主體存在），因而不能成爲目的。自由是強力，眞正的目的是戰勝和統治外在世界。經驗主義在一定意義上承認這一點，培根把知識作爲力量，作爲統治自然的強大手段。但爲了眞正的、完整的自由，人不僅要戰勝外部自然界，而且要統治自己的本性，而這種內在的統治是經驗主義所說的知識無法做到的；同時，人也不能從自身之中達到這種內在自由或控制自己的本性，因爲人顯然不是完全自由的——他不能抓住自己的頭髮把自己提起。那麼怎樣達到內在自由呢？還要訴諸最高本原。爲了擁有這種內在自由，人應當把自己的中心從自身的本質轉移到最高的本質，也就是超越人本身，把人的內在自由建立在一種先驗的本體之上。如果沒有這種先驗本原，就是說人爲了「自我」，爲了自己個人的尊嚴等等而抽象地超越自己的低級本性，就只能像跳高一樣，隨後馬上又必然會落到地上。因此，眞正哲學的目的在於在自己的範圍內促使人存在的中心從他的原有本性轉向絕對的、先驗的世界。

3.4 哲學爲人類做了什麼

既然哲學具有如上所述的意義、問題和目的，那麼事實上它

做得怎樣呢？因爲哲學已淵遠流長數千年歷史。在索洛維約夫看來，哲學史不僅是人類的認識史。哲學史是人類探索內在自由的歷史；哲學在歷史上並非一事無成，而是有巨大的歷史功績，哲學使人的個性擺脫了外在強制，哲學使人成爲眞正的人。

哲學是爲全人類而存在的。從古印度的《奧義書》（*Upani-saol*）開始，哲學思想在人類歷史上已存在2500多年了。試問在這段漫長的時期中哲學爲人類做了些什麼？至於哲學在抽象思維領域中爲解決有關存在和認識的那些純思辨的問題所做的事情，那是所有從事哲學研究的人都已熟知了的。然而哲學並不是爲這些人而存在。其他各門科學也有純屬自己的純理論任務，而且只有從事該門科學工作的人才能完成這些任務。但這些科學並不局限於這些任務，從理論上研究它們的人雖並不多，可是它們卻對所有人都具有實際意義，能給人生帶來明顯益處。我們都知道自然科學並不是爲物理學家、化學家和生物學家而存在的，它們也爲全人類而存在；我們都知道它們給人類帶來了明顯益處，改善了人類的物質生活，給外部生活帶來方便，減輕了人們的體力重負。我們也都知道法律學和歷史學不僅爲法學家和歷史學家而存在，而且爲一切公民而存在，並推動了人們之間社會關係和政治關係的進步。或許哲學更接近於藝術而不是科學，或許它像純藝術一樣並不是爲生命激情、貪欲和爭鬥而產生的？但是要知道，即使藝術也不會僅限於藝術家和美學家的圈子，而總是力求給那些對藝術理論和藝術技巧一竅不通的人們帶來歡樂。難道哲學是一個例外？莫非它只爲那些親身從事哲學研究的人、哲學作品的撰寫者以及康德和黑格爾的讀者而存在？如果情況是這樣，那麼研究哲學雖然可能是一件有趣的事，但卻絕不是應予讚賞的事，

因爲這純屬利己性質的事。如果情況並非如此，如果哲學並非是個別智者的抽象興趣，而是全人類的生命興趣，那就應當直截了當地回答下述問題：哲學爲人類做了什麼？給人類帶來哪些益處？把人類從哪些罪惡中解放出來？

爲了對這個問題的回答不致僅限於空洞和泛泛，就必須追溯歷史，看看哲學在歷史上實際做了些什麼。因爲如果哲學能够給人類帶來益處，那麼它在自己的存在的漫長歲月中當然就應當早已帶來了這種益處。那麼這些益處表現何在？或曰哲學之歷史功績何在？

(1)印度哲學

索洛維約夫認爲哲學最早發源於印度，他高度評價古印度「萬物歸一」思想對人類精神的重要意義。

在印度，起初人類個性是完全受外在環境制約的，這種狀況比東方任何其他國家都更明顯；在這個奴隷制國家裡，不只有通常所說的四個種姓，而是有上千個種姓，彼此間等級觀念根深蒂固。那時根本沒有眞正的人性（關於人作爲人的意義）這個概念，因爲在上等種姓眼裡，下等種姓比牲畜還不如。人的命運由先天的種姓決定。宗教具有粗糙的唯物主義性，人是自然諸神的奴隷。在吠陀的古代頌歌中，歌者所祈禱和願望的是好收成、更多的牛和成功的搶掠。正是在這個國家裡某些思想家提出萬物歸一思想，這個說法首次宣布了人類擁有自由和友好聯合的權利，從根本上打破了社會的和宗教的奴役，摧毀了所有的不平等和隔絕。第一次明確表達這一思想的書名爲《奧義書》，即意義深奧，但萬物歸一思想並未長久地深奧難懂，而是很快成了眾人的

財富，取得了新的宗教形式——佛教。如果說婆羅門的泛神論是一種變成了哲學的宗教，那麼佛教則剛好相反，它是一種變成宗教的哲學。在佛教中萬宗歸一原理被明確地規定爲人性原理，既然萬物皆可歸於一，既然世界本質在萬物中是統一的，那麼人便沒必要在婆羅門和毗瑟挐中去尋找它，它已蘊含在人們之中，全部外在自然界都只不過是這種世界本質的外表和面具，這種外表和面具在人類精神自我覺醒時便會自行脫落。因此人的道德個性高於自然界和自然諸神。

佛教首次宣布了人的尊嚴、人的個性的崇高地位。這是對那種盲目的外在勢力、對物質事實（在東方的宗教和社會生活中人的個性都受制於這種事實）的強有力的抗議，這是人們對自然外在性、對生死偶然性的勇敢反抗。人類精神對外在自然存在說：「我比你偉大，因爲我能在自身之中消滅你，我能割斷強加於我同你的千絲萬縷的聯繫，我能摧毀把我同你聯結在一起的意志。我不依賴於你，因爲我不需要你賞賜給我什麼。」人在這裡可以放棄外在自然存在而獲得自己的自由和不受制約性。

對於印度固有的原始自然主義和粗糙唯物主義意識來說，一切存在僅僅被看作是盲目的外在事實，它僅看到了物質的生命過程，因此當印度思想第一次超越這一物質過程和擺脫一切外在存在的時候，這種自由只是一種抽象的自由，沒有任何內容；也就是說，當印度思想拋棄了外部物質存在時沒有找到其他內容來取而代之，而是走向虛無、走向涅槃。所以印度思想沒有超越這種否定，它完成了從吠陀的牛向佛教的涅槃這一偉大而艱鉅的過渡便筋疲力盡了。這樣，推動哲學事業因而也是人類事業的重任就自然落到了另一個民族身上，該民族在其民族本性之中就包含著

印度思想後來才具有的人性因素。這就是希臘民族。

⑵希臘哲學

如果說印度人的意識最初是醜惡的諸神崇拜，這些凶神只是外在自然之野蠻力量的代表，那麼在希臘的民族意識中則是從觀念化了的、美好的、人形的諸神出發的，對這些神的崇拜表現了對人的形式的優越地位和崇高意義的承認。但在希臘宗教中所神化的只是人的外在性，而人的個性的內在內容是自詭辯派開始的希臘哲學所揭示的。因為在先前時代，希臘哲學一直受到東方學說的決定性影響，希臘人的意識仿效東方學說在自身之外尋找自己的內容，把外在世界的因素和形式當成最高本原，只是到了詭辯學派那裡，哲學意識才堅決地返回到自身。詭辯學說的實質是否定任何外在存在，只承認人類個性具有最高意義。高爾吉亞（Gorgias）證明，先前哲學家都在人之外尋找絕對存在，這樣的存在是根本沒有的；如果有，我們也不能對此有任何認識；如果有認識，也無法表達出來。換言之，人只有在自身中才能認識真理。普羅塔戈拉更為直接地表達了這一思想，他說：人是萬物的尺度。這裡雖未拋棄諸神，但它們已失去了一切獨立意義。詭辯論者以自己完全的漠視而消除了民族神話。普羅塔戈拉說：「關於諸神，我不知道它們存在不存在。有許多因素——無論是對象的困難性抑或是人生的短暫都妨礙我對此的認識。」這種鎮靜的輕蔑口吻比一切強有力的否定更有力地證明人的意識從外在宗教中的完全解放。

詭辯學派與佛教既有區別又有相似處。二者都否定一切外在存在和諸神，無論希臘的詭辯學說還是印度的佛教，在這個意義

上都是虛無主義；同時它們都承認人的個性的最高意義，在這個意義上二者都具有人道主義性質。但它們也有很大差別。印度的佛教經過與物質因素進行艱苦鬥爭，在終於取得了對外在物質的勝利而否定了其優勢地位以後，未在自身中找到積極的生命力量，而是沉溺於涅槃。希臘的詭辯論者在其民族意識中已經具備了人性形式，因此對外部力量的戰勝更爲輕易，雖說也未找到使人的個性獲得解放的積極內容，但與佛教徒的遁世不同，詭辯論者保留了其個性的精神力量，他們以此直面生活，不爲任何早已過時的生活方式而感到羞恥，並努力以自己的精神力量左右愚昧的人羣。如果在佛教中人的意識對外部存在說：我比你強大，因爲我能擺脫存在；那麼在詭辯學說中人的意識則對外部存在說：我比你強大，因爲我可以不依賴你而生活，我可以因我個人的意志、個人的精神力量而生活。詭辯論者無條件地確認了人的個性，但這種個性還無現實內容。這種自滿自足並充滿自信的個性本身還遠不具有一般內容和客觀內容，就其與他人的關係來說，它還是一種偶然的東西，這裡個性的解放只是一種主觀的解放。要想獲得客觀解放，人必須從外在存在之下解放出來，找到自己的內在內容，事實的統治應被代之以觀念的統治。蘇格拉底提出了這一要求，他是希臘哲學乃至整個古代哲學的核心。

蘇格拉底是一位詭辯論者，又是一位詭辯學說的偉大反對者。他是詭辯論者是因爲他也和其他詭辯論者一樣堅決否定外在事實的統治，也沒有在任何外部存在和外在權威中——在民族宗教諸神、物質自然界、自己國家的公民制度中——找到絕對眞理；他又是一位詭辯論的反對者是因爲他不承認個人主觀意志和精神力量的統治權利就是個人自由，他堅信，擺脫了外在性的個

人之所以具有價值和尊嚴，僅僅是因爲他把這種外在性代之以積極的內在內容，因爲這樣的個人將按照大家共有的觀念，因而是按照他對每個他人的內在責任而生活和行動。

這種作爲人的個性之內容的觀念本原，蘇格拉底只肯定了其存在（有這種本原），他的學生柏拉圖則指明並規定了其本質（這種本原是什麼）。他所提出的理念的存在是與外在存在即偶然的、非合理的和不應有的存在相對立的，它本身就是善的、美的和合理的。和諧的觀念王國本身作爲存在的絕對性和完滿性，不是通過外在經驗和外在規律而爲人認識的，而是通過內在直觀和思維之純粹性揭示給人的。這裡人的個性獲得了觀念內容，它取決於個性的內在價值及其擺脫了外在事實的積極自由；這裡作爲理念體現者的人已具有了積極意義。從現在起，人已有了可靠基礎來反對不合理的外在性；從現在起，人在逃離外在性以後已經有所歸屬。從柏拉圖的世界觀來看，人有兩種序列的存在——肉體、物質的存在（不應有的或惡的存在）和理念世界即內在的盡善盡美的存在。但柏拉圖哲學沒能把這兩個序列協調起來。因爲理念世界是絕對的、永恒不變的，而物質現象界則是變動不居的。柏拉圖主義要求人湧出物質世界的濁流，沐浴理念世界的陽光，使人擺脫物質存在的桎梏，像逃出精神的牢獄或墳墓一樣。但人只有依靠自己的理性才能進入理念世界，而個人的意志和生活依然在此岸，在非應有的物質存在世界。這兩重世界的二元論表現爲人的存在自身的二元論和矛盾，因此人的活的靈魂沒有得到眞正的滿足。

(3)基督教思想

　　柏拉圖主義沒有做到的，卻由基督教通過基督做到了。基督不像佛那樣否定塵世，也不像柏拉圖主義哲學家那樣脫離塵世，而是進入塵世以便拯救塵世。在基督教中，柏拉圖的觀念宇宙變成了神的活生生的和能動的王國，它對物質存在即塵世的實際現實不再抱著無動於衷的態度，而是嘗試把這一現實同自己的眞理的聯繫重新恢復鬥來，使自己實現在這一塵世之中，使塵世成爲絕對的、神的存在的外殼和載體；而理想的個性在這裡則體現爲神人，它同時頂天而立地，在自己身上把天地合爲一體，通過把愛與萬物內在地結合起來的方式在自身之中使生命達到完滿。

　　基督教眞理不僅能爲理性所認識，而且本身能發揮作用，不僅給自然人以啟示，而且使自然人成爲新的精神的人。但實現這一眞理的過程只在基督身上完成了，是他個人的過程，它還要表現在全世界之中，成爲集體的歷史過程。這是一個長期的複雜的痛苦的過程。在基督教思想尚未把事實存在同化和把外在世界精神化之前，它只是一種外在力量，表現爲物質組織（天主教會）。這時眞理表現爲一種權威，要求盲目信仰和服從。教會作爲一種外在力量，還不能把人類社會現有的實際關係理想化、精神化。

　　這樣，一方面，被基督教從自然之奴役下解放出來的人，陷入了更深的外在精神權威的奴役；另一方面，塵世的人際關係依然建立在偶然性與強制的基礎上。表現爲外在權威和教會權力的非眞理形式的基督教眞理本身壓抑人的個性，仍把它作爲外在非眞理的犧牲品。這樣就面臨雙重任務：第一，把基督教眞理從外在權威和物質力量形式下解放出來；第二，重新確立被僞基督教所破壞和不予承認的人的權利。這兩項任務是由哲學來完成的。

⑷近代哲學

近代以後西方哲學開始獲得了巨大發展，在這一發展的強大影響下完成了兩項重要的歷史事業：16世紀的宗教改革打破了天主教會的壁壘；18世紀的政治革命摧毀了全部舊的社會制度。

神祕主義哲學宣布神的本原就蘊含在人本身之中，宣布人與上帝有著內在而直接的聯繫，這樣一來，教階制度這種外在手段就不需要了，教會權力也失去其意義；受外在教會壓抑的宗教意識獲得了自己的自由，泯滅於歷史形式之中的基督教真理重又獲得了自己的勃勃生機。

理性主義哲學宣布人類理性的權利，並摧毀了建立在非理性血緣本原基礎之上的公民制度；在發動法國大革命那種粗暴自發勢力背後隱藏著的動力是先前哲學所提出的理性主義原則；所以民眾的敏感本能在舊秩序的廢墟上建立起了理性女神的聖殿。

人類理性在大聲而莊嚴地宣布了自己在外部世界的權利之後，就把全部注意力集中於自我本身，獨居於德國學院之中，在前所未有的規模上展示了自己具有的那種賦予真正的思想以最完美邏輯形式的內在力量。這一切就是從笛卡爾（R. Descartes, 1596-1650）到黑格爾的哲學理性主義的發展，它在使人的理性本原獲得解放的同時，也為基督教真理帶來了巨大益處。真正的基督教原理是神人論（Богочеловечество），即指神與人內在結合並相互作用；上帝在人的內心中產生，人因此而應當在自身之中自覺而自由地領悟神的內容，而為達此目的，顯然應使理性力量得到最大的發揮，人通過這種理性力量可以從自己方面領悟上帝和自然賦予它的東西。理性哲學的目的恰恰在於使這一力量得到

發展，使作爲自由理性的個性的人得到發展。

但人並不只是理性自由的個人，　人還是感性和物質的存在物。人固有的物質本原把他同周圍世界聯繫起來，佛教曾想消除這一本原，柏拉圖主義曾想避開它，把它看成是靈魂的地獄，而基督教信仰卻認爲它是人的生命和宇宙所不可或缺的組成部分，是實現神的眞理、體現神的精神的必不可少的現實基礎。基督教之所以承認人具有無條件的和永恒的意義，不僅因爲它是精神存在物，還因爲它是物質存在物──基督教肯定肉體可以復活和永生；關於整個物質世界，基督教認爲世界過程的目的和結局不是天國的物質環境的消滅，而是它的再生和恢復，基督教許諾的不只是新的天，也有新的地。這樣，在法國革命高聲宣布理性的權利不久，同是在法國，一位思想家（傅立葉 Fourier, 1772-1837）在自己的書齋裡以同樣的魄力和熱情宣布恢復物質的權利。後來自然主義哲學和唯物主義哲學也恢復和發展了世界和人自身之中的物質本原的意義。這種哲學在無意中給基督教眞理帶來益處──恢復了這一眞理中曾遭片面的唯靈論和唯心主義貶斥的必要成分之一。

恢復物質的權利是哲學解放過程的必要一步，因爲只有從物質的眞正意義上承認物質，才能從物質的事實上的奴役下，從不以自己意志爲轉移的唯物主義之中解放出來。只要人不承認自身之中和自身之外的物質自然界，只要人不想使自己與它親密無間，不愛上它，人便不能從它之下解脫出來，物質就會像某種異己的、不可知的和不如人意的東西威脅於他。

由此說來，自然主義和唯物主義使人喜愛物質自然界並把它當作與自己親近的東西來認識，因此自然主義和唯物主義的發展

便是哲學的一大功績，這就如同理性主義使人認識和確定了自己
的理性自由精神的力量，因而理性主義的發展也是哲學的功績一
樣。

那麼哲學究竟做了些什麼？它把人類個性從外在強制之下解
放出來，賦予它以內在的內容。哲學推翻了形形色色的虛假而異
己的神，在人中發展了能够揭示真正上帝的那種內在形式。在古
代世界裡，人類個性主要受到自然和物質本原（一種異己而外在
的力量）的壓抑，而哲學卻把人的意識從絕對服從這一外在性之
中解放出來，賦予人以內在支點，為他揭示出理想的精神王國。
在近代的基督教世界中，這一精神王國本身，這一觀念本原本
身被作為外在力量的招牌而占據了人的意識並試圖使它屈服於自
己，而哲學卻站出來反對這一改變了自己內在性質的精神力量，
摧毁了它的統治，解放、闡明並發展了人自身的本質──先是在
其理性成分方面，後是在其物質成分方面。

如果我們現在要問：哲學這一解放活動是建立在什麼基礎之
上的？那麼我們可以回答說：哲學解放活動的基礎就在於人的靈
魂的最本質最根本的屬性之中。人的靈魂在本性上不甘受任何框
框的局限，不會屈就於任何從外面強加給它的規定，不會屈就於
任何外在於它的內容，因為無論是塵世的還是上天的福祉，只要
不是它自己爭得的，對它便沒有任何價值，就不會成為它本身的
內在的財富。就是說，人的靈魂的最終目標是盡可能地達到生命
的絕對完善和完美，這種完滿性是內在的、精神的，任何外部給
定的生活內容都不可能使人得到最終滿足。這種追求內在生命完
滿的願望和能力是對外在條件的不斷否定、對異己神靈的不斷破
壞。但意識的這種否定過程同時也就是肯定過程，而每當人類精

神打碎一座舊的偶像時，它就會說：這不是我所要的東西，——
它以這種方式給自己所要的那種東西即自己的眞正內容做出了一
定的規定。

　　這種雙重的力量和過程（即破壞和創造）就構成了哲學的本
質，同時也構成了人本身的眞正本質，即決定了人的尊嚴和人優
於其他自然物的東西。這樣一來我們就有權對「哲學做了些什
麼」作出回答：哲學使人成爲眞正的人。但是由於在眞正的人的
存在中旣需要有上帝又需要有物質自然界——上帝具有自我存在
的絕對完滿性，它之需要他物，完全是爲了使這一絕對完滿性能
够被自由地領悟；而物質自然界則相反，由於它自身存在的貧乏
性和不確定性，它總是尋求他物以使自己得到補充和確定——那
麼哲學因此除了要在人中實現眞正的人的本原之外，還要服務於
上帝本原和物質本原，把這兩者引進自由人性這種形式中去。

　　由此可見，誰要立志獻身哲學，他就應當勇敢而鄭重地爲它
服務，旣不要畏懼形而上學的烏雲，也不要害怕神祕主義的深
淵；他不應因自己爲人類自由事業服務而感到羞恥，也不應貶低
這一服務的意義，他應當深信：研究哲學是一樁美好的事業，偉
大的事業，對全世界有益的事業。

第四章　西方哲學批判

> 純粹抽象理論認識意義上的哲學已經停止發展，且一去不
> 復返了。❶

索洛維約夫的哲學創作也開始於對人類古今哲學思想遺產的
繼承、分析和批判。他在青年時代就已閱讀和研究了俄羅斯和西
方眾多哲學思想流派和哲學家的著作，對哲學史進行了獨特的考
察，既批判了西方近代哲學的抽象性與片面性，又把這些學說看
作是人類哲學思想發展的必然產物，應在未來的文化中占有適當
的一席之地。

4.1　哲學發展史概觀

按索洛維約夫的觀點，哲學起初作爲一種個人的理性思維形
式和世界觀，產生於歷史上的危機時代，此時宗教的紛爭與社會
的分化使人的意識發生分化，於是個別傑出的思想家就提出了超
越了傳統觀念的哲學思想。因爲在古代尚未產生危機的正常社會
生活中，起決定作用的是神話、宗教信仰和社會制度，它們是
不依賴於個人自覺意志的，因此民族的共同世界觀總是具有宗教

---

❶ Соловьев В. С.: Сочинения. М. 1988. том П, с. 5.

性， 而非哲學性。 所以當一切人都依賴共同的信仰而生活的時候，哲學是不可能存在的。因此哲學產生於這樣的時候，此時對於某個思想者來說，民族的共同信仰已不再是他個人的信仰，共同信仰對他失去了內在意義，而由生命之基礎變成了僅僅是外在的思維對象。

索洛維約夫認為哲學的故鄉是印度。2500多年前，印度是一個奴隸制的、不平等的和與外界隔絕的國家，種姓繁多，等級森嚴，這裡的宗教已不是人民生活的內在信仰，而是具有唯物主義性質：自然神靈是人和全部物質生活的主宰，人的命運完全取決於他生在哪一種姓之中，亦即由這一偶然因素決定。這樣，似乎人們與生俱來的不平等由自然之差異決定，而自然之差異又是天經地義的。正是在這樣的國度裡，一些遁世的思想家提出了一種前所未有的觀點——梵我如一，萬物是統一的，也就是說，一切特殊和差異都只不過是一種普遍本質的不同表現形式。這是哲學的先聲。在索洛維約夫看來，在東方各民族中，唯有印度才擁有完全獨立而系統的哲學。

關於古希臘哲學，索洛維約夫認為，古希臘人的民族意識起初是以觀念化了的、美的、人化了的神為出發點。如果說印度哲學注重人類的整體性，那麼只有希臘哲學才揭示了人的內在個性。但這種哲學的充分發展起始於詭辯學派，因為在先前時代，希臘哲學一直受到東方學說的決定性影響，希臘人的意識效仿東方學說在自身之外尋找自己的內容，把外在世界的原素和形式當成最高的本原，只是到了詭辯學派那裡，哲學意識才堅決地返回到自身。詭辯學說的實質是否定任何外在存在，只承認人類個性具有最高意義。正是詭辯論者直截了當地宣布人是萬物的尺度。

　　知識與信仰、理性與權威之間的關係對西歐中世紀哲學具有
決定意義。索洛維約夫從這一關係的內在邏輯來說明經院哲學的
發展。這種邏輯有三方面：

　　（1）基督教學說是絕對眞理，我個人的思維若與此不符，則
我的理性是錯誤的，結論是應使我的理性服從權威；

　　（2）如果我的思維是合理的，那麼它就不可能與眞理相對
立；如果宗教學說是合理的，那麼它就應與我的理性思維相符，
因爲二者同出於神的智慧。所以應當消除二者的矛盾，調和理性
與信仰；

　　（3）這種調和事實上就等於承認了理性的絕對權利，賦予了
理性以絕對意義。理性的眞理性取決於自身的正確性，權威則需
要理性來證明。這樣，只有理性具有眞理性，權威則失去了意
義。因爲若它與理性相符合，則它是不需要的，若相矛盾，則權
威是錯誤的。這樣一種邏輯上的必然結論只是在中世紀末才成爲
在西方知識界普遍接受的信念。

　　但這種觀念在經院哲學的開始就已爲個別傑出思想家意識到
了，如9世紀愛爾蘭哲學家愛留根納（J. S. Eriugena, 810-880）
和後來的法國哲學家阿伯拉爾（P. Abēlard, 1079-1142）。如
果說愛留根納力圖使權威服從理性，那麼阿伯拉爾則發現權威本
身在一些重要的和不重要的問題上也是自相矛盾的。權威的內在
矛盾引起懷疑，懷疑需要研究，研究能揭示眞理。但若眞理由研
究來認識，那麼就產生一個問題：還要權威做什麼？於是最終在
中世紀末，哲學家們不再像過去那樣調和理性與信仰、亞里士多
德（Aristoteles, 公元前384—前322）和《聖經》，而是直接否定
宗教教條，完全回到了古典哲學，把它同理性等同起來。從內容

上說，經院哲學經過實在論與唯名論的爭論，奧康（William of Occam，約 1300-1350）及其學派的唯名論最終否定了信仰，認定理性的唯一對象是事物的直接本質，是存在世界。

到了近代，理性主義哲學成爲占主導地位的流派，它確立了理性的無可置疑的絕對意義，同時也產生了理性與自然的二元論。把自然看作是絕對外在於理性和與理性不同的非眞實的存在，這種理解和認識決定了中世紀以後西歐哲學發展的主線。近代哲學與中世紀哲學雖有根本不同，但索洛維約夫看到了二者發展之類似：它們的實質都是自主的理性、思維著的自我同外在因素的鬥爭：在經院哲學中是與教會的外在權威，與歷史外在性的鬥爭，在近代哲學中則是與外在的自然存在、與肉體外在性的鬥爭。正如中世紀之初的思想家愛留根納就主張理性應當戰勝權威一樣，近代哲學的初期思想家笛卡爾（R. Descartes, 1596-1650）已闡明了理性對外在對象的優先地位，確認理性作爲獨立根據應當同化其對象——外在世界；正如愛留根納認爲權威只有在被理性證明時才有意義而理性則無需權威卻能自明一樣，笛卡爾認爲只有當外在世界需要理性的時候，外界才是眞正的實在，而理性則不依賴於任何外在的證明，它自身就包含著其可靠性的一切基礎——「我思故我在」（Cogito ergo sum）；正如經院哲學中理性的統治沒能立刻得到普遍承認而是經過了同宗教外在權威的長期鬥爭一樣，近代哲學中，外在於理性的自然觀念也沒有很快讓位於邏輯思想，在英法兩國都曾存在經驗哲學流派，它們確認理性認識完全服從於外在經驗；正如在經院哲學中理性與權威的鬥爭以理性的完全勝利而告終一樣，在近代哲學發展的末期我們也看到了在理論體系中理性對外部直接存在的完全勝利，外界存在

不僅從屬於理性，如在笛卡爾那裡一樣，而且後來還可以直接被否定掉，如費希特和黑格爾哲學。索洛維約夫把這種將理性與自然二元化且理性占主導地位的西歐近代哲學流派稱作抽象理性主義。他承認這是人類思想發展的必然階段，正是在這段歷史發展中形成了人的最重要的能力——「脫離自身」、「自覺地和自由地」把握外在現實，作出決定。所以他說：「理性主義哲學是為具有自由理性的個人的發展服務的。」❷

但是這種抽象理性主義有自己的局限性，它使豐富多彩的現實的物質世界失去了獨立存在的權利。索洛維約夫說哲學應當克服這種片面性，恢復「物質的權利」，「恢復和發展物質因素在世界和人中的意義」，這就是自然主義和唯物主義哲學的所為。人依靠自然主義和唯物主義而開始熱愛上和認識到作為自己的某種親近之物的物質自然。這樣，正如理性主義的發展使人知曉和確定了自己的理性自由精神的力量一樣，自然主義與唯物主義哲學的發展也有自己的功績。但唯物主義的缺陷絲毫不亞於理性主義，就其對基本理論原理的邏輯研究而言，它顯然不如從笛卡爾至黑格爾的哲學路線，因此也就不難理解何以在19世紀唯物主義被代之以經驗主義和實證主義。徹底的經驗主義由於其固有的現象主義性質而最終導致承認在中性的現有存在中也能表現出感性知覺，這種存在實際上是沒有任何規定性的，同純粹虛無毫無差別。近代西歐哲學的自然主義路線到了實證主義階段，出於其論據體系的邏輯完善而不僅要全面否定本質，也全面否定存在；而抽象理性主義流派的結論也是同樣：一切都是純概念，亦即既

---

❷ Соловьев В.С.：Собранные сочинения в 10 томах, том 1, с.410.

無主體也無對象的概念和思想，一切都處於空洞的存在之中。這樣，哲學走向了一個空洞的、無內容的、無意義的世界。哲學發展所以遭此厄運，源出於西方近代哲學或廣而言之是西方思維方式具有邏輯主義的片面性，即僅僅把人當作認識主體，而不是完整的存在。索洛維約夫看到了叔本華和哈特曼在克服上述片面性方面的有益嘗試，但這兩位哲學家也處於西歐近代文化大環境之中，終究未能超越這種思維方式的局限。

4.2 西方哲學之局限

索洛維約夫指出西方哲學的片面性在於它的理性思維。這種抽象的或理性的認識就是把直接的、具體的認識劃分為感性因素和邏輯因素。而實際上，這些因素不是各自單獨存在的，而是結合在一起的，這樣才構成了現實世界。這一點在存在和認識的最初階段——在外在的感性認識領域就已明顯表現出來。比如，由以構成一定外在對象的質和量的規定性：形狀、大小、多少、顏色等等，它們不是各自獨立存在的，只有合在一起才能構成具體的感性認識，才能被稱做實在對象。而這些屬性的獨立性只是理性抽象的結果。對於其他規定性乃至對於邏輯或形而上學的複雜範疇也是這樣。每一種孤立的屬性都只是抽象，只有在和其他屬性相結合或與其他屬性的關係中，才能看到真正的現實。然而理性認識的實質正在於提出一些關於存在的範疇或原理。既然理性認識被作為思維的最高形式，那麼這些被作為單獨存在的範疇就自然而然地被作為存在本身，亦即被實體化，成為真實存在。因此，把抽象的東西實體化正是理性認識的必然結果。理性思維、

抽象分析在西方哲學中占統治地位。從中世紀經院哲學到歐洲近代哲學，再到叔本華和哈特曼，雖流派眾多，彼此鬥爭，哲學認識也獲得不斷提高，但這些學說都是在理性思維模式中展開的，終究難脫其抽象片面性。

在經院哲學中，理性思維得到了充分表現。對於中世紀占統治地位的哲學學派來說，世界是這樣一些實體、實體形式和共相的總和，這些實體和共相都是僵死不動的、彼此外在的和無內在聯繫的。不管笛卡爾所實現的轉折在其他方面有多大意義，理性的抽象性在近代哲學中仍居統治地位。笛卡爾本人就承認有無限多樣的實體或事物的現實性，而這些實體中一些僅僅是廣延性實體，另一些僅僅是思維性實體。這樣，經院哲學世界觀的根本性質完全保存下來。所以，儘管到後來斯賓諾莎和萊布尼茨（G. W. Leibniz, 1646-1716）、培根和洛克（J. Locke, 1632-1704）給經院哲學帶來了巨大打擊，經院哲學仍能在 18 世紀以新的形式在沃爾夫（C. Wolff, 1679-1754）的教條主義形而上學中復活：這裡又出現了彼此分離的兩個方面：從主觀方面是具有劃分和外部聯合能力的形式主義的認識；從客觀方面是許多或簡單或複雜、或物質性或非物質性的僵死不動的實體。這種教條主義確認，整個本質世界完全要靠理性來認識。康德則既完全依靠理性，又消除了作為實在的理性。如果說理性教條主義所創造之世界的現實方面已在康德那裡消失了，那麼這一世界的主觀方面卻依然存在，因為康德也試圖把一切認識都歸結為一些基本形式，而這些形式是沒有內在聯繫的，並且康德只把它們用作一般圖式，而不是從中引出現實的認識。康德理性範疇的這種外在性和不變性在黑格爾哲學的思辨概念的辯證發展中得到了徹底揚棄。

概念的自我發展消除了理性的實體化和抽象性，而成為活生生的
思想——現實存在的真正形式。但黑格爾不可能承認自己的思想
僅僅是真實存在的形式，因為對他來說沒有真實存在。實際上，
在從前的哲學中，真實存在或者表現為教條主義的僵死實體，或
者表現為批判哲學的無意義的自在之物，所以黑格爾在反對這些
形式的時候由於仍站在西方哲學的根基之上，就一般地否定了真
實存在本身。理性的虛幻實在為概念的辯證運動所否定，而這種
辯證運動本身黑格爾稱之為思辨概念或絕對觀念。所以對黑格爾
來說唯一現實的只有思辨概念——不是頭腦中的思想，而是存在
物的客觀形式，這種形式是脫離內容的獨立存在，所以它不是別
的，正是被實體化的抽象物。這樣，黑格爾在消除了舊形而上學
的一切理性實體之後，又把這一觀念本身實體化了。

黑格爾只承認形式而否定內容的明顯片面性必然引起反對，
這就是持相反觀點的唯物論者，他們認定黑格爾邏輯學只是空洞
的抽象之後，便開始尋找純粹的、直接的、經驗的內容。但他們
不理解，離開自身邏輯形式的內容也是一種空洞的抽象。這樣，
代替實體化的概念的，是實體化的物質因素：物質原子。

叔本華接受了從唯理論和經驗論到康德的西方哲學發展的教
訓，他認為若拋棄了通過主客觀分立這種認識論形式來把握世界
這種傳統做法，就能超越現象範圍達到自在之物的世界，這就是
意志世界。他認為意志是自在之物的唯一真實的存在。但索洛維
約夫說，意志一般、意志本身，也全然是一種空洞的抽象。叔本
華從直接的內心體驗出發，把意志本身作為現實，但在我們的內
心體驗中，意志是具有一定對象的和有一定性質的；而叔本華所
說的形而上學的意志不在也不可能在我們的直接體驗之中，只能

是抽象的產物。這種沒有任何規定性的意志本身只是作為第一現實性的意志概念，也就是一種實體化的抽象。因此在叔本華那裡個人意志與世界本體的同一是抽象的同一。由於意志是脫離了理性與觀念的抽象，因此意志便成了盲目的力量，實質上與物質並無二致。索洛維約夫還指出，叔本華的意志哲學與黑格爾的絕對觀念論是同樣抽象化的。在黑格爾那裡，邏輯學是絕對觀念形式及範疇的發展，這些形式和範疇是由客觀存在物決定的，但黑格爾把這些邏輯形式看作是脫離了其決定物的現實本身，亦即把它們實體化；而叔本華則把抽象的行為因素、意志看作是沒有任何對象、沒有任何邏輯內容、沒有任何形式的現實本身。

　　索洛維約夫進一步揭示了叔本華哲學中的兩個內在矛盾。其一是意志的形而上學意義與個體意義的矛盾，其二是意志與痛苦的矛盾。按照叔本華的學說，整個世界只是表象，存在於觀念之中，而觀念是生命意志的產物，意志創造觀念以作為實現自己目的的手段，所以觀念首先具有實踐意義，而非理論意義。顯然，這裡的意志只能理解為包含著衝動的個人意志；但另一方面，從叔本華哲學總體來看，創造觀念的意志又應當理解為形而上學的意志，因為只有它才能產生觀念，而個體意志必須以一定的觀念為前提。叔本華哲學的另一個基本觀點是意志痛苦。痛苦本身是一種主觀的或心理的感受，由外在的某種令人不快的因素所致。叔本華所精彩論述的關於意志痛苦的觀點，實際上應指願望主體的痛苦，因為痛苦者具有自由的衝動同時卻受到種種外在條件的限制，在這個意義上，叔本華是完全正確的，但他又說意志是一種共同本質，是不受任何外在制約的，所以痛苦又應是客觀意義上的或邏輯上的痛苦，這樣的痛苦是不可思議的。此外，意志痛

苦必然要求自我否定，但自我否定的主體是什麼？只能是願望主
體，可叔本華卻說「意志自我否定」，這是矛盾的，顯然，必須
在意志中加入邏輯的或理想的成分，使意志不再是抽象的，而是
現實的意志，亦即具有對象內容或思想的意志，做到了這一點的
就是哈特曼的「無意識哲學」（Философия бессознательнош）

哈特曼的邏輯是：任何一種願望都意味著從一種狀態向另一
種狀態過渡。所以願望必須有兩個條件，一是作爲出發點的現
狀，另一個是願望的目的，它不可能是現狀，而是某種未來狀
態。而這種未來狀態是以觀念形式存在於現狀之中的，現狀只有
進入觀念才能成爲願望的出發點，所以沒有離開觀念的意志，正
如亞里士多德所言：沒有離開想像的強烈願望。因此哈特曼把具
有觀念的意志作爲自己的形而上學基礎。由於作爲普遍的第一基
礎的意志和觀念是超出個人意識之外的，所以哈特曼把它們叫做
「無意識」，並且以自然科學方法證明了這種形而上學基礎的實
在性。他通過說明這種無意識的六種正面屬性和七種反面屬性來
論證潛意識的精神具有第一基礎的意義，而現實的個人意識則不
具備這種意義❸。

哈特曼力圖克服叔本華學說中的矛盾和片面性，但他所做的
只是在叔本華的意志之上又加了一個觀念原則。實際上，在哈特
曼那裡，意志本身是無任何對象的，觀念本身是無任何內容的，
而只是意志的潛能和觀念的潛能，哈特曼把這種空洞的潛能確定
爲先於眞實世界存在的本質。按哈特曼學說，意志和觀念由潛在
狀態過渡到現實，產生了現實世界，然後又通過世界過程重新回

---

❸ 同注❶，c. 71-72.

到先前的潛在狀態。哈特曼這裡所說的純粹潛能本身是脫離現實的，他把這一相對性的潛能概念實體化了。實際上，邏輯上的潛能只是相對於它所從屬的現實存在而言的，而絕不可能是自足的。比如，我們說樹種是潛在的樹或幼蟲是潛在的昆蟲時，這裡的潛在只是真實存在——樹種或幼蟲的屬性，幼蟲是潛在的昆蟲，這只是說幼蟲可能或能够成為昆蟲，所以純粹的潛能本身只是一種純粹的虛無，而把純粹的虛無當作某種起作用的存在物是毫無意義的。

4.3 批判與繼承

西方哲學把人僅僅作為認識主體，同時把人之外的世界作為認識客體。這樣哲學的任務就在於確定存在的一般原理、事物的永恒本質和這一本質對認識主體的關係。索洛維約夫認為這樣一種思維便是西方哲學之大不幸。他指出：

> 在永恒不變的對象性存在世界和人的認識之外，還存在另一種變動不居的、令人不安的現實——人的願望、活動和生命的主觀世界；同「是什麼？」這個理論問題並列存在的，還有一個實踐問題：「應當怎樣？」也就是說，我想要什麼？怎麼辦？因為什麼和為什麼而生活？對這個問題理論哲學實質上不能給出任何回答。❹

索洛維約夫還對西方文化和社會生活中的「抽象原理」進行

---

❹ 同注❷，c. 411.

了系統批判。所謂抽象原理，就是人類哲學和思想史上產生的片面的理論原理，它們脫離了完整知識，確定了自己的絕對性，這些原理在歷史發展中相互鬥爭並新舊更替，但至今未達到完整的綜合。譬如，認為道德只有物質本原的觀點是片面的經驗主義，因為它沒有包括道德的理性因素，因而是抽象原理；理性主義也是片面的和抽象的，因為它忽視了物質方面。傳統的實在論、形而上學唯物主義同理性主義彼此排斥，但它們都是片面的抽象原理，沒有達到更高級的知識。孤立的經濟生活和政治生活也是片面的，因為它們忽視了社會的文化環境和個性的精神生活。最後，傳統的宗教（他稱之為教權主義）也是片面的，因為它將上帝放在首位而脫離了同人、自然和社會的活生生的聯繫。所有這些都是索洛維約夫所極力反對的。

在19世紀的俄國，對西方哲學的批評大致來自兩個方面，一是俄國實證主義者，他們追隨西方實證論者的批判思想，「拒斥形而上學」；另一方面來自斯拉夫論者，他們確認俄國社會政治危機源於接受西方思想，而西方思想的基本精神就是理性主義，所以他們也一般地否定西方哲學。然而在這樣的背景下，索洛維約夫則表現了自己的風格和特色：第一，他對西方哲學的批判是與實證論者不同的。實證論者對西歐近代哲學中的思辨理性哲學流派與經驗主義流派的評價截然不同，他們本身是極端的經驗主義者，堅決反對理性主義「形而上學」。索洛維約夫則對這兩個流派同樣給予批判，指出二者同基於西方式的思維方式，同樣具有抽象理性認識的缺點。實證論者從舊形而上學的無根據性得出的結論是，形而上學問題本身也是無根據的，因而應當完全取消。索洛維約夫認為這種觀點是極端片面的，他認為這些形而上

學問題本身是不應取消的，問題只在於舊哲學的發展只對這些問題作了片面的、不能令人滿意的解決，因此他希望哲學的未來發展將對這些問題予以全面的、充分的和普遍的解決。第二，與實證主義者和斯拉夫論者不同，索洛維約夫雖認爲抽象哲學的發展已告終結，但他不認爲這種發展是毫無成效的，相反，他認爲西方理性主義是哲學歷史發展的必然階段。

　　以索洛維約夫上述對西方哲學的態度看，他的思想傾向已初見端倪：他要超越抽象的理性，實現一種知與行、知識與信仰、知識與生命的哲學綜合，建立一種完整的精神哲學。

第五章　完整知識

> 真理知識是與善的意志和美的體驗相符的知識。絕對者通
> 過真理在美中達到善。❶

　　通過對哲學史的考察與批判，索洛維約夫承認近代歐洲哲學
的主要流派——理性主義、經驗主義、唯物主義，從各自局部來
看都有自己的根據，都有自己的歷史意義。但是，他說，正如當
今人類應告別分裂而走向全面聯合一樣，那些把觀念、或物質、
或思維、或經驗等因素實體化的片面的哲學學說，也由於脫離了
與生活的聯繫而陷入了關於絕對「虛無」的邏輯判斷的絕境。因
此，哲學發展的新階段應當是建立一種能包容人與世界存在之一
切重要領域並達到其有機統一的哲學，也就是完整知識的哲學。
　　「完整知識」觀念是斯拉夫論者基列耶夫斯基最先提出的，
索洛維約夫則進一步發展了這一思想。就其內在規定性而言，他
把完整知識理解為現實的內在生命與外在表現的有機結合。從這
一宗旨出發，索洛維約夫試圖通過哲學的綜合而脫離歐洲近代哲
學的發展方向，獨闢蹊徑，建立一種「積極的萬物統一」（По-
ложительное всеединство)哲學。這是一種包羅萬象的綜合：它
是完整知識的範疇體系，是經驗主義、理性主義和神祕主義的統

---

❶ Соловьев В. С. : Сочинения, М. 1988, том П, с. 191; Его же :
Собранные сочинения в 8 томах. том Ш, с. 372.

一，是科學、哲學和神學的統一，是認識與道德的統一，是眞、善、美的統一，是人生哲學與社會理想的統一，是解釋世界的理論和改造生命及宇宙的實踐的統一。

從哲學史看，對以黑格爾爲頂峰的西方近代哲學的背叛和對哲學新路的探尋已不無先人。西方的叔本華、克爾凱郭爾、尼采，俄國的早期斯拉夫論者，都屬此列。與他們有所不同的是，索洛維約夫的「萬物統一」哲學不僅僅要超越抽象理性與思辨原理，訴諸完整的人生，而且要克服外在的物質和低級的生命，確立高尚的精神；要走出閉塞的個人樊籬和學院的僵死教條，在蓬勃的生命實踐中尋求社會歷史和宇宙天地的普遍意義。這樣，索洛維約夫給古老的哲學賦予了新的含義。

5.1 完整知識的範疇體系

西方哲學長於精緻的體系，而俄羅斯思想時至19世紀後期尙無自己的哲學體系，年輕的索洛維約夫就試圖也建立一種克服了西方哲學之抽象理性主義的範疇體系，這便是《完整知識的哲學原理》（1877）的動機。

(1)「存在」概念析

自古希臘哲學家巴門尼德（Parmenides）開始，「存在」概念作爲最高的哲學抽象，便成爲許多西方哲學體系的基礎和核心。但索洛維約夫說完整知識哲學的基礎概念不是存在（ Бытие ）而是實在（ Сущее ）。這是和黑格爾哲學體系相對而言的。他認爲黑格爾的存在概念有其固有缺陷，在嚴格的邏輯意義上，這

一存在概念就僅僅是對非非存在的規定，而別無他意。因此在這
樣一個無內容的空洞概念之上構建哲學體系，其可靠性是值得懷
疑的。所以他要以實在概念作爲自己哲學的基本概念，而不是存
在概念。那麼索洛維約夫何以提出實在概念，實在與存在又差別
何在呢？他對存在概念進行了一番精審細察，這種分析類似於亞
里士多德的「第一本體」觀念和斯賓諾莎的「實體」思想，但他
又有自己的思考方式。他的基本出發點是：對象的特徵是區別於
對象本身的。假如對象除這些特徵外便一無所有，那麼就不會
有這些特徵所據以造成的任何對象了；若此，整個對象就支離破
碎、不復存在了，而只剩下一些零散的、無所依托的特徵。這就
是說，事物本身完全不等於它的屬性。因此在尋找絕對的完整性
時就要以屬性和特徵所依托者爲依據，這便是實在。他認爲實在
高於一切特徵和屬性，高於一切賓詞，也高於一切多樣性。在這
個意義上他又把實在叫做超存在。

　　索洛維約夫對存在和實在作了明確區分。他首先從哲學史的
分析入手說明通常被作爲哲學對象的存在概念有兩種含義。哲學
史上，許多哲學流派都把存在概念作爲自己的對象，因爲它是一
切現象和規律的共性。這樣，哲學應首先回答的問題就是：什麼
是與虛幻的存在不同的眞正的存在？唯物主義流派把眞正的存在
確定爲自然、物質，然後經過逐步分析把物質歸結爲感覺，於是
眞正的存在就是感覺；理性主義的徹底發展導致了把眞正的存在
確定爲概念、純思想。這兩個哲學流派都從主觀存在與客觀存
在、被認識之事物與進行認識的理性的對立出發，把這種對立一
者調和於感覺之中，另者調和於思想之中：因爲對於徹底的感覺
主義來說感覺已不是主體的一定狀態，對於徹底的理性主義來說

純思想也不是主體的智力活動。這樣，無論感覺還是思想都不再是主體存在的某種方式，而是存在本身，是主客體的同一。但這種調和完全是虛幻的，只簡單地消除了兩類對立的名詞，而沒有把它們真正統一起來。實際上，在這種絕對意義上使用的無論思想還是感覺，都失去了一切確定的含義；思想一般和感覺一般也就是沒有任何人的任何思想和任何感覺，所以它們就變成了沒有任何內容的空洞詞語，正如一般存在是空洞詞語一樣。

索洛維約夫進一步說明了「存在」的兩種不同含義，若把這種區別抽象掉，它就失去了確定意義，而變成一個空洞的詞。比如，當我們說「我存在」、「這個實物存在」，然後又說「這種思想存在」、「這種感覺存在」，那麼我們是在完全不同的意義上使用「存在」這個動詞的；在第一種場合，說我或他人或實物存在，這個動詞是在直接意義上使用的：這件實物本身存在，它是存在的主詞本身，存在直接屬於這個主詞；相反，在第二種場合，說某種感覺存在，比如說紅色，或某種概念存在，比如說平等概念，這時存在一詞是在相對的有條件的意義上使用的，紅色感覺是存在的，但不是它本身絕對存在，而必須有感覺者存在；平等概念是存在的，但必須有思想者存在，因為沒有感覺者和思想者的紅色感覺和平等概念本身的存在是不可能的：假如這樣它們就不成其為感覺和概念了。但感覺和思想僅僅是感覺者和思想者的一部分，不可能涵蓋其全部。所以說「感覺存在」或「思想存在」，「感覺」和「思想」僅僅在語法上才可以作為具有「存在」這個賓詞的主詞，而在邏輯上它們無論如何不能成為真正的主詞，因而「存在」也不能成為它們的賓詞，所以，「感覺存在」、「思想存在」這樣的判斷僅僅意味著「有人在感覺」、

「有人在思想」或「感覺者存在」、「思想者存在」。因此不能簡單地說或絕對地說「感覺存在」、「思想存在」、「意志存在」。

沒有明確意識到或沒有完全應用這一簡單的和明顯的眞理，正是一切抽象哲學的主要過錯。這種哲學的一切失誤就在於自覺不自覺地把賓詞實體化，其中一個流派（理性主義）把邏輯的、普遍的賓詞實體化，另一個流派（唯物主義）把局部的、經驗上的賓詞實體化。要避免這些失誤就應當首先承認作爲眞理知識的哲學的對象是具有其賓詞的實在，而無論如何不是被抽象化實體化了的這些賓詞本身。只有這樣我們的認識才能符合實際，而不再是空洞思維。

所以，一切知識的眞正對象不是這樣或那樣的存在，不是這樣或那樣的賓詞本身（因爲賓詞本身是不能存在的），而是存在之所歸屬者，是存在一詞中所表達的內容或這些賓詞所屬的主詞。按照這種觀點，普遍的知識即哲學的對象不是一般存在，而是一般存在所歸屬者，也就是絕對存在，或實在，即一切存在的絕對本原或內在本原。在這個意義上存在與實在是不同的。如果說一切存在都僅僅是賓詞，那麼實在則不能成爲另一事物的賓詞，它是主詞。所以假如我們說實在就是存在，那就混淆了個別存在與最高存在，這是荒謬的。另一方面，一切存在的本原自身不能理解爲存在，但這種實在也不意味著非存在，非存在通常被理解爲簡單的不存在、存在的喪失，亦即虛無；相反，實在是一切存在所歸屬者，因此它無論如何不能被看作是這種否定意義上的非存在，亦即定義爲虛無。實在不是存在卻又是一切存在所歸屬者，這個命題可作如下理解，譬如說，人（思想者）不是思

維，但又是思維之所歸屬者，思維者不同於思維，但具有思維的
屬性。與此相同，實在不同於存在，但具有存在的屬性。

索洛維約夫還把實在定義爲存在的一切積極可能性，因爲它
能產生存在，它通過存在表現出來，但當它表現爲存在時並不完
全消失或毫無保留地轉化爲存在。

(2)完整知識範疇表

(1)實在（Сущее）(2)存在（Бытие）(3)本質（Сущность）
（絕對者）　　　（邏各斯）　　　（理念）

(1) 絕對者（Абсолютное）……精神（Дух）意志（Воля）
善（Благо）

(2) 邏各斯（Логос）……智慧（Ум）觀念（Представление
眞理（Истина）

(3) 理念（Идея）……靈魂（Душа）感覺（Чувство）
美（Красота）

爲概括完整知識理論，索洛維約夫列出上表。這裡首先應當
對表述這些範疇的名詞作一說明，因爲他所用的術語與後來的用
法不盡相同，只有按照他自己的理解才能深入體會這一範疇表的
含義。「邏各斯」一詞在古希臘哲學中本爲「普遍規律」之意，
在索洛維約夫範疇表中，「邏各斯」是次於「實在」（絕對者）
的範疇，是「實在」的可分化性、可理解性、是「意義」。「實
在」經過「邏各斯」的分化後就產生了「理念」。「邏各斯」是
「表現行爲」，「理念」是「實現了的或表現出來的實在」。至

於「本質」概念，　按我們通常的觀念，　這一概念應當屬於「實在」，因為當我們把石頭看作某種實在時，我們自然是就石頭的本質而言的。但該表中的「本質」概念既不同於實在，也不同於存在，而是指把實在和存在結合於一起的東西，是它們的共性，不能把石頭的特徵同這些特徵的承擔者分割開來，它們盡管有區別，　但事實上又是一致的，　這種相同性索洛維約夫就稱做「本質」。

　　為理解範疇表的含義，還需說明三個特點：第一，表中最根本的三個範疇是實在、存在和本質，它們按水平線排列，這三個範疇也相互聯繫，每個範疇既是自身，又在其它兩個範疇中表現出來。第二，這三個基本範疇自上而下逐步展開和具體化，演化出九個範疇，這也是「一切存在於一切」（Все во всем）這一萬物統一原則的要求。第三，這九個範疇構成三條與三個基本範疇平行的水平線，同時，這三條線又分別用三個概念來說明：絕對者、邏各斯和理念。這九個範疇同三個基本範疇（實在、存在、本質）與三個個別本原（絕對者、邏各斯、理念）有著雙重聯繫：內容上的聯繫和形式上的聯繫，表中的橫向聯繫是內容上的聯繫，縱向聯繫是形式上的聯繫。智慧在內容上屬於邏各斯，靈魂在內容上屬於理念，而二者在存在形式上也就是作為實在的種類，屬於絕對者，這個絕對者主要是實在；意志在內容上屬於絕對者，感覺在內容上屬於理念，而在存在形式上，亦即作為存在的種類，它們同觀念一道都屬於邏各斯；最後，善在內容上屬於絕對者，真理在內容上屬於理念，在存在形式上，它們作為本質，同美一道都屬於理念。

　　換一種方法說，在這個範疇表中，第一個基本範疇實在，作

為其自身或作為絕對者它是精神，作為邏各斯它是智慧，作為理念它是靈魂。第二個基本範疇存在，作為絕對者它是意志，作為邏各斯它是觀念， 作為理念它是感覺。 第三個基本範疇本質，作為絕對者它是善（善的本質是絕對者），作為邏各斯它是真理（真理的本質是邏各斯），作為理念它是美（美的本質是理念）。

對於完整知識來說最重要的首先是最後三個內容最豐富的範疇： 善、 真理、美。 以本質為基礎的善是作為絕對者的精神和作為邏各斯的意志的綜合——這從索洛維約夫的觀點是可以理解的；而對於真理來說，不僅從索洛維約夫觀點，即便從我們通常的觀點也是可以理解的：真理當然是智慧與觀念的綜合。最容易理解的是關於美，這裡，美是靈魂與感覺的綜合，這是索洛維約夫最典型的觀點， 也是最有普遍意義的觀點。

從這一範疇表中可以看出索洛維約夫的絕對存在（實在）概念是與黑格爾體系中的絕對觀念明顯不同的。黑格爾的絕對觀念是不同於意識、理性、思維的思想發展的最高目標，而在索洛維約夫這裡，意識、理性、思維都是與實在不可脫離的，而理性又是與意志（善）和感覺（美）相聯繫的，三者統一的根源在於絕對本原之中。這樣，真、善、美是統一的。這也正是索洛維約夫完整知識思想的要求，他認為必須實現理性活動與道德原理和審美標準的結合。

當我們從某種外在於索洛維約夫哲學的觀點來看這一範疇體系的時候，很容易把它看成是一些難以理解的抽象範疇的堆積。但若對這些術語作全面分析，並從索洛維約夫自己的思想特點來理解， 則會發現， 這裡既有對於我們現時代早已過時的東西，也有依然活生生的、對當今現實的積極改造仍有意義的思想和體

驗。當然，完全不能說索洛維約夫這裡所作的術語劃分是十分清楚明確的。這個範疇表中的概念顯然是純粹唯心主義的，也就是在進行概念本身的推演，沒有依據任何非概念的或物質方面的存在。但這是一種經典的唯心主義，它所確定的是最純粹最直接的實在，排除了一切第二性的東西，也沒有任何偏向，而進行普遍概括。這裡包含了唯心主義哲學的優勢的一面。

5.2 經驗主義——理性主義——神祕主義

若從先前哲學發展的現實狀況來看，那麼歷史上任何一個哲學家或哲學流派的學說都不堪稱「完整知識」。按索洛維約夫的觀點，完整知識是經驗主義、理性主義和神祕主義的統一。

這裡應當對索洛維約夫的「神祕主義哲學」（Мистическая философия）這一概念稍作說明，因為許多人不理解或誇大這一概念，因而認為索洛維約夫關於完整知識的哲學學說的核心是宗教神祕主義。實際上，索洛維約夫這裡所說的「神祕主義哲學」這一概念與真正的宗教神祕主義哲學根本不同，而有其特定的內涵，就是指關於作為普遍和完整有機體的存在和生命的哲學學說。他寫道：

> 神祕主義哲學的對象不是被歸結為我們的感覺的現象世界，也不是被歸結為我們的思想的觀念世界，而是具有內在生命關係的活生生的現實存在；這種哲學所研究的不是現象的外部秩序，而是存在物及其生命的內在秩序。❷

---

❷ Там же первой, с. 192.

索洛維約夫把哲學史上的眾多體系歸結爲兩種類型或流派——經驗自然主義和理性唯心主義。經驗自然主義認爲哲學主要對象在外部世界、物質自然界，因此認識的眞正源泉是外部經驗。但這種外在的現實是某種局部的、可變的東西，它要求從其眞正的存在即本原中加以解釋。探究這一本原，解這個世界之謎，正是一切哲學的任務。經驗自然主義的最大前提就是確認這一本原在外部世界、在自然界，認識它的方法在於外部經驗。而理性唯心主義的最大前提是確認這一本原在於認識主體、在於我們的理性，認識它的方法是純粹理性思維，是建立普遍概念。但是，這些原理的進一步發展，最終導致經驗主義否定了外部世界和自然界，否定了認識眞正本原的外在經驗方法，而理性主義否定了認識主體和純粹思維作爲認識眞正本原的方法。這樣，索洛維約夫說，我們甚至無需用外在證據，就已經證明這兩個流派的基本原理是站不住腳的，因爲它們走向了自我否定，達到了最後的邏輯終結。這樣，以經驗主義和理性主義作爲兩極的整個抽象的學院哲學也就走向衰落。

實際上，在索洛維約夫看來，哲學所要探求的眞正本原既不在於外部世界的現實存在，也不在於我們理性的觀念存在。換言之，就是應當承認，這種眞正本原具有其自身的絕對現實性，它完全不依賴於外部世界的實在性，也不依賴於我們的思維，卻使這個世界具有現實性，使我們的思維具有其理念的內容。承認這樣一種超宇宙的和超人的因素是眞正本原，它不是抽象原則（如笛卡爾和沃爾夫神學中的本原那樣），而是具有生動的現實的一切完滿性的本原——這樣一種觀點已經超出了抽象的學院哲學的界限，成爲不同於經驗主義和理性主義的第三種特定的哲學類

型，索洛維約夫稱之爲神祕主義。

如前所述，神祕主義哲學的對象不是感性現象的外部秩序，而是事物及其生命的內部秩序，這種內部秩序取決於事物對原初本質的關係。當然，同其他哲學一樣，神祕主義也是以觀念或思想形式存在和發展的，但它知道，這些思想只有在與它所思考的對象發生關係的時候才有意義，這些對象本身不是思想，而較之思想更廣泛，是實在或實在的表現形式。抽象的學院哲學或者把實在同存在的另一種形式即觀念混爲一談，或者否認實在的可知性。而神祕主義哲學一方面懂得，一切存在只是實在觀念的樣式，而非實在自身；另一方面反對不可知論關於人除觀念以外一無所知的觀點，它指出人本身就是觀念或存在，因此他甚至無需超出自身便可認識實在。認識的途徑就是信仰，信仰提供關於事物的內在本原的直接知識。

神祕主義是眞正哲學的基礎，因爲它以內在的絕對信仰的形式提供了直接知識。索洛維約夫認爲眞正的知識就應當以這樣的信仰爲依據。但這種信仰所提供的知識還不是完整知識，爲了獲得完整知識或達到綜合哲學，還不能就此止步：神祕知識還必須，第一，經受理性的反思，得到邏輯思維的證明；第二，獲得經驗事實方面的證明。所以，索洛維約夫說，在批駁理性主義和經驗主義的錯誤原理和盲目結論時，眞正的哲學應當把這些流派的客觀內容作爲從屬的要素包含於自身之中。他把這種眞正的哲學叫做自由神學（Свободная теософия)他確認這種哲學的對象是客觀意義上的眞正的存在者──（ Das wahrhaft Seiende ）。

自由神學既根本區別於片面的經驗主義、理性主義和神祕主義，同時又包含著它們的一切合理的客觀內容。前文已述經驗

主義和理性主義的片面性及神祕主義哲學的意義。這裡應說明的
是，神祕主義哲學也有片面性，這種片面性同樣與作爲完整知識
的眞正哲學不相容。片面的神祕主義雖然也把實在確定爲眞正知
識的對象，但在這裡，實在只有在作爲直接體驗或信仰時才具有
直接本體性，而作爲理念的實在的客觀發展或者被忽略，或者被
否定，把知識的對象內容歸結爲人類理智的主觀幽靈，這顯然
要導致否定全部哲學和走向絕對懷疑論。而自由神學在確定自己
的對象時，除了同神祕主義一樣承認實在是第一性的絕對現實而
外，還承認被神祕主義所忽略的東西，即認爲眞正的哲學也不應
當把我們理性思維的內容和我們感覺經驗的內容排除在外。

　　眞正的哲學是經驗主義、理性主義和神祕主義的綜合，這三
者在其中的作用和意義各不相同。神祕主義按其絕對性來說具有
第一性的意義，它決定著哲學知識的最高原理和最高目的;經驗主
義由於自己的物質性而成爲最高原理的外在基礎和應用與實現;
理性主義因素由於其形式性而成爲一切體系的中介或一般聯繫。
由此可見,索洛維約夫所謂的眞正的哲學,或完整知識,不同於哲
學史上的任何流派,甚至不是我們通常所說的哲學,而是一種包羅
萬象的最高形態的哲學知識，它與神學和實證科學有廣泛聯繫。

5.3　科學——哲學——神學

　　完整知識在外延上廣而言之，是科學、哲學和神學的綜合，
這就構成了「自由神學」體系。這裡的「神學」❸不是通常意義

----

　　❸ 在索洛維約夫著作中，與科學哲學並列的「神學」一詞是通常意義
　　　上的「Teoiorия」；在「自由神學」術語中，「神學」一詞則是
　　　「Teoсофия」。

上的神學。 如果從詞源學上講「哲學」是「愛智慧」之意， 這
裡的智慧是一般意義上的智慧， 那麼在索洛維約夫的「神學」
（Теософия）一詞中，「智慧」（София）則是指最高層的智慧，
即「神的智慧」， 所以「神學」即愛「神的智慧」，「自由神學」
即「與神的智慧和德性的自願結合」（因爲按他的觀點， 「智
慧」一詞的希臘文原意也包含道德方面）。

　　從「自由神學」的內容來看，它也不是傳統意義上的宗教神
學體系，而是一種哲學學說，是完整知識的綜合哲學，它包含著
一般意義上的哲學、神學和科學的積極方面。索洛維約夫寫道：

　　　　自由神學是神學、哲學和科學的有機綜合，只有這種綜合
　　才能包容知識的完整眞理：沒有這種綜合，無論科學、哲
　　學還是神學都僅僅是知識的一個局部或方面，是一個脫離
　　完整機體的器官，因而不會與完整眞理有任何程度的相符
　　之處。 當然， 從任何一個器官出發都能達到所需要的綜
　　合。由於眞正的科學離開了哲學與神學是不可能的，眞正
　　的哲學離開了神學和實證科學是不可能的，眞正的神學離
　　開了哲學和科學也是不可能的，所以，三者中任何一者若
　　達到眞正的完滿，都必將具有綜合性，成爲完整知識。比
　　如實證科學要深入到自己的眞正原理和根基，就變成了自
　　由神學；克服了片面性的哲學也會變成自由神學，最後，
　　脫離了絕對性的神學也必然成爲自由神學；如果把自由神
　　學定義爲完整知識，那麼它也就意味著完整科學、或完整
　　哲學、或完整神學；區別僅僅在於出發點和表述方式，而
　　結果和實際內容是相同的。在眞正的結合中， 出發點是哲

學思維，自由神學在這裡被看作是哲學體系，但我首先應
當指出，眞正的哲學必須有這種神學性質，或者說它只有
成爲我所說的自由神學或完整知識時才是可能的。❹

這裡應再次申明，對索洛維約夫的這種神祕主義哲學應當深
入其自身特點來具體理解。這種自由神學，以至於萬物統一的形
而上學，既不是以哲學來爲論證神學服務，也不是客觀唯心主義
哲學爲證明自身而訴諸宗教信仰，其基本宗旨是建立一種既包括
世界的理想模式又包括人的行爲原則的完整的世界觀。正是從這
一宗旨出發，他既批判舊哲學，也批判舊神學，又結合日益發展
的實證科學，藉以建立眞正的哲學。

索洛維約夫特別指出了以往哲學發展的兩個消極方面：一是
哲學的目的和任務與神學脫離（這裡不僅是哲學的過錯，也有神
學的過錯──它脫離了日常生活）；二是哲學思想的「非生活
性」、抽象性。因此他贊同「實踐哲學」，他把這種「實踐哲
學」（與對「人民生活」毫無影響的「抽象」哲學相對立）理解
爲關於「應有」的學說。他發展了尤爾凱維奇的有關思想❺，提
出除了「是什麼」這一理論問題外還有「應當怎樣」的人生實踐
問題。他認爲正是抽象哲學造成了理論與實踐、「學院和生活」
的脫離，因此他表述了新的「應有哲學」的目的、任務和方法，
只有這種哲學能滿足綜合世界觀的要求，只有遵循這些公理才能

❹ Соловьев В. С. : Сочинения, М. 1988. том II с. 178--179.

❺ Юркевич П. : <Разум по учению Платона и опыт по учению Канта>/В журнале «Московские университетские известия» 1865. № 5, с. 28.尤爾凱維奇在論述柏拉圖思想時說，「能有」（理念）通過「應有」過渡到「現有」（現實）。

達到眞正的知識，領悟人在世界中的眞正行爲和在現實中的眞正
地位。

　　抽象哲學顯然不足以擔此重任，而「宗教的本質在於它的眞
理不是抽象的理論，而被確定爲現實規範和生活律令」。然而這
僅是就對抽象哲學的補償而言的，並非說宗教可做到一切，神學
也不能保證解決探求絕對眞理和按照這一眞理改造現實的問題。
他分析了傳統神學不足以抵抗來自哲學與科學的否定的兩個重要
原因。第一，傳統神學的抽象性。它不能在自身範圍內保證人的
理性的自由發展和把這種發展體現於經驗現實之中，所以他把傳
統神學叫做「抽象教條主義」。第二，神學主動脫離人的改造及
人生和一切現實的改造問題。索洛維約夫說，神學無疑較之任何
抽象哲學體系更接近眞理，但爲什麼人的理智卻不能滿意於這一
高尙世界觀呢？問題在於傳統神學的弱點，其一，它排除了理性
對宗教內容的自由關係和理性對這一內容的自由把握；其二，它
沒有在經驗知識中實現自己的內容。在索洛維約夫看來，眞理不
能僅僅定義爲理性思想、或經驗事實、或信仰教條。眞理應當是
這三者的有機綜合。傳統神學只把信條當作唯一眞理，否定了理
性和科學。因此應當使神學擺脫這種抽象的教條主義，使宗教眞
理具有自由理性思維的形式，使它體現於經驗科學材料之中，建
立神學、哲學與科學的內在聯繫。

　　由此更可看到索洛維約夫世界觀與傳統神學的重大差別，他
背離以至反對傳統神學，認爲回到與理性思維相對立的天眞的信
仰是毫無意義的和不可能的。他爲神的信仰辯護，是爲了使這種
信仰提高到理性意識的新境界。

　　索洛維約夫「自由神學」的形成受到俄國總主教戈魯賓斯基

的影響。戈氏提出哲學的兩個「目的」思想❻，第一個目的是喚醒人對探索神的無限智慧的渴望，第二個目的是喚醒人對人的智慧的愛，人的智慧應當成爲他認識神的智慧的條件。「自由神學」所追求的正是第一個目的，哲學所追求的是第二個目的。而達到第二個目的的必要條件是對外部自然的關注，這是以自然科學知識爲依據的。因此，「實證科學」也在自由神學中占據一席之地。

索洛維約夫（以及萬物統一哲學的其他代表人物）對待科學的態度是矛盾的。眾所周知，19世紀後半期是科學昌明時代，科學技術的強大物質後果對哲學產生重大影響，這也是索洛維約夫學說無法迴避的。但他既沒有像實證主義者那樣以實證科學「拒斥形而上學」，也沒有像當時某些俄國思想家（如列夫·托爾斯泰）那樣否定和拒絕科學技術的合理地位和積極作用。一方面，他認爲科學的認識潛能是有限的，它不可能把握世界的完整性，尤其是思辨領域，科學更是無能爲力，既不能證明也不能推翻世界的思辨性。索洛維約夫《抽象原理批判》中有一章的題目就是「在實證科學基礎上認識現象的普遍體系的不可能性」。

但另一方面，索洛維約夫也接受科學之必要性的思想。科學結論與神學和哲學結論的不盡相符（往往是相互矛盾）並未使他十分不安，他深信這一矛盾是可以克服的。他十分贊同霍米亞科夫的一段話：

> 科學並未登峰造極，而我們尚未得到其終極結論，正如我

---

❻ Голубинский ф. А. : Лекции философии. М. 1984, выпуск 1, c. 36.

們尚未理解《聖經》的全部含義一樣。懷疑和不贊同是應當出現的：信仰只有敢於容許懷疑和反對的存在，敢於呼喚科學的進一步發展，才能顯示自己的堅固性，若迫使其他科學編造謊言或沉默不語，那麼受害的不是科學，而是信仰本身的權威性。危險的不是科學的自由，而是德國人對科學在它發展的每一步都確信無疑的迷信。❼

此外，索洛維約夫還將「抽象」哲學和「實證」科學作了比較，他看到思辨哲學的弱點在於，與自然科學相比，它不能把現實的多樣性置於思辨體系範圍內，結果造成了形而上學的思辨同現實的矛盾。他還直接表示了對科學的肯定。他說：「雖然，一切現實的存在只有通過現實的經驗才能認識。」❽

尤爾凱維奇說：「自然科學研究外部經驗所發現的世界……科學研究現象世界，而不涉及世界的真正本質問題。」❾ 對於索洛維約夫來說，他的老師的這種觀點恰是將科學包含於自由神學體系的一個證明。思辨思維——「具體哲學」正是建立在科學基礎上的（因為「哲學所探求的是生命的意義和現象的意義，這也是科學研究對象的一部分」❿）。

從客觀效果來看，索洛維約夫的後繼者對科學的局限性的觀點並未影響他們在自然科學領域（如弗洛連斯基）和人文領域

❼ Хомяков А. : Полные собранные сочинения. М. 1900. том 1, c. 357--358.
❽ Соловьев В. С. : Собранные сочинения в 8 томах. том 3, c. 110.
❾ Юркевич П. : <Нечто из науки о человеческом духе>/Тр. Киевской Духовной Академии. 1860, кн. 4. c. 374.
❿ Булгаков С. Н. : Философия хозяйства. М. 1912. Ч.1, c. 31.

（如卡爾薩文❶）取得顯著成就。索洛維約夫本人也曾表述過一個頗有洞察力的觀點：

> 原子也不可能成為絕對不可分的粒子：物質本身是無限可分的。❷

5.4 信仰是認識的要素

索洛維約夫從完整知識（科學、哲學、神學）的每一種形式中都找出三個要素：信仰、想像、創造。他認為我們認識對象（或與對象交流）有兩種方式，一種是從內部，即從我們自身的與對象有內在聯繫的絕對存在方面來認識，這是神祕的認識；另一種是從外部，即從我們的現象個體性方面來認識，這是對象性的認識。而信仰、想像、創造是一切對象性認識中的基本要素。信仰證實對象的客觀存在，想像在變動不定的事物形態中描繪出外物的統一形式，創造在我們的經驗材料中體現外物。

這就提出了信仰在認識中的作用問題。在索洛維約夫的這種思想中，信仰不是具有超自然的宗教神學內容，而是一種心理上的信心、信念。他首先把這種作為內心信念的信仰看作是一切活

---

❶ 卡爾薩文（ Карсавин Л. П., 1882-1952）——俄國中世紀史專家、宗教哲學家。「萬物統一哲學」的後繼者。如果說「萬物統一哲學」是從靜態說明現實存在，那麼他則從動態方面把「統一——分裂——再統一」原理作為現實存在及其過程的組織原則和基本樣式。主要著作有《12-13 世紀意大利中世紀宗教原理》（1915）、《歷史哲學》（1923）、《本原論》（1925）、《個人論》（1929）等。

❷ 同注❽，頁114。

動的目標基礎（必要的心理指令）。他在一份草稿中寫道：

> 信仰是一切事業取得成就的第一條件。比如說，誰若不相
> 信眞理的存在及其可知性，不承認理論思維基本原則的可
> 靠性，他當然就會對科學無所作為；誰若不相信美在世界
> 和現實中的客觀存在，他也不會在藝術領域有任何成就。
> ⑬

　　實際上，在索洛維約夫學說中，信仰具有兩種對象和兩種功
能。其一，信仰指向絕對者，提供關於絕對者的知識；其二，信
仰指向一切客體，這時，信仰只是相信客體存在的心理狀態，這
種內心的信念使對客體的認識成爲可能。他寫道：

> 無論是外部世界的存在，還是神的原理的存在，對於理性
> 來說都只是一種可能性或有條件的眞理。只有靠信仰才能
> 絕對證明它們的存在。經驗只能提供神的原理和外部自然
> 的內容。上帝存在，是我們所相信的；它是什麼，才是我
> 們所體驗和認識的。⑭

　　這樣，內心信仰在認識中又具有普遍意義。但這就出現了與
他關於認識的兩種方式思想的矛盾：在那裡，內心信念彷彿專就
外部認識而言，而內部認識只需對神的宗教信仰。後來，「萬物

---

⑬　Акулинин В. Н. Философия всеединства : от Соловьева к
　　Флоренскому. с. 94.
⑭　同注❽，С. 35

統一哲學」的繼承者葉·特魯別茨科伊發現了這一矛盾，他對這兩種信仰作了明確區分。他指出，作為心理信念的信仰是一切人都必然固有的，無論他是否相信；而神祕信仰或宗教信仰本質上是自由獲得的：人有相信或不相信上帝的自由，但沒有相信或不相信外界或自然存在的自由❻。

索洛維約夫（及其後繼者）從信仰中劃分出心理信仰這一層次是具有一定理論認識價值的。從我們的觀點看，這也是認識的主觀能動性的一種表現。人與世界的具體認識關係複雜多端，絕非主體對客體機械反映的簡單過程。在信息不夠充足和缺乏足夠證據的情況下，認識者的信念是激發他的精力和體力的重要條件。認識是一個動態過程。人在一定的認識階段難免面臨選擇，因為在從不知到知的過程中，人對現實往往產生兩種判斷，一種是不大可信的，一種是較為可信的，這時信念、信心的作用就非常重要了。這或許就是「心誠則靈」的道理之一。無論如何，信仰的作用仍是當今哲學和心理學的重大課題。

5.5 認識活動與道德活動

按照唯物主義一般觀點，人的認識活動是人對外在的客觀實在的反映，要獲得正確反映就應竭力剔除主觀因素，從而達到客觀真理；檢驗認識真理性的標準是實踐。索洛維約夫的完整知識哲學則與此截然不同。他反對哲學局限於抽象理性，認為哲學認識活動不僅取決於人的抽象思維能力，而且包括人的道德完善；

❻ Трубецкой Е. : Миросозерцание Вл. Соловьева. том 1, с. 265.

真理標準也包含著道德成分；愛是認識過程的重要因素；道德原理是理論哲學的基礎。這有些類似於中國的「知行合一」與「誠意正心」思想。

索洛維約夫把道德包含於思維的邏輯本身之中，認為離開了道德就不可能獲得真理的標準。他說：「道德因素是思維的邏輯條件本身的要求」，「誠的概念是真理的標準：真正的哲學思維應當是對可靠真理的真誠的和徹底的探求。」❶假如對哲學思維沒有道德要求，假如確認哲學思維不需要真誠，會有什麼結果呢？在索洛維約夫看來，如果在對真理的探求中允許自欺欺人，也就是通過虛假手段追求真理，那麼認識真理就完全失去了意義；除非哲學除認識真理外另有其他目的，它才可以不要真誠。但哲學區別於其他學說、哲學理性區別於其他理性之處正在於，對純粹真理的興趣是它最重要最有價值的特徵，任何其他東西都不可能取代，因此，拒絕對真理的真誠探索就等於拒絕了哲學本身。

所以，按照索洛維約夫觀點，認識結果之真理性的唯一有價值的證據包含於認識主體的道德意識之中。從外在方面來確立這一真理性的信念通常是不可能的：因為無道德的意識可以輕易地以外在證據（言辭、理論等）證明其虛假的真理。只有具有高尚道德的認識主體才能保證其所獲得的認識結果的真理性。從我們今天的觀點看，索洛維約夫的這種觀點也不失其合理性。實踐作為真理的標準當然具有重要價值和意義。但人類總在前進，不斷創新。歷史已經表明，往往有這樣的情形，當人的活動在開創前

---

❶　Соловьев В. С.：Сочинения. М. 1988. том П, с. 766.

無古人的偉大事業的時候，在尚無前車之鑑與實踐結果之際，人們不得不為實踐本身而付出巨大代價！這就提出了人的認識和實踐活動中道德原則的絕對性問題。當然，關於歷史進步與道德代價，歷來觀點莫衷一是。俄羅斯思想家多站在道德本位立場，反對以目的證明手段。索洛維約夫和陀思妥耶夫斯基一樣，堅決反對「以惡行和苦難換取未來的和諧」。

要達到真理認識，僅有邏輯工具是不够的。針對抽象理性主義把一切都訴諸概念思維的片面認識論觀，索洛維約夫在「完整知識哲學」中提出「整體邏輯」（Органическая логика）概念。這種邏輯優於概念思維，能在認識過程中不致使「萬物統一」的整體支離破碎，能獲得統一的、完整的認識，同時又不失事物的多樣性與美。「整體邏輯」使感性直觀、直接知識和理性直覺在認識中的作用合法化。這些知識不同於概念思維，而更適於對世界的神祕直覺和藝術觀照。只有在神祕體驗和藝術形象中，才能達到完善的個體和完善的共相的內在結合。可見，這種認識觀是要找到對世界的科學觀照、宗教觀照和藝術觀照之間的聯繫環節。

若以客觀唯心主義語言來表述，就是說，世界具有萬物統一的本質，這是認識客體的中心，人在認識中應當努力使自己主觀的中心與這一中心相符合，才能獲得真理。但是當下的人是遠離這一中心的，只具有表層意識，不能認識宇宙的統一本質。只有那種偶爾迸發出的靈感和頓悟，類似於真正的藝術家、詩人和預言家所體驗到的東西，才能揭示出世界的真理性、統一性和本質存在。而在這些幫助表層意識克服盲目性的體驗中占據首位的是愛。

　　愛是索洛維約夫哲學和認識論的重要成分。他認爲即便是愛的低級階段，亦即使兩性結合的性愛，也是有益的，這是他與禁欲主義者的不同之處。但性愛是軟弱無力的，它以歪曲的形式暗示著一種高尙的愛，這是一種包容宇宙的全能的力量，它在理想的世界存在中占統治地位，創造世界的統一性。對世界的認識離不開這種愛。利己主義的閉塞是與認識主體的願望相背的，只有對他人、對整個世界的愛才能達到眞正的理解，才能形成這樣一種道德基礎，認識若離開這一基礎就會遲早成爲蒼白無力的或危險的。因此，道德因素「不僅能夠，而且應當成爲理論哲學的基礎。」❶❼

　　不難發現，索洛維約夫的上述觀點是和近代科學精神不相一致的。近代科學思維方式把世界分爲主體和客體，並把二者對立起來，主張在認識中力戒主觀性，排除個人先在的觀點和意志的干擾。這種反對主觀主義的客觀認識對自然科學和技術的發展無疑具有重要意義。但這主要就科學認識而言，而對於具有深刻的宗教和人文精神的索洛維約夫而言，哲學不是科學，科學從天人對立出發，要改造自然，駕馭自然，使自然成爲人的奴隸，而哲學則從「天人合一」出發，要在改造世界的同時，通過提高人的精神境界而達到與他人和世界的和諧統一，這才是人生的意義與終極目的，而科學只是手段之一。

　　另一方面，完全排除主觀性的認識實際上是不可能的，感性認識和理性認識沒有絕對的界限；所以，在認識過程中人自身固有的理性觀念、情感意志和目標價值總要起一定的導向作用。索

---

❶❼　Там же.

洛維約夫沒有否認這種主觀性，而是要積極利用這一導向作用，這就是人的認識中誠與愛的原則。愛是什麼？就是與他人、與世界聯合的願望。愛的原則在人際關係中的重要性是不言而喻的。若從與人為善、寬容豁達出發，就能更多地相互理解，從而心情舒暢；若從狹隘自私、懷疑猜忌出發，則易產生許多嫉妒與偏見，從而平添煩惱；從人與自然的關係來說，愛的原則對全球問題日益突出的當今世界的生態學意義也是顯而易見的。

若從哲學思維高度來看，索洛維約夫的完整知識認識論提出了關於認識與人的完整的內在經驗的聯繫問題，或者說，提出了人與同類、與自然、與世界、與存在的相互聯繫相互影響是哲學反思的前提的問題，正是這種聯繫使人成為人；也提出了人必然加入思維與存在的辯證聯繫問題。

5.6 「應有」哲學與實踐哲學

完整知識的哲學也是理論與實踐的統一。索洛維約夫背離西方近代哲學的獨到之處還在於試圖脫離古典哲學的舊有模式而對哲學的任務進行重新界定。他在批判西方哲學的經院性時指出，西方哲學的任務在於確定存在的一般原理、事物的永恒本質及這一本質對認識主體的關係，顯然，這一任務僅僅具有理論性質，只包括認識主體所提出的問題，而把實踐主體的問題——應有問題置於視野之外。比如這種哲學的最後一個巨擘黑格爾就直接否認並嘲笑這個問題。黑格爾說，一切合理的東西都是存在的，因此沒有任何應有的東西。假設真理和善良需要我們個人的活動來實現，這顯然就意味著認為真理和善良是不現實的和蒼白無力

的，而不現實的眞理已經不是眞理，而是空洞的隨意的幻想。

索洛維約夫把眞正的哲學同直觀的理性主義及其對理論上可知的現實的消極證明對立起來。他確認，眞正的哲學應當指出藉以克服知與行、任務與實現手段、理論與實踐、思想與現實之脫離的途徑和方法。他說，事實上，歷史不是別的，正是人依靠自己的活動不斷實現自己原初的主觀的非現實的理想的過程。

> 現存的東西，從前只是應有，現實的東西只是願望；但意志會化爲行動，而行動產生物質結果。因此，在存在與應有之間、現實與願望之間沒有絕對的鴻溝，而是在不斷的過渡，沒有固定界限。抽象哲學所說的界限只表明了它自身的局限性。**⑱**

因此他認爲現代哲學的任務是探索走出理論抽象性的出路，確立自己在生命事業中的最高權利。

索洛維約夫確定新哲學任務的指導思想是：哲學是人的創造或活動的最高形式，這種活動能夠重建生命，把現實從現有狀態提高到最大的完善——這是索洛維約夫全部世界觀的中心思想。這也是他考察評判世界思想史現象的標準：各個時代各個民族的哲學體系、宗教學說及文學藝術現象的優劣，首先要看它們對解決生命的創造任務做出了什麼貢獻，還是與解決這一問題背道而馳。這樣，哲學的主要功能就在於實踐改造功能。

實際上， 在德國哲學家那裡已經開始了對哲學任務的新探

---

⑱ Там же, с. 94.

討，費希特就提出了使哲學轉向的任務，要求哲學不僅要把世界看作是單一的認識對象，而且要看作是能夠改造現實甚至在一定意義上能夠產生現實的認識行為的對象。但這種觀點並未超越唯心主義。後來，馬克思（K. Marx, 1818-1883）在批判舊哲學時指出：以往的「哲學家們只是用不同的方式解釋世界，而問題在於改變世界。」❿ 他創造了一種實踐唯物主義哲學，索洛維約夫對抽象理性、對現實與願望之脫節的否定，只表明了他對哲學任務的一種理解，還不能成為完成這一任務的原則基礎。因為為了克服理論的抽象性及其與現實的脫離，僅指出現實可以改造和理想能夠實現以及除現實世界之外還有一個願望世界，是遠遠不夠的，為了使對理想實現的可能性和必然性的信念獲得真正的物質內容，必須對「願望」的能力作唯物主義研究，必須考慮並弄清，我們觀念中的願望在多大程度上取決於現實本身以及現實變化發展的物質條件；必須判明，我們的哪些願望有可能實現，因而符合現實本身運動和發展的方向；最後，必須明白，為了使我們的願望變為客觀上可實現的、變成現實本身，我們應當做哪些努力。顯然，索洛維約夫在批判理性的抽象片面性時並沒有分析上述條件，他對現實、活動和認識的理解是唯心主義和神祕主義的。但這是一種特殊的唯心主義和神祕主義，其中所強調的不是抽象思辨和神祕體驗的內容本身，而是把哲學和宗教作為改造現實的必要途徑。

唯物主義哲學把物質的東西作為一切存在的基礎和開端，由此說明意識、精神；唯心主義則把觀念的東西作為存在的基礎和

開端，由此說明物質、現實。這兩種學說都以追究世界本原爲目的，並彼此對立和鬥爭。索洛維約夫的「實踐唯心主義」則既不把物質的東西也不把觀念的東西作爲世界本原而進行抽象思辨，而是把具有理性、願望和情感的人當作出發點，以人和人類（以至整個宇宙）的完善爲追求目標，這樣，物質的東西和觀念的東西就只是達到這種完善的必要條件和手段。所以，索洛維約夫哲學的主要思想不是絕對眞理、最高理想和最終完善本身，而是眞理的體現、理想的實現和完善的獲得。這樣，在索洛維約夫的完整知識哲學中，不僅包含著認識與道德、理論與實踐的統一，而且包含著眞、善、美的統一。

5.7　眞、善、美的統一

　　眞、善、美，是人類千百年來的生命理想，也是三個古老的經典哲學範疇。在近現代哲學史上，三者通常被分別作爲哲學、倫理學、美學的研究對象和目標，卻少有人探究三者的一致性。事實上，眞、善、美的統一曾經是古希臘哲學家的信念。蘇格拉底就宣布「美德即知識」，表明人的理智本性和道德本性是同一的；柏拉圖則提出「善的東西同時也是美的」[20]，並說善是美的原因，善是美追求的目的和衡量標準。索洛維約夫的完整知識哲學試圖回到這一古典人文精神，在人的完整生命的最高境界中實現三者的統一。

　　如前所述，在完整知識範疇表中已說明了眞善美同源於絕對

---

[20]　柏拉圖《會飲篇》，頁201。

者。因此他說: 「絕對者通過眞理在美中達到善。」就是說, 三者具有相輔相成的內在聯繫, 其中善是最高目標, 眞理是途徑或手段, 而美是善的最高表現形式。按索洛維約夫觀點, 如果解除了三者的相互聯繫, 它們便都失去了其深刻的人性, 變成了外部存在的、與人的完整體驗相對立的「抽象原理」。對統一的眞善美的追求決定了存在的「神人意義」, 如果把這種追求降低到抽象理論公式的水平就會導致三者的自我封閉: 求眞成爲自足的唯科學主義; 爲善成爲生硬的道德說教, 忽略了人與人之間極其複雜多樣的微妙關係, 而脫離這些關係就沒有眞正的人生; 完美則成爲缺乏禮節的、冷漠無情的唯美主義目標。

索洛維約夫還從完整知識的內容方面論述了眞善美的一致性。他說, 按照超越了學院哲學 (理性主義和經驗主義) 的眞正的哲學觀點, 眞理既不在於認識的邏輯形式, 也不在於認識的經驗內容, 總之眞理不屬於孤立的或特殊的理論知識——這樣的理論知識不是眞理知識。眞理知識只是那種與善的意志和美的體驗相符合的知識。雖然對眞理的定義直接屬於知識領域, 但不是這種單一知識, 只有當知識與整個精神存在領域相協調時, 眞理的定義才屬於知識。也就是說, 只有與善和美同在的東西才能成爲眞理。當然, 也存在著單憑孤立的認識能力便可達到的所謂眞理, 這些眞理有的是純形式的, 有的是純物質的或經驗的。某些數學定理是純形式上的眞理, 與意志和體驗無任何直接關係, 但它們本身不具備現實內容; 某些歷史或自然科學事實具有物質眞理性, 與倫理學或美學無干, 但它們本身不具備理性意義。前一類眞理是非現實的, 需要現實化; 後一類眞理是非理性的, 需要賦予理性意義。而眞正的眞理是完整的、活生生的, 其本身就既

包含現實性又包含合理性❷ 。可見，這裡眞善美的統一只有在完整知識的最高境界中才可以理解，而且，這種統一性也是一個動態過程。

　　索洛維約夫所主張的哲學是一種生命的哲學。哲學作爲一種知識形式，當然要以追求眞理爲目標，但索洛維約夫指出，哲學的目的「只能是認識眞理，但問題在於，這種眞正的眞理本身必須同時又是善、是美、是強力，所以眞正的哲學是與創造和道德活動密不可分的。」❷

　　至此，我們可以總結出索洛維約夫對哲學的規定：（1）哲學是歷史發展著的專門知識；（2）哲學不是抽象原理，而是完整知識，它與其他知識領域有密切關係；（3）作爲完整知識的哲學不僅包括關於事實的理性概念，還包括應有、願望、意志；（4）哲學不僅是知識，還包括活動、實踐、創造；（5）因此哲學是完整的人生活動形式。但與存在主義者不同的是這裡的人的生命不是孤獨的個體，而是在與他人的和諧統一中走向共同的最高目標，哲學的任務就在於對生命及世界的改造以達到這一目標。如果借用中國儒家的格言，便是所謂「爲天地立心、爲生民立命」，這就是索洛維約夫所提出的哲學的歷史使命。

---

❷　同注❶，頁191-192。
❷　同上，頁199。

第六章　人的哲學

人有三個基本要素：神的要素、物質要素和把二者聯繫起來的人本身的要素。❶

索洛維約夫沒有對人的問題作專門的系統研究，但作為一個具有高度人文修養的哲學家，在他的萬物統一哲學、哲學的本質與使命學說、宗教神學思想、歷史哲學、道德哲學以及許多詩作中又都無不涉及人的問題，而且有著精湛的論述和深刻的見解，因此可以說索洛維約夫有自己的關於人的哲學。

這種人的哲學與存在主義、人格主義以及歷史唯物主義的人的學說不同，它具有以下諸特點：第一，反對對人的抽象片面理解，強調人的完整性；第二，從基督教觀點理解人，但對基督教作了現代解釋；第三，承認人的精神的本體意義；第四，從自由主義的社會批判立場出發重視個人自由；第五，強調人的道德責任和歷史使命；第六，人不是孤立的個體，人的意義和價值是與全人類及其最高的社會理想密切相關的。

6.1　人的主體性

索洛維約夫從青年時代就確認，哲學發展的歷史也就是人類

---

❶ Соловьев В. С.：Собранные сочинения в 10 томах. том 3, с. 116.

探索自身的內在自由的過程。而近代歐洲的哲學文化則深受理性主義抽象哲學和自然哲學機械論的奴役，因此他要反抗這種抽象性，促進哲學知識的人道化。對他來說，這種人道化也就是從笛卡爾回到《聖經》和蘇格拉底、柏拉圖。他對笛卡爾主義的兩點主要責難是：其一，把人的思維的決定因素僅僅歸結為無機自然；其二，只說明了用來證明存在的思維過程（「我思故我在」），脫離了對主體的專門證明：忽視了「我思」之我是誰的問題。

這實際上是索洛維約夫對人的個性的證明：人的個性是哲學的不可分割的主體，個人對自己內在自由的探索是人類的不可剝奪的特點。所以說，關於個性、個性自由、自由的必要性及其界限──這是他的哲學知識觀的重要組成部分。在他的哲學對象觀中，不僅研究哲學思考的對象內容是什麼，而且研究誰在進行哲學思考，即注意到思維過程中的人的個性。他認為思維對存在的認識是一個階段性的極其複雜的過程，遠非如存在直接給定思維那樣簡單明瞭。他在分析對意識材料進行理論整理過程的間斷性時，認為這種間斷性的根源不僅在存在與思維中，而且在於思維主體的內在複雜性之中，在於人的個性之中。他區分了主體對於作為意識承擔者的自身的三種關係：

> 第一，我們擁有我們原初的、不可分的或完整的主體：其中已經以一定形式包含了我們精神的全部內容以及我們的本質或理念，它決定了我們的個性……第二，我們擁有個體的意識活動──我們精神的表現：這裡我們的本質或內容在現實中表現為多種不同形式，我們的本質使這些表現

形式具有一定的性質和自己的特點；第三，由於這些多樣形式都是我們同一種精神的表現，所以我們可以從這些表現形式中反思或回到自身，確認自己為現實存在的統一的主體，一定的自我⋯⋯這種反思或自我確定本身就是所謂的自我意識。❷

可見，這裡的主體並非單純的理性思維，而是人的完整的精神存在，是具有獨特個性的人，這一個性是研究認識過程的不可忽視的要素。

6.2 人在神與物之間

在索洛維約夫的萬物統一哲學中，對人有多種規定。比如對人的倫理學規定：人是負有增加和創造善的使命的存在物，這是他的道德哲學的內容之一。這裡主要講他對人的另一種定義──人的歷史哲學──神學定義。

索洛維約夫宇宙論的基本觀點是：神（天）是絕對者，宇宙（地）是神之「第二」，也是絕對存在，只不過是「正在生成的絕對者」，而人介乎天地之間，人通過自己的活動，在天地之間實現它們的結合過程（神與宇宙的結合），以帶來神人類的勝利，同時，神人類也是神與人類在社會歷史範圍內的逐漸形成和進步的結合。在世界發展方面，「人是神性與物質本性的某種結合，這就要求人具備三個基本要素：神的要素、物質要素和把二

---

❷ Там же. с. 92.

者聯繫起來的人本身的要素」。

索洛維約夫的「積極的萬物統一」是一種不可用邏輯表達的世界的觀念模式，但並非抽象的、空洞的和冷漠的刻板模式，而是包含著存在的眞正的、活躍的要素，包含著存在的多種表現，其中人是核心的和關鍵的要素，人與其他萬物處在內在和諧之中。人既然作爲不可邏輯表達的萬物統一的一部分，因此人就是一個活的謎。人作爲完滿存在的參加者，不能被歸結爲某種單方面的規定性。人不僅僅是生物的人、政治的人、宗教的人、經濟的人、社會的人等等。人的本質包含著人的一切可能的高尙功能和活動，但不是這些功能和活動的機械總和，而是這些因素的繁雜的相互關係的整體化。他維護關於存在之謎和人之謎具有相互關係的思想，反對當時思想界占統治地位的還原論傾向，認爲若把存在和人的實在歸結爲某種局部規定性（宗教的、經濟的、社會的等等）就意味著存在和人的異化和受「抽象原理」的奴役。按照他的觀點，在當今墮落的世界，存在的豐富功能往往表現爲絕對化了的人的思維和活動領域的對立面。比如說，存在在人類世界中的必然表現形式──理性、道德、宗教、法律意識、民族文化、藝術，被降低爲抽象原理水平，就成爲自我封閉的抽象理性、過於嚴峻冷酷的道德、教權主義、法律上的形式主義、民族主義、唯美主義。這種抽象化和還原論不僅不能對人作出完整規定，而且是現象之惡的源泉之一。索洛維約夫一生都在探索惡的先驗根源問題，在這裡，他指出惡就源於我們自己喪失了對於人與存在及人與人之間的血肉聯繫的感受力和理解力。

6.3　個人的精神實在性

在關於個人的本體性、個人價值的絕對性問題上，索洛維約夫在青年時代和晚年觀點大不相同。他青年時代的自由主義精神使他承認個人的精神實在性和個人的絕對價值。他說：

> 人的個性——不是一般的個性，不是抽象概念，而是現實的、活生生的人，每一個個人——具有絕對的、神聖的意義。在這一信念上基督教與現代世俗文明是相一致的。❸

人的絕對性也是人有別於其他存在物的突出特點。在自然界中，每一個存在物都是有限的、有條件的和暫時的，

> ——它們只有在其絕對本原即上帝中才是絕對的和永恒的。而人不僅在上帝中，而且在自身之中都是絕對的和永恒的……每一個「自我」都是某種唯一的、絕對的東西。❹

索洛維約夫甚至認爲作爲精神本體的個人既能改變個人的現實存在也能改造周圍的現實存在。這種唯靈論觀點是以他當時的柏拉圖主義哲學觀爲基礎的，即確認世界中存在著觀念本體。這種世界觀在他的一首詩中形象地表達出來：

---

❸　Там же. c. 19.
❹　Там же. c.129.

> 親愛的朋友，難道你未看明，
> 我們所見的世間萬物，
> 只是那個
> 不可見世界的反光和暗影。
>
> 親愛的朋友，難道你未聽清，
> 日常生活的吵鬧喧嘩，
> 只是一種
> 雄壯和音的回聲。

　　索洛維約夫把主體的精神看作是人的中心。精神存在是個人的本體基礎。

> 這樣，我們既一般地承認了我們的精神存在，我們就應當
> 承認，它是原初的、本體性的存在，不依賴於自己的局部
> 表現……應當承認，它的存在要比構成我們現有生命的內
> 在現實更為深刻。❺

　　索洛維約夫的上述觀點到晚年發生了根本轉變。按照西德研究者達姆（H. Dahm）的看法，就是從人格主義哲學（個人在痛苦的道德選擇和具體的自我決定的鏈條中確立自己的本體性）向全人類形而上學的轉變。的確，索洛維約夫晚年學說的出發點是人的集體性、全人類性高於個體性。人沒有個體的本體，人的本

---

❺　Там же. с. 91.

體只是全人類的本體，人所應做的僅僅是揭示出這一本體和在自身中感悟它；他的歷史哲學和道德哲學也強調宗教社會理想的決定作用，而將個人的獨特價值和個人的道德世界放諸次要位置。這是對個人絕對性學說和人格主義觀點的事實上的否定。但未必是對個人價值的完全否定。因爲一方面，他在論述人的社會歷史性的時候，也強調了個人與社會的辯證關係，指出只有不壓抑個性的社會性才是眞正的社會性；另一方面，共性與個性的關係確是理論哲學和歷史哲學的難題。在歷史的滾滾大潮中，個人力量的微不足道也是一種有目共睹的事實。存在主義的個人在現實生活中徒有消極的孤獨痛苦，人格主義於社會變革也無能爲力。個人與社會歷史進程的關係仍然具有現實意義。只不過晚期索洛維約夫把具體的個性不是看作絕對自在的本體，而是注重了與社會關係不可脫離的人的存在。這種轉變與俄國社會狀況並未因知識分子和民衆的革命行動而大有改善有關，也與他的神權政治烏托邦的失落有關。

6.4 人與理想

突出人的理想性、創造性及對理想之實現的信念，是索洛維約夫關於人的哲學的重要特點。人之異於草木禽獸者，皆因人除外在存在之外還有願望、道德和理想。這使人能自己塑造自己。在索洛維約夫看來，人和人性的根本特點在於人並且只有人能使自己比現實中的自己更好。他說，人在本質上不是現有的存在，而是他塑造了和正在塑造著的東西。「人當然希望自己比現實中的自己更美好更偉大……他若果眞這樣希望，他就能夠如此，而

他若能夠如此， 他就應當如此」❻。 這也是人與動物的根本差別，因爲對於動物來說現實就是塑造它和統治它的東西，而人儘管也是在他之先的現實的產物，但人同時可以從內部作用於這種現實， 因此可以說人的現實在某種程度上是人自己塑造的。 人的現實從宏觀上講是作爲羣體存在物的人所造就的，從微觀上講（同樣毫無疑問）是作爲個性存在物的人所造就的。

索洛維約夫關於人自己塑造自己的觀點是和他試圖消除理想與現實之脫離的努力緊密聯繫的。他的歷史哲學、倫理學和美學中有一個核心思想，就是思想的可實現性， 換言之， 就是對生命可改造性的信念。在他青年時代的一封信中就已表明了這樣一種信念，即對現實的改造並非抽象的和因其抽象而不可迄及的理想，而完全是一項確定不移的和可以實現的具體任務。他寫道：

> 存在著一個非抽象的而是活生生的應變爲現實的思想世界。我不僅希望，而且相信，正如相信自己的存在一樣，爲我所認識的眞理遲早會爲他人所認識， 爲一切人所認識， 這樣， 眞理就將以其內在的力量改造這個謊言的世界， 永遠從根本上消除謬誤， 消除個人和社會生活中的惡，消除人民大眾的愚昧和上層社會的道德卑鄙以及國家間的強權，消除人類至今仍掙扎於其中的黑暗、骯髒和流血的深淵。❼

理想的可實現性不僅是個人倫理學和個人道德完善領域中的

---

❻ Там же. том 9. c. 268.

❼ Соловьев В. С.: Письма. том Ⅲ. c. 84--85.

事實。這種可實現性也是社會生活和社會活動領域的核心現象。索洛維約夫寫道，在社會中，也和別處一樣，思想也是事實，正如事實也是思想一樣。人類社會生活中的一切事件，在其成爲現實中的事實之前，都曾是思維著的頭腦中的觀念。思想一旦在社會中出現並成爲運動的本原，那麼它也便成爲一種積極的社會事實。但不是全部思想都應當實現的，只有眞正的理想，亦即有其充分而必要的存在根據的思想才應當實現。思想和事實，烏托邦和現實是「相對的、不斷轉化的術語」。按索洛維約夫的觀點，如果說可以並且應當藐視烏托邦，那麼不是由於它是在現實中不可能實現的空想，而是由於它是壞的思想，不應運用於現實。

索洛維約夫證明眞正的理想根源於現實之中，這樣就使得對理想實現的信仰活動成爲具有這種理想的所有人的個人和社會活動的必要原則。他有力地提出了倫理領域中的理想及其實現問題。按照他的思想，道德意志要求道德行爲，而道德行爲則在現實中體現出來。

> 倘若我已知或相信在現實中實現善是如此之不可能，正如使 $2 \times 2 = 5$ 或使方成爲圓一樣，那麼在這種情況下我的作爲眞正的決定性意志的道德善在主觀上就是不可能的，正如我不能嚴肅地希望方是圓一樣。因此，即使是爲了使道德因素在主觀的內在意志中存在，也必須相信這種道德因素的客觀實現的可能性，而這種信仰是對其客觀實現的必要條件之研究爲前提的。❽

---

❽ Соловьев В. С.: Собраннче сочинения в 8 томах. том 2. С. 115.

索洛維約夫所主張的社會理想是內在理想，而不是外在理想。他批判了同時代人所說的「社會理想」及其實現方法。他指出，這種理想不依賴於人的任何內在工作：它只在於某種事先已確定的和外部強加的經濟和社會制度當中；因此，人為實現這一外在理想所能够做到的一切，都只在於消除實現理想的外在障礙。這樣，理想本身完全是僅存在於未來之中的東西，而人在現在就只和那些與理想對立的東西打交道，所以它的所有活動由於理想的未實現而全部傾向於對現有東西的破壞，這一切都導致了對人民和全社會的暴力。這樣一種社會理想的根本缺陷在於它以在世界占統治地位的惡為基礎，它沒有對人性之善的信仰，沒有對理想的追求者提出任何道德努力的要求，它需要的不是精神力量，而是肉體的強制，它對人類的要求不是內在轉變，而是外在改變。

6.5 人與上帝同在

在索洛維約夫的宗教哲學中，並不像《聖經》的「創世紀」那樣解釋人與上帝的關係。在索洛維約夫這裡，雖然上帝是絕對者，而人是其不可分割的一部分並受其影響，但人也積極地作用於上帝，沒有人就沒有上帝的活動——這一活動就無所指歸。人和上帝同樣永恒。他反對所謂「上帝可以離開人而存在並且在創造人之前確實存在」的論斷。當然，與絕對者同樣永恒的人並不是經驗中的人類的一員，因為眾所周知地球人是在進化過程中產生的，是「地球上有機體發展的一定階段上出現的」。所以這裡所說的永恒的人，既不是指單個的「人」概念，也不是指羣體的

「人類」概念，而是指另外一種東西，這就是「觀念的人」，但
這種觀念的人並非我們日常經驗中的人的精神方面，而是「較之
人的明顯表現更具本質性更具實在性的人」。何以如此？索洛維
約夫解釋說：

> 在我們自己身上有著無限豐富的力量和內涵，這些力量和
> 內涵潛藏在我們現有意識的門檻之外，其中只有一定部分
> 逐步跨越了這一門檻進入我們，我們永遠也不能窮盡其全
> 部。❾

此外，這種永恒的、「觀念的人」不僅僅是從人的一切個體
中抽象出來的普遍本質，它既是普遍存在，同時也是包含了這一
切特殊性於自身的個體存在物，所以這種永恒性不是屬於人的觀
念，而是「每一個個體的一部分」。

與上帝同在的人在漫長的進化過程中成爲和上帝一樣的創造
者。進化到頂峰的人類依靠每個人高度充實的意識、意志和情感
而達到這樣一種完善的和精神化的狀態，即能夠克服（1）自然的
分裂狀態；（2）人與自然的分離；（3）物質和觀念的脫離。與絕
對本原、與神的結合造就了神人類。高度精神化的人類在完成改
造宇宙之大業中成爲上帝的伙伴。而完成這一任務的手段是個人
和社會的道德完善。

索洛維約夫以其特有的宗教神祕主義形式洞見了人的無限潛
能思想。而且這裡不僅限於過去哲學家所講的理性認識能力，而
是指包含在人的完整個性中的無限潛能。現代哲學和科學依然對

---

❾ Там же. том 3. с. 116.

此精審細究，因為人永遠是不解之謎。

6.6 人在現代文化中的悲劇

索洛維約夫還從文化和社會歷史方面論述了人的問題。他試圖認識19世紀與20世紀之交世界文明的具體狀況和本質，那麼，人的存在便首當其衝。他看到，世界、首先是人類，正處於危險狀態，分裂、異化過程正在急劇增長。統一喪失了，人們不再體驗到它了——

> 我們與他人的統一成為一種虛幻的、不現實的東西，我們只把個體的自我當作真正的現實：我們自我封閉起來，別人無法介入，因而我們也無法介入他人……把我們與一切他人對立起來並且實際上否定他人——這是我們的本性之惡。❿

這種分化的存在使人與人、人與自然相對抗，這會導致分散成分的混亂和整體結構的破壞。在物質世界，任何一個存在物、任何一種存在成分都逃脫不掉毀滅和死亡，愈是分裂，便愈會加快死亡進程。這裡流露出對世界將遭破壞之災的預感。

索洛維約夫儘管具有一種樂觀主義精神，相信現實的可以改造和人有無限可能性，但這也恰好說明他對現實狀況的不滿和反叛。若把人放回到當時的精神文化和社會歷史之中，那麼索洛維

---

❿　Там же. с. 120--121.

約夫對個人和社會的道德、社會現實、精神生活和宗教狀況則深感悲哀。他深刻揭示了現代人的非自由的精神狀況：現代人意識到自己是內在自由的，認識到自己本不應屈從於一切外在原理，確信自己是萬物的中心，但事實上人在周圍世界只不過是一個無限藐小和不斷流逝的點❶。

繼帕斯卡爾（Pascal, 1623-1662）和陀思妥耶夫斯基之後，索洛維約夫也確認個人的一切不幸之根源首先在於人的精神和肉體的形而上學的不適應：人的自我在可能性上是絕對的，而在現實中個人的存在是藐小的。人的罪惡與痛苦、不自由、內在奴役都源於這一矛盾之中，要擺脫這種奴役就只有達到一種存在的完滿性才有可能，而這是通過人的無限努力來確立的。人的這種悲劇性的兩極性更爲明顯地表現在他與先驗存在的關係之中。索洛維約夫說，人自身之中囊括了所有可能的對立形式，而這一切都可歸結爲一種：這就是絕對與相對、永恒本質和暫時現象或可見物之間的對立。人既神聖高尚同時又卑微藐小。

這也就是人的存在和人的自由的悲劇。而解決這種精神與肉體、絕對與相對之間的矛盾，正是哲學的歷史任務，因爲哲學知識的本質在於對人的內在自由予以理性證明。

---

❶　Там же. с. 20.

第七章　世界過程論

世界過程不僅是發展和完善過程,而且是宇宙聯合過程。❶

　　宗教哲學本體論是索洛維約夫哲學世界觀的重要部分，而且同他的完整知識論 、 哲學本質觀和人生哲學等方面有著緊密聯繫，其中關於絕對者的學說和世界發展論就是這一形而上學的基本思想。

7.1　絕對者

　　索洛維約夫的本體論將絕對者認作是一切存在的最終基礎——這裡的絕對者不是一種脫離世界萬物的最高實體，它是同宇宙不可分離的 ， 我們只有透過世界方可看到絕對者 。 它是統一的 ， 同時又在自身之中包含萬物 。 因此絕對者是「萬物統一」——正是在這樣一個形而上學範圍內，絕對者和宇宙彼此相關，亦即具有「統一本質」。正因為如此，在我們心中，對絕對現實的直覺較任何一定感覺、觀念和意志都更為深刻。

　　在索洛維約夫那裡，絕對者概念又是與上帝概念等同的。但絕對者是什麼? 他是從認識論方面來說明的。他說: 絕對本原就

---

❶ Соловьев В. С. : Собранные сочинения в 10 томах. т.8, с. 220.

是在一切認識本身之中被認識的東西；不依賴於我們而獨立存在的絕對本原的現實性、上帝的現實性（也和任何存在物的獨立現實性一樣），不可能從純粹理性中得到，不可能在純粹邏輯上證明。因此索洛維約夫反對上帝存在的一切證明，而認定神的本原的存在只能靠信仰行為來證明。他在晚期著作《善的證明》中更明確地寫道：

> 在真正的宗教體驗中所給定的被體驗對象的現實性……神的現實性，並不是從宗教體驗中得出的結果，而這種體驗的內容正是所體驗之對象本身。❷

這樣，所謂絕對本原就只是一種內心體驗，這表現了他晚年思想的某種變化。但總的說，從絕對者與世界的關係來看，在他的全部學說中根本找不到如基督教《聖經》中的創世論觀念。相反，在他看來，正如離開了其絕對基礎的世界存在之不可能一樣，離開了世界的絕對者也是不可思議的。

在揭示絕對者的內容時，索洛維約夫區分了第一絕對者和第二絕對者。第一絕對者是最高本原，它是以自身的現實性直接揭示給我們的。但這種絕對本原需要觀念現實，需要「另一個」以便有可能在其中表現自身。這樣，絕對者由絕對統一變成萬物統一。於是產生了第二絕對者。它是形成中的絕對者，是宇宙全體。這種第二絕對者實質上就是柏拉圖的「理念世界」，是存在的本原或發生的力量，是存在形式的多樣性。

---

❷ Там же. с. 193.

　　索洛維約夫又劃分了絕對本原的兩個中心，第一個中心——最高的或自由的中心是絕對本原的自我確立，第二個中心是「第一物質」，是物質多樣性的本原。當然，這種「第一物質」與「現代科學家所稱的物質」無任何共同之處，它作爲第二絕對者，完全是絕對本原的表現，是存在的潛能。因此「第二絕對者」不能脫離絕對本原而單獨存在。在《抽象原理批判》中他又指出「第二絕對者」具有兩重性：既有作爲萬物統一之形式的神的觀念，又有自然因素，即可感知的自然存在的多樣性，他說這種雙重存在是「玄妙莫測的」。

　　索洛維約夫的「第二絕對者」思想來自費希特和謝林。費希特爲了消除「自在之物」而提出「自我」創造「非我」，但「非我」不是憑空創造的，而是「自我」之辯證運動的內在要求。這實際上就是「另一個絕對者」的最初形式；謝林的「同一哲學」直接啟發了索洛維約夫關於「絕對者」中存在兩極和「第二絕對者」思想，但這一思想顯然不是他的主要論題，而更似「作業假說」，他藉此來證明自己的萬物統一原理，說明可見世界的「玄妙莫測」。比如，關於可見世界與絕對者的關係，他說，可見世界應來自絕對者，但可見世界的眞實表現是多彩多姿的，爲使絕對者較之可見世界不顯得更蒼白更抽象，就應當承認絕對者自身就是一個特殊的永恆世界，是觀念的世界，是永恆理念的領域。但這一神的世界對索洛維約夫來說並不是「理性之謎」，相反，可見世界(它具有時間性、終結性和條件性)的存在倒是眞正的「理性之謎」。理性所面臨的任務便是從無條件的絕對性中引出有條件的相對性，而在他看來，絕對與相對之聯繫的奧祕在於人，在於人的雙重本性——靈魂與肉體、神性與生物性等等。

可見，索洛維約夫的形而上學並沒有局限於宗教世界觀和抽
象理性觀念。他在《神人論講義》中把自己的神學客觀唯心主義
重心轉向了人的主題。

7.2　世界發展論

從索洛維約夫的以上觀點中可以看出，世界應由三個層次構
成：絕對者（第一本原、上帝、天國）、理念世界（第二絕對
者、世界靈魂）和現象世界。絕對者是現象世界的本原和歸宿；
現實世界（自然界、社會生活）則是世界靈魂之自由活動的直接
產物，是違背和脫離上帝的結果。正因為如此，理想的有序世界
走向了現實的混沌，對象世界分解成對立的成分，解化為自然界
的原子和社會生活的離散個體。所以，世界發展的初始行為便是
世界靈魂，它的觀念樣式、它的愛、智慧和意義自由地脫離了絕
對者。

> 由於世界靈魂的自由行為，使得本由它統一起來的世界脫
> 離了神性而墮落為許多敵對因素：它還應當通過一系列自
> 由行為使這些正在增長的多樣性自身及其與上帝彼此協調
> 起來並返回到絕對有機體的形式之中。❸

世界靈魂說是索洛維約夫形而上學的特殊部分，介乎哲學與神學
之間，它的哲學意義在於論證現實中的神性，亦即論證「應有世

---

❸　Там же. т.3, с.147.

界」。

至於經驗的現實世界，索洛維約夫否認有向度的物質的客觀
存在。他認為，經驗給我們提供的只是單個的對象，而物質及其
向度——這是抽象的理性概念。他接受萊布尼茨的單子論，把自
然界說成是一種活動的精神本質的體系。他確認，並非本質是物
的屬性，而是相反，物是本質的產物。原子是非物質性的動態的
粒子，是活的精神單子；原子的相互作用及原子對人的作用便形
成了現象世界。

索洛維約夫的世界發展觀受到斯拉夫論者的整體思想和但尼
列夫斯基及列昂季耶夫的有機發展論的影響。他把有機體的概念
推廣到一切存在領域，他說：沒有任何根據把有機體概念僅限於
物質有機體，我們也可以說精神有機體、民族有機體、人類有機
體，因此可以說神的有機體……我們把下述一切事物都叫做有機
體：它們由彼此不同也與整體不同的成分構成，每一種成分都有
自己的特定內容，因而對一切其他成分都有自己的獨特意義。

進化和發展問題是19世紀科學所普遍關注的問題。索洛維約
夫把發展概念作為自己哲學的基本概念之一，並說：我必須這樣
做，因為「發展概念從本世紀開始就不僅進入科學，而且進入日
常思維」。但他又指出，這一概念的廣為流行完全沒有促進其內
涵的清楚和確定。他自己對發展概念的解釋是：第一，發展就是
在變化過程中每時每刻都成為某種東西；第二，發展的每一個點
都帶來以前沒有的新東西。但若把這些新的點進行簡單對照，就
又與發展概念相矛盾了。這些點在發展的事物中一開始就是不可
分的。所以，只有當發展的事物自身已潛在地包含了它後來所成
為的一切的時候，才可能有真正意義上的發展概念。如植物的種

子已孕育著後來的整個植物，這才是真正的發展。換言之，這種
發展應是生命，而發展的事物當爲活的存在物或有機體。同時，
關於進化概念，他認爲，進化、進步不是漂動著消極對象的河
流。假如進步的參加者是由他人意志推動的客體，則進步是不能
實現的。真正的進步是同主體的活動相聯繫的，這些主體具有自
己的意志、思想和個性內容。

　　按索洛維約夫的定義，絕對簡單和統一的本體不能成爲發展
的主體，因爲絕對簡單性排除了任何變化和發展的可能；各種不
同要素和部分的機械組合不屬於發展。那麼他如何解釋前生物階
段的世界進化和發展呢？他說，這是一個原子的世界。原子是這
樣一種複雜的形成物，它不是消極的物質，而是一種積極活躍的
存在物。同時，原子不僅是存在物，而且是觀念。確切地說，在
它們成爲存在物之時，它們便早已是觀念了，因爲觀念是絕對本
質，它構成相應事物所特有的永恒的內在性質，使該物成爲它自
己。這種觀念所指的是事物的真正規定性，它使某事物不與任何
他事物相混淆，並能在各種條件下的不同表現中保持其自身。
所以沒有觀念也就沒有存在物。這顯然是柏拉圖式的客觀唯心主
義。但同時，索洛維約夫又強調了另一方面：這種作爲事物本
質的觀念既不能脫離存在物而獨立存在，也不能脫離人而獨立存
在，觀念和物是同一的。爲了說明這一點，他把觀念劃分成兩
種：作爲對象的觀念和作爲主體的觀念。作爲對象的觀念是指相
應存在物的一定內容的精髓，它是認識的對象，對其他存在物而
言表現爲某種客觀的東西。但觀念不僅僅屬於對象性領域，它也
有自己獨特的實在性，這就是作爲主體的觀念，它是自我意識，
是個性，因爲觀念的完整存在表現爲個性，於是客觀普遍的觀念

又在主觀的自我之中。他解釋世界的主觀性說：人們通常以為，假如世界上消除了一切有感覺的存在物，那麼世界就仍會像沒有出現這些感覺存在物以前那樣，有色、聲等多種存在形式。但實際上並非如此，因為沒有聽覺就沒有聲音，沒有視覺就沒有光和色。整個現實世界都是為我而存在的，並為我所認識，是我的直接表象，因而具有主觀意義。這顯然是「存在就是被感知」、「宇宙便是吾心」的主觀唯心論。

　　這樣，在對世界作本體論說明時，索洛維約夫又遇到了主觀與客觀的矛盾這一老問題。他如何解決這一矛盾呢？第一，他是從人的主觀性出發的，他把現實世界的主觀性作為「全部哲學的第一定理」❹，所以普遍觀念歸根結蒂存在於心中，是心所賦予的；但是，第二，他沒有停留在主觀性之中，以免陷入唯我論。他試圖在心中找到觀念的普遍性，人同此心，心同此理，這個理就是神性。所以他認為走出唯我論這個死胡同的途徑是承認世界的本質既不在於它的對象性（物質性），也不依賴於個人的主觀性，而在於神性。這裡表現了索洛維約夫哲學的獨特個性。在他的著作中表現出了柏拉圖、斯賓諾莎、黑格爾、謝林的某些特徵，但他的全部哲學不是這種意義上的客觀唯心主義。他是從人的主觀性、從完整的人的存在和生命出發的；同時這又不同於主觀唯心論，因為他又提出了高於人的神，但這種神不是外在於人的思辨產物，而是每個個人的精神追求，是全人類的共同目標。所以可以說索洛維約夫哲學的最高本體歸根到底是人生的需要。

❹　История философии в СССР. т.3. с.382.

7.3 宇宙演化階段

　　索洛維約夫也吸收了自然科學觀點來論述宇宙演化。他認爲宇宙演化過程經歷若干階段。首先是三個主要時期：第一時期，宇宙物質由於占主導地位的重力作用而凝聚成大的宇宙天體——這就是星體時代或天文時代；第二時期，這些天體成爲更複雜力量的發展基礎，同時分化成複雜的和諧的天體系統，譬如我們的太陽系就是這樣；第三時期，在這樣的天體系統範圍內某些獨立化的個體成員（比如我們的地球）成爲有機生命的物質基礎……

　　在地球上，進化過程依照存在從低級到高級的發展又分爲五個階段：第一階段，礦物界。其中存在處於初始狀態，是消極的自我確立；第二階段，植物界。它標誌著存在走出了消極狀態；第三階段，動物界。在這個世界中，生物通過感覺能力和活動自如來尋找存在的完滿性；第四階段，人的世界。在這個世界中，自然存在的人類力圖借助於科學、藝術和社會制度來改善自己的生活，在這一階段人們具有了絕對完美的理想；第五階段，神的世界或精神存在的人類的世界，在這裡，作爲精神存在物的人類力圖在生活中實現絕對完美。

　　這些世界不是彼此孤立的，它們之間存在著聯繫和繼承性。先前的存在形式是其後繼形式的材料；低級形式努力走向高級形式，每一種高級形式都包含著低級形式。索洛維約夫認爲，世界進步不僅是走向完善，而且是逐步包容宇宙，植物在生理上把周圍自然環境包含於自身；動物除此而外還把植物作爲食物包含於自身，此外，還在生理上把它所感覺到的更廣泛的現象界容納於

自己的意識之中；人除了這些以外，還憑藉理性把不能直接感覺到的存在形式包容於自身；最後，神不僅理解，而且實現了完美的道德的世界秩序，用自己的愛把一切現有的生物聯合起來。

這裡表達的從一個世界向另一個世界的過渡不是從自然科學角度講的。與其說這是在自然界中所進行和實現的有因果制約性的運動，不如說是一種具有人文精神的目的論循環，這種循環的內在目的是通過世界和它的最高本質——神的重新結合而重建「萬物統一」。

7.4　宇宙演化中的人類

索洛維約夫的發展觀實質上是把生命的發展和演化規律外推到整個自然界。因此在自然界中就應當有一種走向統一和完善、與絕對本原相接近的固有趨勢。他認為這種趨向的特徵是確實存在的，他把物理學裡所講的重力看成是自然界中從其發展的低級階段就固有的統一趨向的第一種明確表現。統一趨向是逐步加強的、確定不移的。隨著人的出現，實現全世界統一的過程又產生了許多新的積極力量。因為人有為無機和有機自然界所無可比擬的豐富個性和強大力量。自發的、非自覺的統一趨向自人以後就獲得了理性意義，人成為自然界主導趨勢和基本利益的代表。

人類作為進化的頂峰，正在通過自己的思想、意志和情感走向這樣一種完善和精神化狀態，在這種狀態下，能夠克服人類自在本身最初就有的離散和分裂，然後克服人與自然的分離，最後克服物質的東西和觀念的東西的脫離。具有高尚精神境界的人類成為上帝的伙伴，共同完成宇宙使命——重建世界，這個世界保

持了存在的完滿性和多樣性，存在也擺脫了分裂和消亡。索洛維約夫完全贊同費奧多洛夫關於使人永生和復活的思想，但比他的構想更宏大——他不僅要保全人，而且要拯救整個世界免遭分裂和滅亡。他指出人的不死是必要的，因爲「對人來說全部幸福只有在下述條件下才是可能的，這就是他自己和他所愛的人都活著」。但現實是人終有一死，所以無論社會如何自由與完善，「而渴望生存卻注定死亡的人，嚴格地說，都不能被認爲是自由的」❺。現實世界的狀況是如此黯淡。他說，我們生活在規範遭破壞的世界、非正義的世界，在這裡，「一切不幸的不幸——死亡，是必然發生的，而一切幸福之幸福——不死，是絕對不可能的」。不僅人如此，整個世界皆遭此厄運。自然界整體的永恒性是靠個體生物的死亡來維持的，自然的無機因素戰勝了有內在目的性的生命，高級組織形式陷入初始的混沌。

但索洛維約夫哲學不甘願對這種無序化的增長過程無能爲力。然而只靠自然存在的人無法戰勝它，於是這一重任落到神人類肩上，它能夠實施重建世界的總方案。索洛維約夫還提出這種宇宙規模的活動不僅應在先驗世界，而且應在塵世中展開。他說這一方案的關鍵在於降伏時間，因爲時間是破壞一切、消失一切、使萬物終將死亡的罪魁禍首。萬物統一的意義正是與因時光流逝而造成的毀滅相對立的。

吞噬萬物的時間之神是無比強大的，但已與上帝平等的人類應當戰勝它。在索洛維約夫看來，時間並不是絕對的存在物，它只是世界存在的一定階段所具有的。在包含著世界未來發展之

---

❺ 同注❶，C. 457.

「底模」的絕對存在中，是沒有時間的。時間出現於潛在形式得到展開的世界，也就是脫離了絕對者的世界；到了進化的最高階段，由於神人類的活動，時間再度消失。神人類將創造戰勝無序的新宇宙，在這個宇宙中，人和人類都將獲得永生，自然界也將被從毀滅中拯救出來。

　　這種思想接近於俄國宇宙論❻的觀點。在 B. 維爾納茨基（В. Вернадский, V. Vernadski 1863-1945）的「智力圈」（Hoocфepa）理論和 K. 齊奧爾科夫斯基（К.Циолковский, Kю Ciolkovski 1857-1935）的著作中，人是宇宙方案的活動家。索洛維約夫也賦予人以同樣的偉大使命。他試圖在自己的哲學體系中證明，人類面臨著兩種抉擇：或者走通向完善之路，承擔起統一世界和保存一切事物的重任；或者淪於分散性、無精神性和消極性之中，這將加速世界的滅亡。

　　19世紀自然科學的重大成就曾使人們產生對人有無限能力的信仰。自然科學的宇宙論思想預言了人類歷史新紀元的來臨。與這種唯科學主義的宇宙論觀念不同的是，索洛維約夫賦予了走向

---

❻　俄國宇宙論（Русский космизм）——歐洲近代自然科學觀念把人與自然分離，認為關於自然的知識與關於人的知識無關。俄國宇宙論則強調人的生命同宇宙整體生命之聯繫。這種觀念產生於19世紀中葉，可分為三個流派：自然科學宇宙論。主要代表物理學家烏莫夫（Умов Н.А., 1846-1915）、「智力圈」論創始人維爾納茨基、俄國宇航奠基人齊奧爾科夫斯基、生物學家霍洛德內（холодный, Н.Г., 1882-1953）；宗教哲學宇宙論。主要代表是哲學家費奧德洛夫；詩學—藝術宇宙論。主要代表有列夫申（Левщин, В.А.）、季亞普科夫（Дьяпков, С.П. ）和音樂評論家奧多耶夫斯基（Одоевский, В.Ф., 1803-1869）。陀思妥耶夫斯基和索洛維約夫對生命的宇宙性也有獨到的理解，儘管他們沒有深入研究這個題目。

宇宙時代的人類的道德本性以首要意義。在他看來，進步不是依靠科學，科學既可服務於上帝，同樣也可服務於貪欲；進步要依靠有道德的個人，依靠確立了道德原理的社會。

7.5 生態意識

在索洛維約夫的世界過程論中有一個重要思想：世界過程首先具有肯定的創造性，高級進化形式並不否定低級形式，而是「證明」低級形式並與它聯合共生。「因此世界過程不僅是發展和完善過程，而且是宇宙聯合過程」。

這種觀點包含著對人與自然關係的新的理解，也就是我們所說的生態意識。他在晚年的著作中更明確地寫道：

> 勞動的目的對於自然來說不是利用它來取得物質和金錢，而是為了自然本身的完善 —— 使其中僵死的東西活躍起來，使物質的東西精神化……沒有對自然的愛就不可能實現物質生活的道德組織化……在人類的全部生活中，與外在自然的鬥爭和征服自然，這僅僅是一個必要的過渡，而不是終極的活動規範：正規的活動是耕耘土地、料理它，為的是它將來的更新和復活。❼

這裡突出強調的不是人定勝天，而是「人——自然」關係的和諧化。

---

❼ 同注❶，頁 385。

　　這種遠早於社會生態學的形成而提出的思想無疑是合理的和具有現實意義的：一方面，它沒有否定人類試圖征服自然這一階段的必要性，另一方面，又強調了超越這一階段而上升到人與周圍環境相互關係的高級階段的重要性。20世紀，人類進一步掌握了征服自然的強大手段，然而與此同時，對自然界的貪婪掠奪也遭到了懲罰：環境污染、生態破壞、能源枯竭……這些尖銳的全球問題使人類面臨嚴峻的現實，這些使人類強烈地感到必須以另一種方式對待物質自然界——把「自然——人——社會」作為一個整體系統，因此在爭取人與社會的進步和發展時，不是把自然當作敵人或手段，而是要與自然建立和諧關係，珍惜自然，愛護自然，因為它是人類生存發展的必要條件。在這方面，俄羅斯19世紀的宇宙論者和索洛維約夫的思想，也和我國的「天人合人」思想一樣，都具有啟發意義。

第八章 「索菲亞」學說

　　「索菲亞」是體現出來的、實現了的理念。●

　　自古以來，靈與肉、心與物的矛盾，構成人類哲學思維的癥結。先哲們或各持一端，或兩者兼顧，故有唯心唯物與二元論之分。然而，是否存在這樣一種東西，它本身就是靈與肉、心與物的完美結合？若存在，能否以此為哲學概念來揭示人生與世界之奧祕？這看似近乎匪夷所思，亦或奇談怪論。而詩人哲學家索洛維約夫卻在自己的神祕體驗和哲學思考中找到了這種東西，並借用一個古老的術語來表達它，這就是「索菲亞」(Sophia)。

　　「索菲亞」一詞在索洛維約夫的著作中有多種含義，比如，它既是普遍的本體論概念，又是一種人格化了的形象，而且他自己也不曾集中明確地闡述「索菲亞」學說，但就其哲學本質而言，「索菲亞」是物質的東西和觀念的東西的不可分割的同一，是物質上實現了的觀念，或以觀念改造了的物質。

　　「索菲亞」是索洛維約夫哲學和神學的一個核心觀念，這一思想貫穿於他一生的全部哲學創作和神祕體驗之中。他在九歲那年就有了對「索菲亞」的最初感悟，那是一種思辨的藝術象徵。二十三歲時，正當他在大英博物館埋頭讀書之時，又在冥冥之中

● Вопросы философии, 1990. № 2. c.111.

受到「索菲亞」的鬼使神差而出走埃及。1877年，在《完整知識
的哲學原理》一書中，「索菲亞」開始成爲一種哲學觀念，直到
《抽象原理批判》和《神人論講義》，在這三部著作中，「索菲
亞」一詞相當於「世界靈魂」概念。80年代，在《俄羅斯和宇
宙教會》等著作中，這一概念又獲得了「神的智慧」、「神的本
體」、「創造的眞正原因和原則」等含義。在他晚年的關於孔德
的學術報告中，「索菲亞」是高度精神化的人類有機體。詩作
《三次會面》的唯一主題就是「索菲亞」觀念或形象。最後，在
《三篇對話》（1900）中也可以看到「索菲亞」，這裡「索菲亞」
成爲一種人格化了的、完美無瑕的女性形象。

8.1 「索菲亞」學説的思想淵源

「索菲亞」學說凝結著索洛維約夫深刻而獨到的哲學思考，
但這一學說並非突發奇想便從天而降，而且有著深遠的思想淵
源，是在新柏拉圖主義者普羅丁和基督教《聖經》的「索菲亞」
觀念基礎上形成的，而且受到諾斯替教、中世紀猶太神祕哲學及
近代德國神祕主義思想家的影響。

「索菲亞」一詞源出於古希臘語「Sophia」，本爲「智慧」、
「賢能」之意。但有的現代研究者考察了這一術語的更深層的本
質：認爲這一術語兼有思辨性和操作技能之傾向性❷。這一點不
僅對於理解這一古希臘術語本身，而且對於理解它的整個後來發

---

❷ См.：Топоров В. Н.：<Древнегреческая sophia: происхождение
слова и его внутренний смысл>/ «Античная балканистика»
выпуск 3, М.1978, с.46--50.

展都有重要意義，也包括對索洛維約夫的「索菲亞」學說，因爲
他提到首位的正是「索菲亞」的兼容性：既含有觀念存在的智慧
又包括智慧的一切物質功能。但一般來說，「索菲亞」一詞在古
希臘文獻中是作爲「智慧」之意廣泛使用的，譬如在「哲學」一
詞中。

後來，新柏拉圖主義者普羅丁第一次賦予這一詞以特殊規定
性。在他的學說中，「索菲亞」仍是「智慧」之意，但已不同於
我們通常所說的智慧本身，而且包含了其外在體現的能力。這種
「智慧」仍然是觀念上的，但它完全不是抽象概念的總和，而是
具有了外在實現之創造可能性的觀念圖畫。普羅丁是從審美角度
來說的。當然，我們今天在欣賞藝術品時已不說某件藝術品「智
慧」，但我們往往說某段樂曲或某幅繪畫具有撼人心靈的生命內
涵，能夠有力地吸引我們，使我們爲之動情。這就是藝術品的魅
力，或曰藝術品的外在實現能力。普羅丁把這種具有物質創造潛
能的內在思想觀念領域就叫做「索菲亞」（Sohpia）。可見，這一
術語在此已具有觀念與物質力量之統一的潛在意義。這是索洛維
約夫「索菲亞」學說的哲學本體論方面的思想根源。但是新柏拉
圖主義者的Sophia概念僅具有範疇意義，只是關於智慧的學說，
是一種邏輯體系，它不包含任何人的因素，尤其是個人因素，索
洛維約夫對此不滿。

與新柏拉圖主義者不同的是，在《聖經》中「索菲亞」不是
抽象的本體，而首先是一個有完善個性的個體，正如神本身是這
樣一個個體一樣。神在「索菲亞」中實現自身。它是神之體，因
此也是神之外的一切生命體和物質的典型。這是索洛維約夫「索
菲亞」學說之宗教神祕主義方面的思想基礎，他在《俄羅斯和宇

宙教會》一書中詳細地論述了基督教的「索菲亞」思想，把「索菲亞」作爲神的本體，後來又作爲一種最完滿的精神化了的人的形象。

諾斯替教是基督教的希臘化。其中基督教思想被加以希臘柏拉圖主義的解釋，因此具有明顯的二元論。首先是物質因素與觀念因素、人的因素與神的因素的二元論。索洛維約夫在自己撰寫的〈諾斯替教〉一辭條中尖銳地批判了這種二元論。在諾斯替教中，「索菲亞」是多神教的，是具有人的全部欲望與激情以及人的悲劇命運的東西，而索洛維約夫的「索菲亞」完全是基督一神教的，它是人所內在體驗到的東西，但它是充滿智慧的、無比偉大的和盡善盡美的。這是與諾斯替教對「索菲亞」之理解的根本不同。但他從中也吸收了某些成分，主要是自然與個性、物與人之融合的思想。

8.2 「索菲亞」學說的最初意義

1875—1876年，索洛維約夫在第一次出國進修和旅行期間曾寫下一部哲學手稿，題爲《Sophie》，以哲學家與「索菲亞」對話的形式，但其中「索菲亞」一詞的含義模糊不清。因受到他在大英博物館中閱讀的神學通靈術書籍的影響，通篇作品充滿著哲學和神學的各種複雜激情，甚至近乎胡言亂語。但這對哲學史家而言並非毫無價值，它可以提供索洛維約夫思想形成時的若干狀況，因爲深思熟慮的、邏輯嚴整的學說往往要出自精神和思想的自發的混亂狀態。只是哲學家們本人通常都不大喜歡談起這些而已。所以索洛維約夫也沒有將這篇作品公諸於世，也不愛提起他

年輕時曾一度迷上通靈術。總之這篇作品的意義至少在於它表明
索洛維約夫的思想來源不僅是基督教和德國古典的世俗唯心主義
以及俄國的斯拉夫論者，而且還有這樣一些神祕主義學說，如古
老的猶太神祕哲學、德法等國的神學家和神祕主義者波墨、斯維
登堡 (Swedenborg, 1688-1772, 瑞典科學家、神學家)、聖—馬
丁 (Saint-Martin, 1743-1803, 法國神祕主義者) 的思想影響。

　　從寫作提綱來看，手稿共有七章：

第一章：論一般哲學的三種類型；

第二章：人的形而上學性和形而上學的一般可能性；

第三章：論積極的形而上學。它的形式原理。它對哲學的另
　　　　兩種類型、對宗教、對實證科學、對藝術、對生活
　　　　的關係；

第四章：積極的形而上學的人類學基礎；

第五章：神學原理；

第六章：宇宙起源論原理；

第七章：末世論原理。

　　從內容來看，手稿涉及宇宙宗教問題、絕對者概念、東西方
宗教觀的對立、存在的多樣性問題、作爲有機統一體的人的問
題、宇宙起源和歷史問題等等。

　　至於「索菲亞」的意義，雖然難以說清楚這裡的「索菲亞」
是不是作爲最高本原的神本身，也分辨不清「索菲亞」中哪些是
神的東西哪些是非神的東西，但索洛維約夫的思想傾向是明確可
見的：「索菲亞」是某種最高的存在領域，她是愛的對象、是某
種女性的存在物，是歐洲近代史上十分流行的「永恒的女性存在
物」。

索洛維約夫把愛分爲三種，在對愛的這種區分和說明中表達了「索菲亞」的某種本質。(1) 自然的愛，它源於性愛；(2) 理智的愛，即我們對我們不能直接感受到的對象之愛，它可以擴展爲對祖國、對人類的愛；(3) 對作爲萬物之普遍本原或世界本體的上帝的愛。自然的愛具有自由動力，但達不到普遍性；理智的愛具有普遍性，但沒有自由動力。第三種愛是前兩者的綜合，它把自然之愛的自由動力與理智之愛的普遍性結合起來，這是一種絕對的愛。爲了獲得這種性質，它應當把可感知的個體存在作爲對象，但這種個體存在同時又必須是普遍本原或體現普遍本原的個體存在。在索洛維約夫看來，這種絕對的愛的對象，就是「索菲亞」。

手稿表明，索洛維約夫稍後的作品《完整知識的哲學原理》和《抽象原理批判》的理性哲學觀念是從這位年輕哲學家的激情與思辨的混沌中誕生的，因此具有自己的特色。

8.3 「索菲亞」學說的本體意義

《*Sophie*》手稿中對「索菲亞」的規定是不明確、不完整的，其中只表述了其心理方面，即「索菲亞」只是直接的自發的愛與一般性的理智的愛的融合和統一，換言之，是感性與理性、直接感覺和間接思維、個別與一般或自然與抽象的結合。無疑，對「索菲亞」的這些規定是創造性的，能提供許多新思想。但僅僅停留在心理方面是不夠的。比如說，審美感受和宗教體驗也都是個體感覺和普遍意義的統一，但其中「索菲亞」的特殊性何在？手稿中未予回答。其實這就是「索菲亞」的本體論實質，它

的客觀實在性。索洛維約夫在後來確定了這一方面。

「世界靈魂」：在索洛維約夫 1877—1881 年的幾部主要作品中，「索菲亞」概念的哲學本體論意義之一是「第一物質」、「世界靈魂」。由於它的肆意妄為使世界走向分裂，同時它又包含著趨向統一的原理，使分裂的世界走向統一。所以這裡的「世界靈魂」又是萬物統一的表現。第一，它是絕對本原的物質形態；第二，它包含了其所固有的多樣性；第三，它實現了精神化。

「上帝」本身：在索洛維約夫的哲學著作中，某些哲學概念往往以宗教術語來表達，「絕對本原」、「絕對者」、「第一物質」、「上帝」概念往往是同一含義。他的「索菲亞」用語有時也相當於「絕對者」。這就是「索菲亞」的先於世界的、外在於世界的絕對方面。這種場合下，「索菲亞」是絕對者的物質體現，但又是同絕對者本身不可分的，就是說，它不是被創造出來的，正如絕對者不是被創造的一樣，因為除它自身之外沒有能創造它的東西。在這個意義上「索菲亞」不是別的，正是「上帝」。

「宇宙」：另一方面，「索菲亞」作為絕對者的物質體現，已同絕對者分離開來，成為可感知的宇宙事物，這是「索菲亞」概念的宇宙學含義。它又有兩個方面，第一，它作為整個宇宙的精神上的完美秩序性，是全部世間萬物發展進化的最終目標；第二，它本身是達到這一目標的漫長而艱苦過程的指導原則，是「神造天地」的原則，是使宇宙由混沌到有序的改造過程的原則。

8.4 「索菲亞」的人類學意義

關於人和人類的思想在索洛維約夫的「索菲亞」學說中占有重要地位。他對此有一專門定義：「『索菲亞』是理想的、完善的人類」❸，也就是人類的精神上的完善和秩序性。

在關於孔德的學術報告中，索洛維約夫十分讚賞孔德的人類學說。這裡也用到「索菲亞」觀念來表述自己的人類觀。他以簡明的幾何學比喻來說明人類概念。什麼是點？幾何學說，點是沒有任何度量的。這就是說，點是無法用形象表示的，是純粹的抽象，它之所以可以想像、能被人理解，不是由於它自身，而是因為有了線。假如沒有線，比方說在線之外，就不會有任何點。同樣，線也是一種純粹抽象，它之所以能被理解是因為有了面，離開了面就無法理解線。點、線、面的幾何學關係產生了關於體及其各種屬性的概念。線不是由點構成的，因為單個的點是以線的存在為前提的，同樣，面也不是由線組成，因為線還要以面的存在為前提。這些幾何學關係也適合於人和社會。單獨的、孤立的個人只是我們的抽象，這種抽象在現實中找不到任何相吻合的原型。然而個別的人畢竟是一種實在，這只是因為存在著社會，每個單獨的個人都是社會的一員。晚期索洛維約夫這種對人的社會性的強調十分近似於德國思想家卡爾・馬克思在1845年對人的規定：「人的本質並不是單個人所固有的抽象物，在其現實性上，它是一切社會關係的總和。」❹ 當然，他們對社會性的理解是不

---

❸ Соловьев В. С : Собранные сочинения в 8 томах. том 3. с.372.
❹ 《馬克思恩格斯選集》卷一，頁18。

同的。

這樣，索洛維約夫得出一個一般的人類概念，其中尚未劃分個別民族、時代和個人，而是一種完整有機體。孔德曾創立了關於這種一般人類的學說，他按照老一輩法國革命者的說法把這樣的人類稱之爲偉大的生物。與孔德不同的是，索洛維約夫把這種一般人類有機體稱爲「索菲亞」。這表明了晚期索洛維約夫的思想變化：放棄了人的本體在於個人的觀點，而主張人的本體在於一般人類性，也強調了認識和道德的集體性。

8.5 「索菲亞」是一種擬人化的形象

在神學的造物主上帝和哲學的思辨本體之間，「索菲亞」又是詩人哲學家的美麗的女神。索洛維約夫晚年曾對自己關於「索菲亞」的思考作了詩意的總結，這就是 1898 年的詩作《三次會面》。在這裡，詩人形象地描繪了自己生命中與「索菲亞」的三次幽會，「索菲亞」是一位他所迷戀的女性面孔，是他所鍾情的對象，是永恒存在的女性朋友，是他內心追求的目標。當然，把某種自然現象比作女性形象（如她的眼睛或微笑），這在世界詩歌史上並不罕見。但索洛維約夫的這種比喻由於他對「索菲亞」的深刻思考而更富於內涵，儘管在這樣的詩中有時並未使用「索菲亞」的名字。在關於「索菲亞」的詩篇系列中，他自己認爲最好的有兩首，一首作於1898年11月21日：

> 只當你白日沉睡，或午夜醒來，
> 我才與你同在——

但你輝煌的雙眼，

卻時刻都能把靈魂洞見，

無論黑夜與白天。

陰雲散盡，冰雪消融，

百花盛開，姹紫嫣紅……

只有萬籟俱寂的晶瑩，

才能映出你的身影。

靈魂不再為古老的原罪而恐慌；

透過如鏡的水面，

你看，沒有花園和草場，

沒有誘惑之蛇在水下，

也無懸崖峭壁在近旁。

只有世界和水，

只有一雙眼睛，

在茫茫霧靄中熠熠閃光。

一切平凡的日子，

早已煙消雲散，

恰如一滴露珠，

溶入一片汪洋。

　　另一首詩題為〈塞瑪湖❺上的六月之夜〉，作於1896年6月

---

❺ 塞瑪湖：在芬蘭境內。

17日：

　　當金黃紫紅的夜幕降臨，
　　我卻不再擁有與你同在的溫馨，
　　透過玫瑰色的天宇，
　　我看到你目光中熱烈的驕矜。

　　午夜靜靜流逝，
　　晨光披上你的嬌身，
　　我夢中追尋的主宰我命運之神，
　　卻漸漸失去往日的光暈。

　　我沒有屈從於太陽的威嚴，
　　仔細看你一眼，我感到了寒冷的冬天。
　　但從我沮喪的靈魂，
　　卻悄然響起一個聲音。

　　我知道，在蒼涼的秋的早晨，
　　我知道，在寒冷的冬的黃昏，
　　你都和我一起，
　　重複著這個勝利的聲音。

8.6　「索菲亞」學說的俄羅斯民族意義

　　「索菲亞」一詞本爲西方文化的古老術語，而且在西方宗教

和哲學思想發展中獲得了特定意義。但索洛維約夫又賦予了「索菲亞」觀念以俄羅斯民族的含義。他在《俄羅斯和宇宙教會》一書中寫道:

> 作為神之完全和具體體現的基督教終極真理,自俄羅斯民族開始接受基督教之初就深深吸引了俄羅斯民族的宗教靈魂。俄羅斯民族以其最古老的教堂供奉「聖索菲亞」——本體化的上帝的絕對智慧,但賦予了這一思想以不同於希臘人的新的體現形式(希臘人把「索菲亞」等同於「邏各斯」)。
>
> 我們祖先的宗教藝術把「索菲亞」同聖母和耶穌基督緊緊聯繫在一起,同時又與這兩者有顯著區別,把它描繪成一個特殊的神的形象。對於我們祖先來說,它是隱藏於低級塵世的可見事物背後的神聖本質,是復活的人類的光輝燦爛的靈魂,是大地的天使和保護神,是神的未來的和最終的體現。
>
> 這樣,除了把「索菲亞」看作是個別的神或人——聖母和聖子而外,俄羅斯民族還喜歡把「索菲亞」理解為神和宇宙教會的社會體現。❻

索洛維約夫還舉出一個例證:在舊時的諾夫哥羅德的「智者雅羅斯拉夫」教堂,有這樣一個與眾不同的女神像,她身著女皇服裝,端坐於供桌上。她顯然不是基督,不是聖母,也不是天使,

---

❻ Соловьев В. С.: Россия и вселенная церковь, с.371--372.

她是誰？她就是眞正的、純潔的、完美的人類的化身，是逐漸獲得了神性的自然和宇宙的最高形式和活的靈魂。

可見，雖然俄羅斯的基督教來源於拜占廷（Византия），但對「索菲亞」思想的解釋卻與拜占廷的抽象解釋不同，而是具有自己的民族特色──「索菲亞」的集體性、社會理想性。這不是牽強的民族自傲，而根植於俄羅斯民族精神的深處。後來弗洛連斯基進一步發展了這一思想，認爲在古羅斯的全部歷史上這種特殊的「索菲亞」世界觀甚至表現在日常生活和國家形式之中。

這樣，索洛維約夫的「索菲亞」學說與希臘哲學家、中世紀基督教神學家以及近代西歐神祕主義思想家等的思想都有所不同，而具有俄羅斯民族傳統文化的根源，比如說可以上溯到古羅斯的聖像、基輔──諾夫哥羅德及舊莫斯科教堂的形象和象徵藝術，加之他自己的哲學思考和神祕體驗，使「索菲亞」獲得了特殊意義。

上文所述只涉及索洛維約夫「索菲亞」學說之主要含義。若從總體考察，則可以說這一學說具有十個方面含義，而且這十個方面可以構成一個系統的序列，假如他本人要寫一部關於「索菲亞」學說的專門哲學著作，或許就會大致按此順序論述。這就是：絕對者方面、神人方面、宇宙學方面、人類學方面、普遍女性化方面、審美理論方面、內心浪漫主義方面、俄羅斯民族方面和末世論方面。這些方面的意義有許多差異甚至相互矛盾，但不能從形式邏輯觀點看待這些矛盾，因爲他的某些學說不是邏輯嚴密的最終結論，而反映了思想家對人生與世界的哲學思考過程；再者，他對萬物統一的普遍宇宙論的強烈熱情往往使他很少注意甚至根本不顧及細節的精緻和體系的嚴整。

在分析這一學說時還可以看到，索洛維約夫的唯心主義有其
十分特別之處——已經接近於現實主義和唯物主義。無論如何，
這種「索菲亞」學說是神祕主義的唯心主義理論。但顯而易見的
是，在這一學說中，關於事物的觀念和事物本身處於終極的和牢
不可破的統一之中，確切地說，二者是同一的。這裡表現了從其
他思想家那裡很難找到的特點——試問，還有哪一位哲學家提到
了絕對者的身體或永恒的身體嗎？還有哪一位基督徒能說出，人
之所以高於無形體的天神是因爲人有肉體、有身軀能夠爲自己和
爲他人而鬥爭、擁有選擇的自由？還有哪一位宗教哲學家或非宗
教哲學家能夠教導說，神性不僅在個體，也在社會結構？還有哪
一位神祕主義者相信社會政治進步是必然的和受神性制約的？還
有哪一位哲學家對自由資本主義的進步觀如此失望以致於以末世
論來結束自己的體系？還有哪一位神祕主義哲學家能夠如此明確
地認識到，觀念不能離開事物而存在，無論它有多麼高尚，哪怕
它是上帝本身？還有哪一位社會政治思想家能夠把自己的社會思
想追溯到古代俄羅斯民族的「索菲亞」象徵？在20世紀世界災難
的前夜，還有哪一位思想家、作家、詩人和社會政治活動家能夠
爲當代文明的瓦解和預感到人類的空前分裂而惶恐不安？當然，
如果利用歷史的顯微鏡和放大鏡也許可以在某些其他思想家那裡
找到上述成分，但這並不影響索洛維約夫整個哲學的獨有特色。

　　回到「索菲亞」學說上來。如果我們爲研究需要暫且去除這
一學說中包含的神祕主義的假設成分，那麼我們就會看到一個關
於思想和物質密不可分的辯證學說。這裡，思想只有在物質中才
能發揮作用；物質也僅當其自我運動時才能發揮作用。這裡就表
現出了明顯的一般唯物主義傾向，從而與基督教的神祕主義哲學

相背離。

　　從索洛維約夫的全部哲學來看，「索菲亞」學說也是他的「萬物統一」總學說的藝術形式，是「萬物統一」哲學的內心直覺表現。

第九章　歷史哲學

　　眞正的、純粹的、完善的人類是自然和宇宙最高的、包容
萬物的形式和精靈，它是永恒統一的，並在歷史進程中走
向與神的結合。❶

　　20世紀俄國哲學家尼古拉‧別爾嘉耶夫在《俄羅斯思想》
（Русская идея）一書中寫道：

　　　哲學思想在19世紀的俄羅斯一經誕生，便主要成爲宗教哲
　　　學、道德哲學和社會哲學。這就是說，其主題是關於人、
　　　人在社會和歷史中的命運。❷

這段話精確地概括了俄羅斯哲學思想的最顯著特點。這一特點在
作爲19世紀俄羅斯哲學傑出代表的索洛維約夫思想中充分表現出
來。人、社會和歷史問題是索洛維約夫哲學思考的核心，宗教哲
學、歷史哲學、道德哲學，是索洛維約夫全部哲學學說中最富成
就的部分。

---

❶　Соловьев В. С. : Собранные сочинения в 10 т. Т. 9. с.188--189.
❷　Бердяев Н. : Русская идея/Вопросы философии. 1990. №1, с.121.

9.1 索洛維約夫歷史哲學總特點

索洛維約夫在紀念陀思妥耶夫斯基的一次講話中說：

> 社會生活依賴於道德因素，道德因素離不開宗教，而真正
> 的宗教又離不開世界教會。❸

這段話大致反映了他的歷史哲學的基本實質和主要方面。我們可
以把他的歷史哲學大致劃分為四個方面：（1）宗教方面：基督教
人道主義和神人學說；（2）政治方面：神權政治論；（3）道德和
社會方面：道德社會性思想和社會批判論；（4）末世論。

對歷史過程和社會進步問題作哲學思考，力圖揭示人類世界
發展的一般基礎和意義，這就是索洛維約夫歷史哲學的旨趣。這
種歷史哲學就其本質而言是宗教的和唯心主義的，但也包含著對
人及其精神發展的深刻反思；在學說建立方法上，一是從人到社
會到歷史，二是賦予人的觀念和個人的精神以優先地位。他說：

> 當人在生活中獲得絕對內容（即通過自己的無限努力而達
> 到的完滿存在）之前，就應當在意識中事先獲得它；當人
> 認識到作為身外現實的絕對內容之前，這一內容就應當作
> 為觀念存在於人的意識中。對於觀念的積極信念就是相信
> 它能夠實現，因為不實現的觀念只是幽靈和欺騙，如果說

---

❸ История философии в СССР. т.3, c.384.

不信上帝是愚昧的，那麼對上帝半信半疑就更爲愚昧。 ❹

因此，索洛維約夫把人的意識和自由活動的出現作爲人類史的開端，把人類歷史看成宗教意識的形成史——從各種形式的「物質性」的宗教（多神教）和虛無的宗教（佛教）到基督教，基督教的發展經歷了幾個階段，由此決定了世界文明的時代。

這一歷史觀的另一特點是它的神學中心論——神性作爲歷史發展的決定因素：歷史發展取決於人們把自己的超自然的神聖力量應用於世界的行爲。索洛維約夫把世界歷史劃分爲兩大階段：人類走向基督和從基督走向理想的宇宙教會，這種宇宙教會也是通過耶穌基督而具有了神性的人類共同體。

索洛維約夫的宗教唯心主義歷史觀把基督教的歷史作爲決定人們命運的人類社會生活領域，而現實社會生活中的法國大革命、科技發展、歐洲資本主義時代的來臨——這一切近代史的重大事件，都被解釋爲人類宗教意識的演化和狀態。可見，這種歷史哲學與他的基督教世界觀密切相聯，但這不是傳統的基督教，而是改造了的基督教。他試圖通過改造基督教來改造整個社會生活。他從青少年時代便懷有這種社會改造的浪漫理想，充滿樂觀精神，只是到晚年對此產生懷疑，陷入一種悲觀主義末世論。

這種歷史哲學的主要著作有《神人論講義》（1877-1881）、《神權政治的歷史和未來》（1885-1887）、《關於戰爭、進步和全世界歷史終結的三篇對話》（1899）等。此外，80年代的政論作品以及90年代的哲學著作如《善的證明》（1897-1899）等也包

---

❹ Соловьев В. С. : Сочинения. М. 1990. т.П. с.27.

含著有關思想。

9.2 基督教人道主義和神人學說

索洛維約夫的基督教歷史觀又是與他的人道主義思想緊密聯繫的。他堪稱一位基督人道主義者，他試圖賦予人道主義的歷史內容以宗教意義。這是他的主要功績之一。

俄羅斯的人道主義思想有自己的特殊性。俄國人不像西方那樣僅把人道主義追溯到古希臘羅馬文化，而是把人道主義與19世紀的人類宗教及費爾巴哈思想聯繫起來。

「人道主義」一詞固然總要和人相關，意味著賦予人以特殊作用。但這一術語又具有其具體的歷史的含義。按照別爾嘉耶夫的觀點，歐洲最早的人道主義思想不是僅意味著承認人的自足性，它的源泉不僅在於古希臘羅馬文化，而且還有基督教。俄羅斯沒有體驗到文藝復興的充滿創造的興奮。對俄國人來說更易於理解的是基督教的人道主義。俄羅斯思想固有一種對人類文化創造的宗教懷疑、道德懷疑和社會懷疑。這就是俄國思想文化中的某種禁欲主義和末世論精神。德國歷史哲學家施本格勒（Oswald Spengler, 1880-1936）十分恰當地描述了俄羅斯思想的這一特性，說它是以基督教啟示錄精神向古希臘文化造反。這顯示了其不同於西歐近代思想的特點。這種特點也在索洛維約夫的歷史哲學中充分體現出來，他的歷史哲學的核心是「神人學說」。而且他認為這種神人思想也應成為基督教的基本思想。但現有宗教是不具備這一性質的，因此首先面臨的任務是對宗教的改造。

索洛維約夫對傳統宗教及其當時的社會狀況深感不滿，認為

這是一種日常生活的和哲學貧乏的宗教，因此對它的批評不足爲奇，也不值得爲它辯護。他說：

> 我不會與那些現在反對宗教原理的人論戰，不會同宗教的反對者爭辯——因爲他們是對的。我說現在反對宗教的人是對的，是因爲宗教本身的現狀招人反對，因爲現實中的宗教本非它所應有的樣子。❺

那麼，照索洛維約夫的觀點，眞正的、應有的宗教該當如何呢？至少應具備三要素：

第一，絕對性。他說：

> 一般說來，宗教是人與世界同絕對原理和一切存在物之中心的聯繫。顯然，若承認該絕對原理是現實的，則它就應當決定人的生活和意識的全部內容與志趣，人的認識和行爲中一切本質的東西都應依賴和歸屬於它。❻

這樣的宗教才堪稱眞正的、積極的宗教，它的理論和實踐基礎是古希臘人關於理念的學說和猶太民族的一神教。這樣，眞正的宗教必須具有絕對性。一方面，宗教本身有一個絕對權威，作爲人們的精神依托和行爲準則。這就必須是一神教而非多神教；另一方面，這種宗教應成爲社會生活的絕對基礎。由此看來，現代宗教狀況十分淒慘。

---

❺ Там же. с.5.
❻ Там же. с.5.

> 嚴格地說，作爲決定因素、作爲精神引力之重心的宗教如
> 今根本不存在，有的只是作爲個人情緒、個人興趣的所謂
> 宗教感：一些人有這種興趣，一些人沒有，正如有人喜歡
> 音樂而有人不喜歡一樣。❼

第二，普遍性。索洛維約夫對官方占統治地位的傳統宗教、對東正教會表示不滿，因爲它是狹隘的民族本位主義的保護者，甚至有時是利己主義和仇恨政治的消極工具。他認爲必須改變對「神父」的信仰，把這種信仰提高到新的理性意識高度。這種新的宗教應當成爲普遍的和統一的宗教，它在現實社會中的重要任務是東西方教會（東正教會、天主教會和基督教會）聯合起來，從而建立一個「全世界教會」。

第三，神人性。索洛維約夫把歐洲近代史上的人道主義思想融進了基督教，創造了神人學說，這是一種爲西方天主教和新教思想所不理解的、具有俄羅斯特色的對基督教的解釋。這是他的全部歷史哲學的理論基礎，是他對俄羅斯宗教哲學思想的主要貢獻。

基督教不僅信仰神，也信仰人，信仰人有神性。人可以與神相提並論，只有這樣神才能給人以啟示。傳統宗教把神看成是高高在上的與人格格不入的東西，這種純粹抽象的先驗論使神的啟示成爲不可能，也不能打開通往神之路，排除了神與人相溝通的可能性。就連猶太教和伊斯蘭教都不是這種極端形式的先驗論。

在神人學說這樣一種新的宗教中，耶穌基督是神在人身上的觀念體現，是世界歷史的中心。基督就是神人，在他個人身上，

---

❼ Там же. с.6.

實現了神性與人性這兩種本性的完美結合。這種情況也應發生在人類社會之中，這與教會有關。按這種學說，教會是神人類的有機體，教會史就是神人類的發生發展過程。在人類社會中，應當通過教會而實現神與人類的自由結合，把世界統一於神人類之中，這就是基督教所面臨的歷史任務。雖然在現實歷史中這一任務並未得到很好完成，這世界還充滿惡與痛苦，但這些並未妨礙索洛維約夫對神人的歷史發展過程的設想：在多神教階段就爲人的神性作了準備。在基督出現以前，歷史發展趨向於使人具有神性；在基督出現以後，歷史發展將趨向神人類化。這樣，非基督教的人類史過程就進入了神人過程。在這種歷史哲學中，神人類所以可能，是因爲人本身具有神性。何謂神性？不是純粹抽象的先驗存在和彼岸世界，而是人超越物質局限的願望，是人對完美理想和高尚精神的追求。

在說明神人過程的時候，索洛維約夫劃分了自然世界和神的世界、自然狀態和精神狀態。人是和這兩個世界相聯繫的，歷史發展就在於人竭力從第一個世界進入第二個世界。人在成爲眞正的（精神的）存在物以前，長期處於自然狀態。這裡所說的自然不是與社會相對而言，而是與超自然的、神的世界相對而言的。在自然的人類中沒有眞正的人的生活，人們在本質上是彼此異在的和敵對的，處於生存競爭之中，弱肉強食，由此產生不平等。爲了獲得眞正的生活，人類就應當從自然狀態過渡到精神狀態。歷史的使命就是爲這一過渡做準備。作爲神人過程的歷史的意義就在於人類通過掌握和實現基督教原理，通過把神的「聲音」貫穿於自然之中而逐步培養高尚情操，不斷進行道德完善。據此，如果說歷史的開端是在混沌的存在中形成和諧的萬物統一，那

麼，歷史的終結就是在人間建立神的王國，在這裡，人的生命達
到了絕對完善。

　　這種神人學說是一種宗教，但其中包含著明顯的人道主義成
分。神人耶穌基督既有人性又有神性；歷史上神人類的實現要求
以人的積極性爲前提。在先前的許多宗教形式中沒有人的充分積
極性，尤其是在東正教中，人往往是受壓制的。在神人學說中，
把歐洲近代史上對人的積極性的解放作爲實現神人類的必要條
件。索洛維約夫寫道：

> 自新教以來的西方文明是對人的個性、人的「自我」的逐
> 步解放。發端於宗教改革的歷史過程的意義在於把人的個
> 性獨立化，把它還給了人自己，以便使人能夠與神建立自
> 覺的和自由的聯繫。假如神是完全外在於人的，假如神不
> 是根源於人的個性之中，則這種聯繫就是不可能的；在這
> 種情況下，人對神的原理只是非自願的消極服從。絕對
> 的神的原理與人的個性之間的自由的內在的聯繫之所以可
> 能，是因爲人的個性本身具有絕對意義。人的個性之所以
> 能夠與神的原理自由結合，是因爲人在一定意義上具有神
> 性，或確切地說，人是神的一部分。個人──不是抽象概
> 念的個人，而是現實的、活生生的個人──具有絕對的神
> 的意義──這就是基督教與現代世俗文明的共識。❽

> 舊的傳統的宗教形式從對上帝的信仰出發，但未把這種信
> 仰貫徹到底。現代的非宗教文明從對人的信仰出發，但也

---

❽　Там же. с.19--20.

未把自己的信仰貫徹到底；而貫徹到底的和徹底實現的這兩種信仰——對上帝的信仰和對人的信仰，在統一的、完整的神人論眞理中合爲一體。❾

這樣，基督教思想和本是非基督教的和反基督教的人道主義在這裡則相輔相成地融爲一體，共同成爲人類精神完善的必要條件。

對世俗人道主義的肯定是索洛維約夫與右翼基督教思想家的重大分歧。1891 年，他在〈論中世紀世界觀的衰落〉一文中表示，歷史的人道化過程不只是基督教過程，非教徒的人道主義者比那些對人類社會的改善毫無作爲的基督徒更好地實現了基督教。近代非教徒的人道主義者試圖建立一個更人道更自由的社會，而有些基督徒則反對他們，維護以暴力和奴役爲基礎的社會。這裡，他對保守派的宗教思想家康斯坦丁·列昂季耶夫表示憤怒。

9.3　神權政治烏托邦

索洛維約夫以神人學說爲基礎建立了一個全世界神權政治或宇宙教會烏托邦。他不滿足於把基督教僅作爲個人的內心信仰，而是試圖把它實現於歷史過程和人類社會，使其成爲一種未來社會制度的基礎。按照他所設想的方案，未來社會將成爲宗教、國家和地方自治會的統一，三者各有其自己的權力和功能：宗教保證對社會的道德領導，國家保證政治領導，地方自治會保證經濟

---

❾ Там же. с.37.

領導，應當制止國家對非分職能的侵吞。宗教應直接占領具有決定性的道德領域，因而它高於國家和地方自治會之上。宗教的社會組織實體是教會。實際上，在這種社會理想中，未來教會是一個普遍的國家教會組織，是「全世界教會」和全世界君主制國家的綜合體，其中實現了國家權力（君主或皇帝）、宗教權力（最高主教）和預言家權力（自由預言家）的聯合，由於這種聯合而形成了神人的聯盟——「自由神權政治」，其中占統治地位的不是政治權力，而是基督教的博愛、和平和正義。

這裡可以看出索洛維約夫思想中的自相矛盾。如前所述，他是擁護信仰自由、良心自由的，因此對官方東正教表示不滿。他也承認，人類與神的結合、神人類的實現應當是自由的、不應有強制、不應成為必然性的結果。但另一方面，走向神人類的過程對他來說卻又彷彿是必然的、決定論的演化過程。齊切林指責說：「索洛維約夫所提出的目的是在人間實現天國。但實現的道路是國家政權的強制行為。」❿ 的確，在這裡，自由問題沒有得到很好考慮。自由有可能成為實現社會理想的對立物和犧牲品，亦有可能被曲解，正如我們在教會史上「宗教裁判所」中所見。因為自由本身就是辯證的，自由往往不是連續性的，而是有間斷的。自由的悖論在於它可能走向奴役。自由產生悲劇。索洛維約夫的神人過程似沒有悲劇，但他的思想歷程是悲劇性的——他曾預感到神權政治烏托邦在現實中的可悲命運，他寫下了擔憂的詩句：

　　你生在這樣的國度，

---

❿　Вопросы философии и психологии. 1897. №5, c.774.

這裡有寒冷的風雪

　和灰暗的濃霧。

我可憐的孩子，

　在兩敵對壘之間，

　　沒有你避難的去處。

　　若干年之後，他對這種神權政治烏托邦感到了深深的失望。

　　索洛維約夫的《神人論講義》無疑受到晚期謝林的影響。然而他的神人論可以說是俄羅斯思想的獨特成果，這一學說無論在謝林還是在其他西方思想家那裡都找不到。神人思想意味著克服人道主義中的個人的自足性，同時確立人的積極性、人的尊嚴和人的神性。把基督教理解為神人的宗教，這是和天主教及新教神學中流行的神對人的審判關係和法律性的贖罪理論相對立的。俄羅斯的宗教哲學思想反對一切對基督教之奧祕進行法律上的解釋。

　　這裡涉及到俄羅斯民族意識的一個特點：法制觀念相對淡薄。俄羅斯思想中深深潛藏著這樣一種觀念，就是良心高於法，力圖不依法行事，而依照上帝對靈魂的恩賜。阿爾馬佐夫（Б. Армазов, B. Armazov)的諷刺詩巧妙地描繪了斯拉夫論者 K. 阿克薩科夫（К. Аксаков, K. Aksakov 1817-1860）的立場：

因為是有機論者

我們完全不要法律的健全理智

這一猙獰的惡魔。

俄羅斯的大自然

> 如此廣袤遼闊，
>
> 何需爬進法律原理
>
> 這一狹窄的軀殼……⓫

9.4　道德的社會性

　　在索洛維約夫的宗教─歷史哲學中，不是從外在的物質方面說明社會進步，而是從人的精神方面。這樣，完成改造宇宙之任務的手段在於人和全社會的道德完善。索洛維約夫在這裡強調了道德的社會性，並就此與列夫‧托爾斯泰展開論戰。托氏感受到了來自強大的社會組織的危險性，這些社會組織使人喪失了一切獨立選擇和決定的可能性。他認為這樣一個時代已經來臨，此時不僅是以往的教會「欺騙」，而且還有許多其他「欺騙」束縛著人，削弱和扭曲著人的本性。彷彿是為人類的安全、文明和幸福而創造的軍隊、法庭、科學，實際上使個性喪失了其固有的真實性，因為這些社會組織擁有不容指責的領導和監督權。個人面貌由科學或其他社會制度來規定。這裡，托爾斯泰反對社會組織對個人的壓抑，強調個性解放，這是和西歐近代的自由主義精神一脈相承的。但他同時也強調了道德的自我修養和內在感受，而索洛維約夫顯然不滿足於道德的個人性和主觀性。他說，道德性固然是個人的本質屬性，但這並不意味著人類進步的唯一真正的途徑在於個人「獨善其身」。他認為完善或道德進步的真正主體是個人同集體或社會一道。他特別注重歷史上產生的社會共同體

⓫　Вехи. Из глубины. М. 1991. c.127.

形式的重要性。按照他的道德哲學，每種形式中都有善的思想的表現，儘管是片面的和局部的。他反對托爾斯泰主義者的「道德主觀主義」——只承認道德是個人行為或感受，不承認善的歷史形式和社會形式以及道德權威的重要作用；他也反對這樣一些溫和的「道德主觀主義者」，他們雖不否認道德的集體性和提高集體道德水平的必要性，但他們認為這只是個人道德修養的必然結果：個人道德修養怎樣，社會道德水平就怎樣，需要的只是使個人理解和揭示自己的真正本質，喚起自己靈魂中的善的感受，這樣就會帶來人間天堂。索洛維約夫認為，這種反社會的學說沒有考慮到進步的真正成就不是僅僅依賴於某些個別條件，而是取決於世界歷史一般進程，或相應歷史時期的社會環境狀況。因此，個人道德完善無論如何也不可脫離社會總體道德水平的提高。當然，這也並非取消個人的道德責任。

9.5　社會批判論

真正的思想家往往是現實社會的批判者。索洛維約夫社會歷史觀的一個重要特點就是社會批判主義。像列夫·托爾斯泰一樣，他也是官方宗教和資本主義的尖銳批判者。當然，這種批判是從他的宗教唯心主義哲學觀和社會理想出發的，包含某些烏托邦的、抽象的和不精確的成分，但也有許多客觀精闢之見。

索洛維約夫一般社會綱領的邏輯是：人類的社會制度取決於三個主要條件，相應社會的三個組成部分：人類社會首先在土地上站穩腳跟，保證自己的物質存在，這就是自然生活；但這種自然生活是不完善的、無目的的，因此，人類社會應當擁有改變自

己存在條件和發展自己力量的手段，這種發展和進步的條件是靠所謂文明來創造的，文明形成了社會的人爲生活；但文明的發展不應是無目的和無意義的，社會進步爲成爲眞正的進步，就應當具有一個絕對完善的理想目標。社會不僅要生存和發展，還要完善。這樣，在土地的自然生活和城市文明的人爲發展之上，社會還應具有第三種生活——精神生活，它創造一切人賴以生活和行爲的最高財富。按照這三種生活可以把社會劃分爲三個部分：農民階級、市民階級和由最優秀的人、社會活動家及人民領袖所構成的階級。在社會及其發展中最重要的是社會精神生活：道德、宗教等。

索洛維約夫激烈地批評俄國的官方東正教。他說，眞正的俄羅斯民族的東正教思想只存在於地方教派之中，而官方教會源於希臘，是彼得大帝照德國風格建立的，根本沒有確定的原則和實際上的獨立性，這種東正教事務機構只是拜占廷君主教權主義加上俄羅斯種族的溫厚平和再加上俄國政府的德國式的官僚主義。他批評俄國東正教會沒有在精神和道德方面起到應有的社會作用而僅僅是沙皇主義意識形態的工具，批評教會已淪爲經濟剝削和政治壓迫的社會機構。他的這些批評是公開的和無畏的，所以招致他有關宗教問題的作品被官方東正教會禁止發表，他的《俄羅斯和宇宙教會》一書不得不以法文寫作並在巴黎出版。

19世紀是一個崇尙物質的時代。索洛維約夫則尖銳地批判片面強調經濟發展的社會現實。他指出，經濟活動只是人的整體的一個方面，若把它絕對化，脫離人的生命的其他方面，就會與人的生命本身相矛盾；如果人生的基礎僅僅是赤裸裸的經濟需要，就自然會產生經濟上的不同層次，出現窮人和富人以及爲爭取最

大財富而展開的競爭。這樣，社會就分裂成彼此不斷鬥爭的無產
階級和資產階級。「不能否認，勞動和資本的劃分常常表現為資
本對勞動的剝削，剝削產生了貧困的無產階級，工業競爭變成了
對於失敗者來說是致命的工業戰爭，最後，為生產完善而進行的
極其細緻的勞動分工和專業化，使生產者的尊嚴成為犧牲品，把
他們的一切活動都變成了無意義的機械勞作。」⑫

　　由於在這種絕對經濟主義社會中不可能使所有人而只能使個
別人富裕起來，所以索洛維約夫憎恨財閥政治。他寫道：

> 　　一般說來，如果說文明社會的現狀在道德意義上是不正常
> 的，那麼罪過不在於某種無差別的社會機構，而在於現代
> 社會的普遍原則，它使社會日益成為大財閥統治的社會，
> 也就是最高意義屬於物質財富的社會。無道德性的不是私
> 人所有制，不是勞動和資本的劃分，而正是財閥政治，它
> 的無道德與醜惡就在於把社會制度變壞，把低級的、本質
> 上是服務性的經濟領域變成最高的統治部門，而其他一切
> 都應成為它的工具或手段。⑬

據此，他又進一步批判了所謂「經濟社會主義」，指出，把經濟
絕對化的社會主義與資本主義和市民社會是同一種東西，並且這
種經濟社會主義在許多方面是最壞的資本主義：它把社會的道德
完善直接依賴於社會經濟制度，希望通過經濟革命來達到道德改
造。在政治上，這種社會主義僅僅是最徹底最充分地貫徹了財閥

---

⑫　Соловьев В. С.: Собзанные сочинения в 10 т. том 2. с.129.
⑬　Там же. с.130--131.

政治原則。財閥政治把人民羣眾只作爲勞動力或經濟生產者；徹底的社會主義也把人的根本意義局限在經濟領域，把人首先看作是工人、物質財富的生產者，但這樣根本不可能使人擺脫剝削。

> 社會主義學說的主要罪過與其說在於它向無產階級要求過多，不如說它在最高利益上向工業階級要求太少，它竭力擡高工人，而限制和抹煞人。 ⑭

此外，他還認爲這種絕對化的經濟社會主義與社會公正原則是相矛盾的。因爲既然以經濟爲最高目的，那麼人便可爲此任行其事，也就不可能建立公正的社會制度。

索洛維約夫對社會現實和「經濟社會主義」學說的批判無疑有其合理之處。其中表現了一種永恒的人道主義理想，表現了這位思想家對人的內在價值、對人的精神性的堅決維護，也揭露了現代工業文明所產生的某些非人道化過程。毫無疑問，無論何時何地，都不能把社會理想與目的僅僅歸結爲經濟方面或物質生產因素。20世紀，存在主義、法蘭克福學派也從類似的立場展開了對現代工業文明的哲學批判。

索洛維約夫的社會理想具有一種人道主義烏托邦性，這也是俄羅斯思想的特徵之一。在現實的社會歷史中，社會經濟發展與人生的完善有著複雜多層的辯證關係。如果說人生之奧祕在於靈與肉的糾葛，那麼人類文明之奧祕則在於物質財富與精神文化的糾葛。對此，早於索洛維約夫的另一位德國思想家的論述似更爲

---

⑭ Там же. c.134.

深刻，他說: 李嘉圖 (Ricardo, D. 1772-1823)

> 希望為生產而生產，這是正確的。如果像李嘉圖的感傷主
> 義的反對者們那樣，斷言生產本身不是目的本身，那就是
> 忘記了，為生產而生產無非就是發展人類的生產力，也
> 就是發展人類天性的財富這種目的本身。如果像西斯蒙第
> (Sismondi, J. 1773-1842) 那樣，把個人的福利同這個
> 目的對立起來，那就是主張，為了保證個人福利，全人類
> 的發展應該受到阻礙……⑮

從索洛維約夫至今，人類已走過百年滄桑。站在今天的高度
來看，如果說索洛維約夫對經濟至上的批判是合理的，那麼他對
資本主義文明的認識是不夠全面的。不唯獨他如此，反對資本主
義是19世紀和20世紀初多數俄國思想家、科學家和社會活動家的
共同傾向。赫爾岑說資本主義是「飽食終日無所用心的小市民精
神」，陀思妥耶夫斯基說資本主義是「物質價值優於精神價值」，
別爾嘉耶夫說資產階級「缺乏崇高的創造熱情」。他們都未看到
資本主義的首倡與進取精神、冒險與忘我勞動精神，而這是經濟
發展的根本動因。俄國人對資本主義的片面認識和救世論的傲慢
敵視對俄國20世紀的發展起了消極作用。因為無論如何，歷史並
未照俄國哲學家和宗教思想家的願望和設想發展。

9.6　歷史的悲劇

---

⑮ 卡爾·馬克斯語。

　　烏托邦是不現實的，　但烏托邦總是和樂觀主義精神相聯繫
的，它是理想主義者的社會追求。相信人和人類走向完善的歷史
樂觀主義幾乎支配著索洛維約夫的全部生命歷程。但在去逝前兩
年，社會現實和自身思想的演變使他陷入了歷史悲觀主義。這種
思想危機明顯地表現在他的最後一部較大的著作《關於戰爭、進
步和全世界歷史終結的三篇對話》之中。這部作品集對話、政論
和哲學散文風格於一身。其中討論的問題包括善惡鬥爭、社會進
步、歷史的宗教啟示錄等問題。

　　第一篇對話中批判了所謂「日常的」善惡鬥爭論。這種觀點
認為，　惡之所以必要是因為可以據此達到善的目的，　如殺人是
惡，　但在戰爭中殺死敵人是善，　因為這種殺人達到了高尚的目
的。　作者認為這種觀點是不可靠的，　因為戰爭本身也有善惡之
分，只有追求好的目的的戰爭才是好的，追求惡目的的戰爭無論
如何是壞的。同樣，追求惡目的的和平也是惡而非善。所以以善
的目的證明惡總是有條件的，完全不可視為某種必然。在第二篇
對話中作者嘲笑了那種把善惡鬥爭以及戰爭問題的解決抽象地寄
希望於文化和歷史進步的觀點。對話者之一表示，一切戰爭都是
缺乏文明的特徵，　而當文化高度發達，　戰爭將成為無意義的措
施，故那時將不再有戰爭，人與人之間互敬互愛，善惡鬥爭問題
也將自行解決。作者認為這是對重大問題的愚蠢解決，因為歷史
之進步是否一定向善，　本身尚待善的努力，　新事物未必總是善
的，進步也是有條件的。第三篇對話表明，為了要求和期望善戰
爭惡，就必須承認這種善是絕對的、不可戰勝的力量，它要高於
其他一切歷史力量，無論是日趨旺盛的還是走向衰落的；而且必
須承認，這種絕對的善也能夠絕對地實現於現實生活之中。但饒

有趣味的是結尾部分的《「反基督」的故事》（Повесть о Ан-
тихристе）。基督是世界的拯救者，「反基督」也是一個神人，
他控制了整個世界，他願給人類提供一切，他想賜給人類持久
和平以及半魔法半科學的神奇技術，甚至還要讓人類能與陰間交
往。但讀了這篇故事後誰都會說，這不是人所需要的東西，人類
所夢想的並非如此廉價的勝利，這是一種證明普遍之善的自誇的
假面具，徒有科學、藝術的外表。「反基督」很美，但美對拯救
人類於惡無能為力；「反基督」很智慧很有學問，但這並未成為
人類未來的希望。

　　與從前的著作不同——在那裡，通常具有「普遍綜合」的思
想傾向並且表現出作者對應有理想之最終勝利的堅定信念，相信
人和人類能通過道德、精神和智力完善而把社會改造得合理與公
正，建立與自然的和諧關係。在《三篇對話》中，人類前景被描
繪成一場歷史的悲劇，表現出索洛維約夫對人及其所建立的社會
制度的失望和對世界災難之不可避免的預感：人類正在走近深刻
的危機，在不遠將來的20世紀，人類將面臨許多毀滅性的戰爭，
而且這些戰爭將蔓延於整個20世紀，其中東西方文化衝突也將十
分殘酷。

　　索洛維約夫不再相信神人的實現，而代之以對世界統一的擔
憂：這種統一將不是自古以來的宗教人道主義理想的實現，而成
為極權主義的產物。出現了這樣一個人民「偶像」，他的聲望是
由遍布於全世界各角落的眾多傳媒造成的。這個被宣傳為人民偶
像的人迅速成為一個獨裁者，他將建立一個全世界君主制，其中
一種「普遍富裕」的無精神的平等，以此作為帝國和君主奉獻給
人民的恩惠，而人民則盲目聽從這位君主發號施令。

　　當年，索洛維約夫與列夫・托爾斯泰論戰，強調道德的社會性。此時，嚴酷的現實使他困惑：社會結構日益複雜，然而人們的道德水準眞的在不斷提高嗎？他也不能不看到，美妙的許諾愈來愈響，可隨之而來的卻是精巧的謊言和無恥的欺騙。向人民發出美麗動聽的號召的社會牧師並未把人們帶向天堂。人類是在走向上帝？抑或是歷史道路不隨人願？幾度風雨幾度春秋，激情浪漫的理想主義者已面臨一個蒼涼的世紀之末！

第十章　東方　西方　俄羅斯

俄羅斯民族應當既排除東方的宿命論又反對西方的個人主
義。●

　　東方和西方問題是貫穿於索洛維約夫全部哲學的線索之一。
但需指出的是，這裡的「東方」和「西方」概念的含義不十分確
定。大致說來，在他70年代的哲學著作中，東方和西方的對立主
要是兩種不同的知識類型和哲學認識方式——整體—綜合的認識
和理性—分析的認識的對立；在70年代的個別作品特別是80年代
以後的作品中，東西方的對立則主要是兩種宗教體系的、民族文
化的對立，這裡，俄羅斯宗教與文化有時包括於「東方」之中而
與西方相對而言。

10.1　斯拉夫派、西方派和索洛維約夫

　　東方西方之比較問題是兩種文明發展之巨大差異的必然結
果。與中國近代史相類似，封建落後的俄國在近代也面臨著走向
現代化、學習西方的問題，由此引發出本民族文化與西方文化的
衝突。在這一背景下，19世紀的俄國知識界產生了一場思想和文

● Соловьев В. С.：<Три силы>/Собранные сочинения в 10 т. т. 1.

化大辯論。又如中國曾有復古派和西化派一樣，俄國出現了斯拉
夫派與西方派。兩派之爭成爲19世紀30年代以來俄羅斯思想文化
史的重要現象。這種爭論之初的根本問題是俄羅斯發展之路的選
擇問題，進而擴展爲關於東方的俄羅斯文化與西方文化的特點和
優劣問題的廣泛爭論。索洛維約夫的思想與此有種種關聯。

　　俄羅斯思想不擅理論體系，而重於經世致用。彼得大帝和葉
卡捷琳娜二世❷帶來的西歐文化對俄羅斯民族傳統的巨大衝擊並
未能使俄國走出封建專制和貧窮落後，俄國的歷史道路和發展前
途問題依然爲許多知識分子所密切關注和積極探索。1836年，在
第十五期《望遠鏡》(Телескоп)雜誌上發表了恰達耶夫❸的〈哲
學書簡〉(Философские письма)，其中對俄國的歷史傳統進行
了批判和否定。他說，俄國一切不幸的原因首先在於東正教的興
盛，它對俄羅斯民族和俄羅斯文化的發展起了消極作用。在俄國
有記載的歷史上，沒有什麼高尚的、令人鼓舞的東西。「在我們
的社會生活中沒有生氣和活力，我們的生活只是由於受凌辱才會
振作一下，只是由於受奴役才安靜下來。」該文引起了知識界的
熱烈反響和爭論，很快形成兩大陣營，一者堅決反對恰達耶夫的
「民族虛無主義」，相信俄羅斯的民族精神將決定俄國前途；另
者則認爲應從西方經驗中尋找救國救民的出路。這就是斯拉夫派
與西方派的最初形成。其時，整個莫斯科知識階層包括莫斯科大
學師生幾乎全都加入這場辯論。思想界的最傑出代表時而在沙龍

----

❷ 葉卡捷琳娜二世（ Екатерина II,Ekaterina II, 1729-1796）——
俄國女皇。沙皇彼得三世的皇后，後舉行政變而成爲女皇。
❸ 恰達耶夫（ Чаадаев,П. Я.,Tschadajew,P., 1794-1856）——
俄國思想家、政論家。俄國歷史哲學的創始人。

中短兵相接，辯論通宵達旦。大作家屠格涅夫（И. С. Тургенев, I. S. Turgenev, 1818-1883）回憶說：一次，正當辯論緊張激烈之際，有人建議吃點東西，別林斯基立即大嚷道：「我們還沒解決上帝存在問題，您卻要吃飯！」

　　斯拉夫派一般有新老兩代之分。老輩主要代表有霍米亞科夫、基列耶夫斯基和K. 阿克薩科夫。他們否認俄國重走西方文明發展之路的必然性。他們認爲西方文明的主要弊端在於其宗教、哲學和科學的抽象性質，其國家和社會也是這樣。他們把西方的抽象文化同族長制俄國村社中所具有的經濟與政治制度特點及宗教與倫理特點對立起來，認爲這些是從遠古遺留下來的「整個俄羅斯歷史的基石和根源」，也是俄羅斯民族生活方式和世界觀的絕對特點。俄國歷史上沒有西歐歷史上常見的「分裂現象」，就是因爲俄國的農村公社造就了俄羅斯民族對宗教的虔誠、對君主和國家的忠順、內部的和諧無爭等。這種俄羅斯精神將使俄國的今後發展免於革命和動亂，享受安寧和繁榮。所以任務在於拒斥西方的抽象原理和生活方式而回歸古老的俄羅斯傳統。需要說明的是，他們的思想雖極力強調傳統，但他們本身大多受過良好的歐式教育，也曾深受當代西方哲學和政治思想的影響。霍米亞科夫掌握多門外語，非常了解當代歐洲思想；基列耶夫斯基曾求學於柏林，受黑格爾、謝林的影響很深。他們也同西方派一樣怒視農奴制、憎惡對自由思想和活動的種種壓制。

　　但是，新斯拉夫主義者所強調的不再是東正教的宗教倫理內容在社會生活中的積極作用，而是把它作爲民族性的特徵和優點，而從俄羅斯國家的強大這一事實來說明其最高使命。這導致了一種具有侵略性的民族主義。

　　如果說斯拉夫派堅持的是俄國歷史進程的絕對特殊性，那麼西方派則強調世界歷史發展的共同規律性。在西方派看來，俄國與西歐沒有任何本質的不同，俄國的問題在於國家落後，改變這種狀況只有通過學習和效仿西方，走西方文明發展之路。西方派指責斯拉夫派「幼稚地膜拜我國歷史上的幼稚時期」，認爲俄國傳統文化遲滯俄國社會的進步，俄國的唯一出路在於全面否定自己的過去，完全實行歐化。西方派主要代表歷史學家格拉諾夫斯基（T. Грановский, T. Granovski 1813-1855）強調，俄國文化根植於拜占廷文化，而正是這種文化被沙皇政府用來作爲對付西方更先進文化之影響的解毒劑。西方派由於所關心的問題不同又很快形成兩個流派，一是較爲溫和的自由主義流派，所關注的主要是哲學和藝術問題，受德國唯心主義和浪漫主義之影響較大；另一派是更爲革命的社會思想派別，受法國社會主義思潮影響較大。

　　索洛維約夫的生活與創作正處於斯拉夫派與西方派之文化爭論的環境下。有一種觀點認爲，他早期是斯拉夫論者，後來成爲西方論者。這種觀點是極其簡單化的，因爲在對待東方文化和西方文化的態度上，索洛維約夫有自己的立場，他在任何時期都既非斯拉夫論者，也非西方論者。

　　當然，索洛維約夫的早期思想繼承了老一輩斯拉夫論者對西方純粹理性的批判，他也反對以抽象理性決定一切的原則，重視東方文化傳統所固有的整體認識方法，但在對西方哲學與文化的理解和容納上，在關於政治、民族、宗教等問題上，他與斯拉夫論者都有諸多不同之處。雖然他對西方「抽象原理」持堅決批判態度，並且始終未變，他絕非片面否定西方文化，他是一位「綜

合主義者」。

　　作爲哲學家，索洛維約夫總是慣於用嚴密系統的哲學範疇來思考，其理論學說更具有概括的周密性和邏輯的徹底性。他的碩士論文的主題是對西方理性主義體系的批判，但他在論文答辯的開場白中卻明確指出，必須重新考察斯拉夫論者對西方文化的籠統批判和否定。他說，如果把西方思想的發展看作是完全不合理的隨意現象，那麼這種觀點就使全部世界史失去了意義，這是企圖找回那些早已過時的古董；也是在這篇論文中，他指出斯拉夫論者僅僅依靠天眞的信仰而否定一切理性的意向是荒謬的。他認爲，斯拉夫論者在評論西方哲學時所宣揚的把信仰和知識分離開來的觀點是無意義的，因爲信仰和知識的分離在一般原則上是不可能的，或者說，這種分離只是由於自然歷史的需要才出現的暫時現象。

　　如前文所述，索洛維約夫從西方近現代哲學家那裡吸收了許多思想，而且對某些哲學家給予高度評價。他高度評價謝林（主要是其晚期思想）在自己批判抽象理性和探索完整知識之路上的作用；他在批評笛卡爾把人的主體絕對化的同時又指出馬勒伯朗士❹和斯賓諾莎克服這種絕對化的嘗試是「高尚的」❺。此外，他直接繼承了黑格爾、叔本華、哈特曼的思想，則是有目共睹的。總之，他雖認爲西方哲學失之片面性，但畢竟是人類思維發展史的必然階段，是有價值的、不應抛棄的，而應深入理解和正

❹　馬勒伯朗士（Malebranche N., 1638-1715）——法國唯心主義哲學家、科學家。其哲學由笛卡爾的二元論形而上學轉到奧古斯丁的宗教唯心論，反對人的主體的自足性，強調上帝在人的認識中的作用。

❺　Соловьев В. С. : Собранные сочинения в 10 т. т. 1Х. с.163.

確利用。這樣的看法顯然不宜歸入斯拉夫主義之列。

在東西方宗教的優劣問題上，索洛維約夫也並不認爲東方宗教文化絕對高於西方文化。他在70年代就對斯拉夫派所主張的東方教會組織和宗教生活絕對優於西方的觀點表示懷疑，他認爲，雖然由於繼承了羅馬文化傳統的天主教和浪漫主義的日耳曼民族對基督教的片面理解，使西方精神文化走向危機，而東方則保留著基督的眞理，但這種眞理只保留在東方民族的精神中，東方教會不能把它體現於外部現實之中，不能建立基督教文化，他深感東方基督教理想與現實生活的重大差距。所以他主張東西方教會的聯合。

10.2 俄羅斯的歷史命運

索洛維約夫在1877年的〈三種力量〉一文中，把伊斯蘭教的東方、希臘—羅馬文化的西方和俄羅斯爲首的斯拉夫民族作爲決定人類文明之命運的三種世界力量。他認爲，穆斯林的東方否定一切個人自由和社會形式的多樣性，因爲在伊斯蘭教中神是按自己的意志創造世界和人的絕對君主，而人則是神手中的盲目工具。他強調了伊斯蘭教的自發宿命論成分；而西方文明中出現的則是「不斷的迅速發展、力量的自由競爭以及一切局部形式和個人因素的絕對自主」❻，忽略了統一的思想內容。在近代以前的歐洲，個人主義還受到教會和封建法規的遏制，但後來西方文明逐漸喪失了自己的統一性，革命解放了個人的卑微個性，卻沒有

---

❻ Там же. с.231.

賦予它以任何精神內容。這種個人主義的放任自流招致一切人反
對一切人的鬥爭和無原則的無政府主義。所以，索洛維約夫認爲
伊斯蘭教的東方文明和近代西歐文明都已走上窮途末路，而俄羅
斯的歷史使命就是賦予它們活力，使它們得到更新。當然，這篇
文章是在1877-1878年俄國與土耳其戰爭的背景下寫成的，其中
突出的是俄國社會的愛國主義情緒，因此某些觀點難免偏頗，但
也不乏眞知灼見，比如他說俄羅斯民族應當既排除東方的宿命論
又反對西方的個人主義；又如他認爲俄羅斯民族應當成爲這樣一
個民族，其中最高的自由既是個人權利又是全社會的價值。

　　80年代，索洛維約夫在其政論作品中也論述了俄羅斯民族在
實現神人類的社會理想中的作用。但他的觀點與新斯拉夫派有很
大分歧，分歧的焦點之一是：俄羅斯民族最鮮明的特點是什麼？
它的固有屬性是什麼？它對世界未來制度的可能貢獻是什麼？斯
拉夫論者認爲這一鮮明特點是東正教，是宗教性。索洛維約夫則
認爲很難把東正教作爲俄國歷史的最強有力方面。因爲東正教經
歷了17世紀的致命的分裂之後，就再也沒有恢復統一。自18世紀
起東正教會已從屬於國家了。所以他認爲俄羅斯民族的特徵不在
於它的宗教性，而在於其固有的強大的國家組織性，這個特點的
產生是有歷史原因的。俄羅斯的地理位置決定了它的動盪不安的
歷史：必須不斷抵禦侵略者的進攻，在這種鬥爭中便鞏固了俄羅
斯的國家性。不是俄羅斯教會，而是俄羅斯國家，將成爲未來世
界制度依賴的強大社會因素。而未來社會的宗教方面最好取西方
的天主教，它的優點是能長期獨立地與國家共存。

　　社會發展的高級階段應當是世界各民族共同進步，即俄羅斯
的君主制與天主教教皇的聯盟。這裡出人意料地表現出索洛維約

夫對君主制的擁護，因爲他的政論作品經常表現出的是自由主義
和自由民主主義信念。這種自相矛盾也許是由於他對俄國沙皇60
年代的改良活動尚存一線希望，而他的哲學體系在根本上又強調
個人的重要性，不容許個性消解在統一之中而不保留自己的獨特
性和多樣性。

10.3 反對民族主義

索洛維約夫與斯拉夫派的分歧愈演愈烈，終於在80年代中期
與他們展開了關於民族、宗教、文化和政治問題的論戰。這就是
他的文集《俄羅斯的民族問題》(Национаіьные вопросы в России
1884-1888) 一書的內容，其中的重要思想是反對民族主義。

(1)文化類型

上述文集中最精彩的篇章是〈俄羅斯與歐洲〉Россия и Европа
1888)一文，這是針對俄國生物學家、社會學家H. 但尼列夫斯基
的《俄羅斯與歐洲》（1871）一書所作。但氏在這本書中吸收了
德國歷史學家亨利希·留凱爾特(Heinrich Ruckert, 1823-1875)
的思想，參照動物學分類法，提出「文化歷史類型」論，認爲俄
羅斯民族文化是與西歐各民族文化不同的、特殊的，並且是最好
的、完善的文化類型，由此來論證俄羅斯民族特殊的歷史使命。

索洛維約夫在自己的文章中以大量的史實、充分的論據、嚴
謹的邏輯和生動的語言反駁了上述文化歷史類型論。在文化類型
的概念規定上，他既不贊成從實證的民族史理論出發，也不主張
把人類變成各種形式邏輯的共同體，其中各種民族類型僅具有種

的不同。他認爲人類並非如我們對它的形式邏輯概括那樣的抽象物，而是活的有機體；人類的各種族也完全不是抽象概念的不同種類，而是人類總有機體的活的部分，或器官。因此不可能把人類的各個種族作爲一個總機械的不同部件。這樣，一切機械論的文化類型論都是不適用的。任何一種活的文化類型正因爲是活的，所以總處於同其他文化類型以及統一的人類的相互作用之中。

(2)民族主義的起源

《俄羅斯的民族問題》一書被認爲是反對民族主義、民族沙文主義和種族偏見的最傑出作品之一。其中，索洛維約夫首先考察了民族主義的思想根源。他認爲，人類劃分成不同種族，本是自然歷史的產物，然而，種族劃分在觀念上得到重新確立並成爲一種自覺的系統化的思想，進而形成極端的民族主義，則開始於19世紀初。在確立和傳播民族主義和種族偏見方面最重要的人物是德國哲學家費希特。他在自己的「知識學」（Wissenschaftsle-bre）中確立了抽象的哲學利己主義或意識自我的「唯我論」；1808年，費希特發表了〈對德意志國民的演講〉，其中又確立了更爲廣泛的民族利己主義❼。在這裡，費希特把德意志的語言、宗教和哲學思維都說成是高於其他民族的，這就把德意志民族當作世界上最優秀的民族，認爲它是世界新生活的締造者，將影響整個世界進程。

索洛維約夫並沒有對民族思想進行簡單的籠統的否定，而是作了具體的歷史的分析。他說，民族自立觀念在不同的歷史時代

---

❼　Соловьев В. С.：<Россия и Европа>/Сочинения. М. 1990. т.I.
　　c.336.

具有不同的含義，它有積極正確的一面，也有導致民族沙文主義
的危險。

> 拿破崙（ Napoleon Bonaparte 1769-1821）戰爭以後，
> 民族精神的原則成為歐洲流行的思想，這種思想在弱小民
> 族和被壓破民族保衛獨立和爭取解放的鬥爭中得到普遍尊
> 重和認同： 在這種情況下， 民族精神原則是具有正義性
> 的。任何一個種族都有權生存和自由發展自己的實力，只
> 要不損害其他種族的這種權利。❽

但另一方面，在每一個民族尤其是較強大的民族激發起民族熱情
和民族精神的時候，也極易「縱容民族利己主義或民族主義的發
展，它與正義原則已毫無共同之處，而完全表現為另一種公式：
『我們民族是一切民族中最好的，因此它天生注定要以某種方式
征服其它民族或在其中占據最高地位。』這個公式把一切暴力、
壓迫、無休止的戰爭以及歷史上的一切惡行與黑暗都神聖化了。」

(3)民族精神與民族主義

民族主義並不等於民族精神，索洛維約夫把這兩者的關係比
作利己主義與個人權利的關係。個人權利並不是行為和活動的利
己主義權利。文化工作者的個人和民族特點對於文化事業本身是
很重要的； 他們使全人類文化豐富多彩， 但這無論如何也不妨
礙文化的統一性。 可以說德國的、英國的、俄國的民族文化和
科學，但完全不能要求每一個民族都具有只屬於自己的數學或化

---

❽ Там же. c.335--336.

學❾。民族精神與民族主義的巨大差別在於，前者是人類整體中積極活躍的力量，後者則是使整體分裂的因素，是否定人類整體和毀滅民族精神本身的因素。所以，只有理解和接受了這一區別，才能走出民族自滿的黑暗境地，走上民族自我意識的寬闊而光明的大道。

民族精神和民族主義在內容上的差別在於，真正意義上的民族精神是一種「積極的力量，任何一個民族都有權獨立（於其他民族）存在和自由發展自己的民族特點」；此外，民族精神還「是自然——人類生活的最重要因素，民族自我意識的發展是人類歷史的偉大成就」，它在弱小民族的解放鬥爭中具有高度的道德意義。相反，民族主義，或稱民族利己主義，則是個別民族企圖統治其他民族，以損害其他民族的利益來確立自身，這是對民族思想的完全歪曲；這種民族主義把民族精神由積極的健康力量變成了一種病態的、否定的趨向，而這種趨向威脅著人類的最高利益，並將使民族走向衰落和滅亡❿。

⑷德意志民族

20世紀上半期，人類痛遭兩次世界大戰之浩劫。這不能不引起人們對納粹主義意識形態的深刻反思。這種意識形態有著深刻的德國思想淵源，而早在19世紀80年代，俄國哲學家索洛維約夫就對關於德意志民族是最高種族的思想給予了憤怒地反駁和辛辣的諷刺。這些言語彷彿是寫在幾十年以後，以致於使人感到納粹主義並不是什麼新東西——他這樣轉述關於德意志民族是優等民

---

❾　Соловьев В. С. : ⟨Идолы и идеалы⟩/там же. с.618.
❿　Соловьев В. С. : ⟨О грехах и болезнях⟩/там же, с.518.

族的理論並揭示其實質：

> 如果德國人吞併了匈牙利人和普魯士人並試圖吞併波蘭
> 人，那麼並不是因為這樣對德國人有益，而是因為這是
> 他們作為最高種族的『使命』：這就是使低等種族日耳曼
> 化，使它們具有眞正的文化。德國人哲學上的優勢甚至表
> 現為他們政治上的殘暴；他們不僅要吞併一個民族的外在
> 財富，而且要吞併其內在本質。

> 德國文化的高度優勢是無可爭辯的。然而，最高文化使命
> 的原則仍然是殘酷的和非正義的原則。這種殘酷性已經從
> 那些備受精神奴役和喪失自己生命力的民族的悲哀目光中
> 明顯地映現出來……由於什麼是最高文化及什麼是文化使
> 命問題的不確定性，所以歷史上沒有哪一個民族不宣稱自
> 己負有這一使命，不認為自己出於最高使命而有理由統治
> 其他種族。但是，一個民族要在人類占據優勢的企圖就與
> 另一個民族的同樣企圖相互排斥。因此，或者這一切企圖
> 都僅僅是空洞的自吹和欺壓弱小鄰邦的藉口，或者產生若
> 干強大民族為爭奪文化統治權的鬥爭，這種鬥爭不是保證
> 生存，而是導致滅亡。**⑪**

索洛維約夫嚴格劃分了德國的民族精神和民族主義的不同標誌。
他寫道：

---

⑪ Соловьев В. С. : <Великий спор и христианская политика>
/там же, с. 61–62.

偉大的德意志民族精神的成就是萊辛（Lessing, 1729-
1781)和歌德（Goethe, 1749-1832），康德和謝林，而德
國民族主義的後果則是條頓騎士（Тевтонские рыцари）
直到今天對鄰邦的強行德意志化。❷

　　早在尼采關於「主人」和「奴隸」的學說被用作德意志民族
主義的新論據之前，索洛維約夫就對此作了批判。他指出，尼采
把人類劃分成「主人的種族」和「奴隸的種族」，這樣一來人類
整體就不存在了，「而只有主人和奴隸，半神和半獸，前者可以
爲所欲爲，後者則注定要成爲前者的工具」，這種學說是不顧歷
史事實、心理事實和倫理事實。

　　歷史表明，民族問題似乎是人類歷史進程所永遠不容忽視的
問題，因爲它緊緊關聯著國家和世界的和平與發展。索洛維約夫
是從全人類有機體的觀念出發來看待民族問題的，他的許多觀點
顯然帶有一種浪漫主義色彩，但他對民族主義的深入分析以及其
中所包含的普遍人道主義精神是不無教益的。因爲時至今日，在
世界和平的背後，民族問題依然不時成爲動亂之因與災難之源，
從南非、中東到塞爾維亞、阿塞拜疆，舊有的和新生的民族衝突
烽火依舊，戰亂頻仍，而在當今的德國、意大利乃至俄羅斯，民
族主義及新納粹勢力也正令人堪憂。看來，民族主義、愛國主
義、人道主義之理論與實踐關係，依然十分迫切。按照索洛維約
夫的思想，既發揚民族精神，又反對民族主義，把人道主義作爲
高於一切的全人類普遍價值，是解決上述問題的基本原則之一。

---

❷　Там же, с.64.

第十一章　道德哲學

生命的意義在於善的歷史創造和證明。 ❶

　　《善的證明——道德哲學》是索洛維約夫所有作品中最大部頭的、體系最完整的著作。從1894年開始創作，先在一些刊物上發表各別章節，至1897年首次出版全書，後經修改補充，1899年再版。從索洛維約夫思想發展歷程來看，該書集中體現了他的創作從中期以宗教和政論爲中心過渡到晚期向理論哲學的復歸。因爲該書不同於政治著作、宗教著作、歷史著作或政論作品，而是一個經過深思熟慮的理論體系。H. 格羅特評價說：「《善的證明》……是我國文獻中系統地和完全獨立地考察道德哲學基本原理的第一次嘗試。這是俄國思想家的第一個倫理學體系。」❷ 拉德洛夫寫道：「要了解索洛維約夫的思維特點和精密分析，最好去讀《善的證明》一書，其中所有豐富多彩的線條編織成一個藝術整體。」❸

　　從寫作風格和形式上看，這部著作鮮明地表現出索洛維約夫哲學作品的兩個一般特點。其一，格調高雅、表達機智、清晰明確。他試圖努力把艱澀難懂的眞理變成易於接受的信念。書中可

❶　История философии в СССР. том 3, c.388.
❷　Вопросы философии и психологии. 1897. № 36, c.155.
❸　Радлов Э. : Вл. Соловьев : жизнь и учение. c.129.

以找到某種不足和誇張甚至錯誤，但絕無任何含糊不清和語言混亂，沒有表達不徹底需要猜測之處，這是有別於其他某些大哲學家的顯著特點；其二，徹底的模式化。這使全書各章節構成具有內在邏輯聯繫的整體。當然，模式化易導致內容刻板抽象，或以思辨的框架強加於活生生的現實。但另一方面，模式化又是與範疇體系的確立和演化密不可分的，而後者正是哲學思維與哲學認識所必不可少。事實上，縱觀哲學認識史，像柏拉圖、亞里士多德、康德、費希特、謝林、黑格爾這樣一些思想家的模式化並未使生命之流停息和枯竭，而是使它更易於理解和更豐富多姿。索洛維約夫著作中的模式化也屬此類。在這部著作中，看不到模式化窒息了思想的自由發展，而是相反，使思想發展更輕易、更明白。這種模式化也使人的認識更明確更深刻。比如說貫穿全書的三段式，雖個別之處不無牽強之嫌，卻使全部道德領域這一複雜現象更易於理解，使善的取向和目標更為可信。

11.1 《善的證明》之結構與內容

全書分三大部分，共19章，157節。這三部分是：「人性之善」；「來自上帝之善」；「貫穿於人類歷史中的善」。這三部分內容不是彼此孤立的，而是具有辯證含義。可以說其中反映了物質與觀念的對立統一。物質的東西——人性之善和觀念的東西——上帝之善最初是明顯的直接對立，後來作為實在的兩個方面而融合於一個更為現實的領域。在這裡，先是人作為出發的論題，然後是上帝作為最高的完善，最後是人類史，其中抽象層次的人和抽象層次的上帝聯合起來而成為最具體的存在物，亦即人

類史。所以可以說，若讀者把這三部分、把這種辯證的三段式理解爲物質、觀念和二者正在生成的統一，那麼也就理解了《善的證明》中的全部三段式。

可以看到，辯證的三段式遠非在所有思想家那裡都具備某種統一的邏輯結構。即使在辯證法大師黑格爾那裡，三段式的結構也不是處處相同的。當他談到存在與非存在的對立時，合題是生成，因爲在生成中每一個因素都既表現爲存在，同時又被揚棄，讓位於非存在；但在他關於質、量、度的劃分中，包容前兩者的第三方面就不是生成，而是有質的量和有量的質，即「度」，它不是生成，而是既成物，不是無限過程，而是一定結構。索洛維約夫在這部著作中可以說對黑格爾的三段式辯證法作了某些修正。他總是把第三方面即合題看作前兩者實現統一的無限過程。當然，這種辯證原則尚待進一步研究。

第一部分論述的是道德的第一實在，是直接的和不可分的層面。作者在說明這部分內容時用了以下表述：「人性之善」、「道德的原始材料」、「人際道德關係」、「事實上的道德根據」。因此我們可以把第一部分叫做道德的自然物質或直接給定的物質，或稱爲道德的材料。索洛維約夫將在此基礎上建立起人類道德世界的牢固大廈。

顯然，道德在客觀存在的人性之中找不到自己的完善形式，人的道德領域不僅是實在，還是應有，人有道德責任和義務。但道德義務還只是一個任務，它可以被履行，也可以不被履行，所以人的道德就要訴諸道德完整性概念。當我們由於履行了道德義務而達到生命完整性時，我們也就恰好完成了向超人領域的過渡；如果義務總不被履行，那就破壞了完整性。但可以設定一個

現實，其中義務被完全履行，完整性牢不可破，這就是超越了人的現實，在這裡，局部的和被損壞的實在被代之以普遍的和堅不可摧的存在，這也就是書的第二部分「來自上帝之善」。

這種超越了人的存在，第一，是「道德基礎的統一」；第二，是道德的絕對要素；因而，第三，是道德秩序現實性的最高形式。這裡又產生一個道德範疇三段式：(1)我們的不完善；(2)上帝的完善；(3)走向完善是我們的生活目標。至於人和人類的完善，則是在這樣一種宇宙發展的上升秩序中進行的：礦物——植物——動物——自然人類——精神人類或天國。天國在歷史中的第一個最主要表現就是神人基督的誕生。這裡，索洛維約夫認為道德理想的實現不是通過個人內心道德完善和對外界的忍讓來達到的，而是在歷史發展的無限進程中完成的。所以不能單靠基督一人拯救世界實現理想。他說：

> 即使基督在世界的真正核心亦即自身之中最終戰勝了惡，但要戰勝周圍世界亦即人類大眾中的惡，則應通過人類自身的經歷來實現，這要求新的世界發展過程，這個世界已接受了基督教，卻未充分體現基督精神。❹

這就是基督出現以後神人發展的一切歷史必然性。於是過渡到第三部分「貫穿於人類歷史中的善」。

這部分中首先考察了個人與社會問題。作者強調個人與社會的辯證統一關係，批判和拋棄了以二者之一為原則的一切理論，

---

❹ Соловьев В. С. : Сочинения. М.1988. т.1, с.280.

對此將在後文詳述。通過這種辯證關係，也就可以理解，爲什麼神人不是出現在歷史過程的終結，而是在中間階段：

> 由於世界過程的目的是天國或完善的道德秩序的啓示，而這種秩序是由來自神人的新人類來實現的，所以很明顯，作爲個人的神人應出現在普遍的神人類誕生之前。如果說基督世界發展全過程的前一半歷史準備了基督個人誕生的外部條件或環境，那麼後一半歷史則應爲基督的普遍啓示或天國的出現準備外部條件。❺

所以基督之後的歷史過程的普遍目的是這樣一種基督教國家，其中世俗成分（如國家）已不再孤立存在，而是融入了基督王國。所以神人類作爲普遍的世界範疇是最高的善的實現。第三部分的論題包括「個人與社會」、「個人—社會意識的歷史發展主要階段」、「道德問題中的抽象主觀主義」、「社會道德規範」、「從道德觀點看民族問題、刑事問題、經濟問題」、「道德與法」、「戰爭的意義」、「人類完整形式的道德組織（婚姻、家庭、教會、國家）」。

顯而易見，索洛維約夫的道德理想是具有宗教色彩的社會烏托邦。但本書論述的內容卻沒有脫離具體的人生與社會，其中包含著許多對現實矛盾的辯證思考。在序論中，他便以健全理智爲依據，揭示了悲觀主義的貌小、自殺者道德意識的矛盾性、尼采單一強力理論和美的理想的局限性，精彩地說明了確定人生意義

---

❺ 同上，頁297。

以及在眞與善之路上尋找這種意義的必要性。而這一整部著作正是以對人類需要、人類情感與願望的密切關注、對人類生命的最平凡道路的精審細察爲基礎的。這些生活之惡雖有自發的惡，卻是走向純粹的眞與善。這種崇高理想非暴力所致，而是由人類意志的眞誠嚮往所成，因此全書貫穿著使人及其全部歷史走向完滿的人性的善良傾向。但這種道路並非是筆直的和暢通無阻的，也有曲折和矛盾的東西在其中。比如，道德性本身固有一種禁欲主義成分，但這種成分不是目的，而是走向善之路的一個階段，當然不是唯一途徑，人的個性是第一位的，但這不是最終成分的第一位，家庭中的人雖是首位的，但卻處於同其他成員如前輩與晚輩的協調之中；性愛是自明的，但它不能自足，而包含著超出自身界限的許多內容；個性終究是完滿的，但爲達到這種完善還要求社會；社會終究是完善的，但要達到這種完善要在整個歷史過程中，在人類中，而不是在脫離了個人的和靜止不變的社會結構中。經濟生活、政治生活、國家和法，這些都是人類走向眞與善的歷史努力的不可割捨的要素。但人類最普遍的道德組織還需要是宗教的，並在宇宙教會中完成。這其實是說，若沒有一個絕對目的，人類就不能發展，人類社會的目的是一種不可動搖的完滿，是物質力量與精神力量的相互滲透。必須給這一目的一個特定的術語，在索洛維約夫那裡，這一最有概括性和綜合性的術語就是「教會」。顯然，這種「教會」是用來證明善的，所以在索洛維約夫關於教會的學說中，不僅唯心主義者，而且唯物主義者也會找到大量有教益的東西。

11.2 道德哲學的地位和特點

俄羅斯哲學一顯著特點是理論研究與現實生活之密切關聯。在19世紀俄國思想文化的繁榮時代，也沒有出現西方那樣的思辨哲學和認識論。俄羅斯哲學的主要思想總是不脫離人生與社會，以人的命運與道路、歷史的意義與目的為主題。不僅宗教唯心主義派別如此，唯物主義哲學流派也多具此特徵。人的解放、社會的和諧與進步是19世紀俄國整個思想界所關注的中心問題，所以才有斯拉夫派、西方派和民粹派等思潮的產生和爭論。俄國思想家們有的關注於社會現實方面，有的關注於人的內在精神。索洛維約夫便屬後者，實際上，他的道德哲學是和拉甫洛夫、巴枯寧、米海洛夫斯基❻、陀思妥耶夫斯基等人的道德探索相共鳴的，他們的共同目標就是找到能夠使人們同心同德團結一致的真理形式和在塵世達到這一目標的手段。由此便不難理解，何以道德哲學成為晚期索洛維約夫全部哲學體系的基礎和出發點。

如果說康德哲學體系從「純粹理性批判」到「實踐理性批

---

❻ 拉甫洛夫（ Лавров, П. Л.,Lavrov,P.L., 1823-1900）──俄國思想家，民粹派代表之一。其主要學說是一種由理論哲學通過心理學和倫理學而成為「實踐哲學」的「主觀社會學」，主張認識的要素包括這樣一些主體感覺，它可以區分認識結果的喜與憂、利與害、真與偽、善與惡。這樣，一切知識對人不僅有科學理論意義和實用意義，而且有道德意義。
巴枯寧（ Бакунин M.A.,Bakunin,M.A., 1814-1876）──俄國革命者，無政府主義學說的奠基人。
米海洛夫斯基（ Михайловский,Н.К.,Mikhailovski,N.K., 1842-1904）──俄國民粹派的最大理論家和政論家。

判」再到「判斷力批判」，其路線是眞→善→美（雖然他後來也強調「實踐理性」的核心地位），那麼，索洛維約夫哲學體系的路線則是善→眞→美，即從倫理學開始，然後過渡到理論哲學和美學，只因英年早逝而未能如願。實際上，早在《抽象原理批判》中就已把倫理學放在首位；而按照他晚年所構想的體系，首先就是關於道德的學說，即《善的證明》一書的內容；「在道德哲學中證明了善本身之後，我們應當在理論哲學中證明作爲眞理的善」❼，所以其次才是關於知識的學說，他計畫寫一部《眞理的證明》（Оправдание истины），但只完成了三個片斷，總標題是〈理論哲學〉；第三是關於美的學說，他還設想寫一部《美的證明》（Оправдание Красоты）。

索洛維約夫不是把道德哲學作爲理論哲學的推論。在《善的證明》的開篇便確定了道德哲學的自主性——道德哲學獨立於理論哲學（認識論和形而上學）和宗教。他反對把道德哲學建立在抽象的理論哲學基礎之上，因爲在他看來，西方式的理論哲學都是以抽象理性和思辨體系爲基礎的，它不能包容人生的全部方面，因此不能決定道德哲學。他不想按照傳統模式把道德哲學作爲某種哲學理論的完成。他提出自己建立道德哲學之目的乃是爲人們的生命旅程指明正確道路，而形而上學的理論哲學會阻礙這樣的道德哲學的建立，會使它所提出的任務誤入歧途。同時，道德哲學也不依賴於宗教，因爲道德高於宗教。世界上存在著多種多樣的宗教信仰，它們往往彼此爭論，但這些爭論都依據統一的道德基礎。

---

❼ 同注❹，頁548。

　　當然，道德哲學也不能完全脫離理論哲學和宗教，但它們僅僅是必要的方法和手段，而不是道德哲學的基礎和目標。道德哲學以人性爲基礎，以說明人生的道德意義爲目標。索洛維約夫道德哲學的基本思路是：在人性之中存在著道德的最初源泉，即人性之善，人應當在這一道德本性基礎上，保持、促進和發展這種善的因素，通過人在歷史中的這種善的創造，最後達到最高的道德理想也是社會理想，這也就是絕對的善的完成，因此絕對的善應成爲個人和社會主體道德行爲的目標。而道德哲學的任務就是爲人生提供一個可靠的倫理基礎：即關於善的合乎理性的觀念和對善的明晰而正確的理解。所以這種道德哲學被稱爲「善的證明」。

　　這裡需對上述道德哲學與形而上學和宗教的關係作一說明，因爲這曾是一些著名批評者的眾矢之的。齊切林和葉・特魯別茨科依都指責索洛維約夫道德哲學獨立性中的自相矛盾：該書導論中提出倫理學是獨立於形而上學和宗教的，但事實上後來他每一步都依據形而上學和宗教。他們的這種批評似乎並未理解索洛維約夫的眞正思想，因爲他在建立自己的道德哲學體系時絲毫沒有想到要拒絕形而上學和宗教。他在強調道德哲學的獨立性時又明確指出：「道德哲學在其本質上是與宗教緊密聯繫的，在認識方法上是和理論哲學密切聯繫的。」❽他所說的獨立性是想說明道德的純粹性，而純粹的道德無論如何運用宗教和形而上學方法，都仍然應當是純粹的。當然，在道德意識的一定階段會產生它對宗教的依賴性，但這並不意味著道德本身已是宗教。道德始於羞

---

❽　同上，頁100。

恥心，通過同情或憐憫，而必然依賴於最高原理，依賴於崇敬感。而宗教絕不僅僅是崇敬感，宗教是對某種神的信仰，對關於神的學說的信仰。索洛維約夫完全無意於以單一的宗教取代道德，但對他來說明確無疑的是，在道德發展的一定階段必須吸收宗教的某些成分。宗教在這裡被應用，但道德意識仍然是純粹的，而不從屬於宗教。

道德逐步發展，直至最終加入萬物統一。這樣，道德哲學與萬物統一的形而上學具有相同的歸宿。但這並不意味著道德本身已是萬物統一的學說。萬物統一學說是形而上學或辯證法，道德哲學運用這一方法展開自身並不意味著道德領域已失去自己的獨立地位。事實上，宗教和形而上學成分只出現在道德發展的一定階段，但這是道德本身的事，因為道德不能沒有關於服從最高尚之物的學說和關於萬物統一的理想的學說。即使那些在描述道德意識時否認一切宗教和一切形而上學的思想家，也一定要承認道德不是盲目的行為事實，它要求使行為從屬於某種高級的東西或高尚的理想。

11.3 善的概念與絕對的善

索洛維約夫道德哲學的對象是善的概念。《善的證明》導言開宗明義道：

> 道德哲學的對象是善的概念；道德哲學作為一門哲學學科，它的任務就是闡明由經驗所喚起的理性在善的概念中所思考的一切，同時對我們所面臨的主要問題——關於我

們生命的應有內容或意義問題——作出正確的回答。❾

為何以善的概念作為道德哲學的對象？他解釋說，在高等動物那裡就已具有了對事物進行肯定或否定評價的萌芽，這就是高興不高興願意不願意的感覺。而人則超出這一範圍，對事物的評價上升到一般理性概念，這就是善惡觀念。因此，善的概念具有普遍性，任何一個人類種族無不賦予自己的善的觀念以一種永恒的普遍規範和理想的意義。所以，儘管在不同歷史時期和不同國家民族善的概念可能有不同含義，但它具有一種形式上的普遍性。這種形式上普遍的善的思想通過理性的進一步發展而逐步獲得了應有的內容，確立了普遍的和必然的道德要求和道德理想。這也就是普遍的善的思想的自我發展。當善的思想發展到具有一定的明確性、可分性和系統性的時候，便成為道德哲學的對象。

顯然，要使含義不同的善的概念在內容上獲得統一性和普遍性，就要承認這樣一個形而上學的前提：世界上存在一種全人類統一的、作為理想、本質、規範和應有物的善。這是索洛維約夫道德哲學體系的重要前提。這令人想起黑格爾的絕對觀念，但二者並非等同。黑格爾的絕對觀念是全部自然、歷史發展過程的完成，而在索洛維約夫這裡，絕對的善只是作為理想目標而存在的，他所強調的是個人和社會主體進行善的創造的過程，他們在這一創造過程中的積極性以及善在整個宇宙中的實現。

索洛維約夫把這種絕對的善叫做上帝。但我們可以看到，這裡的上帝與其說是宗教信仰意義上的上帝，勿寧說是實現道德的

---

❾　同上，頁98。

一種手段。因爲它已不是造物主和第一因,而且,在他晚期的道德哲學中,已不像先前那樣,從上帝概念引出善的概念,而是相反,是從善的概念推出善的概念❿。在這裡,上帝不戴十字架,它可以作爲完美道德品性的象徵,作爲行爲主體的道德目標,它是不可能實現的,卻是教育的榜樣。因爲基督教早已超出了教會乃至宗教信仰之界限,而成爲一種具有道德感召力的文化現象。

這裡充分反映了俄國思想家道德探索的獨特性。俄國哲學是在西歐哲學的影響下產生和發展的,卻融合了本民族文化傳統之特色。首先便是克服西歐理性主義的企圖。一些俄國思想家確認西歐哲學之危機在於其世俗主義,把理性與信仰對立起來,崇尙理性,抛棄信仰,試圖在宗教之外,離開信仰的光照去解決基督教提出的問題。所以他們在其人生與道德探索中,當在理性範圍內難以求得重大問題的答案時,便訴諸信仰的力量,把最高的道德理想作爲絕對的信仰,作爲應有的東西。陀思妥耶夫斯基、托爾斯泰、索洛維約夫,他們走過不同的思想道路而殊途同歸,無論是托氏的「內在理性」(Имманентный разум)、陀氏的「絕對者」(Абсоіют)還是索氏的「上帝」(Бог),其實質都是人類共同道德準則與道德理想的手段與象徵。重要的不是名稱,而是認識到若不承認絕對道德,那麼任何道德律令都不能發揮作用,必然導致道德相對主義和「環境哲學」⓫,正如陀氏筆下的伊凡‧卡拉馬佐夫所言:「既無所謂上帝,便可肆意妄爲。」⓬

---

❿ Мочульский К.: Владимир Соловьев, Париж, 1951, c.228--229.

⓫ 陀思妥耶夫斯基卽認爲環境決定道德而人無道德義務的觀點郎稱爲「環境哲學」。

⓬ 順便指出,據說長篇小說《卡拉馬佐夫兄弟》中的這個多發哲學議論的人物便部分取材於索洛維約夫。後來,法國存在哲學家薩特(J.-P. Sartre, 1905-1980)也曾援引此句。

　　值得注意的是，索洛維約夫在論述絕對者、道德理想的時候，也說明了善的具體形式的歷史變動性、它們的生成性、無終極性。他說：

　　　　由於沒有永恒之善的統一的和不變的歷史形式，所以人必
　　　　須在多種不同的東西之間作出選擇。是的，也許上帝就是
　　　　這樣安排的：人沒有外部支點，沒有可以讓他的理性和良
　　　　心賴以安眠無憂的高枕：他必須永遠不能安歇，必須以自
　　　　己的雙腳挺立於世界。

因此，倫理學中的絕對者的存在並不意味著在索洛維約夫那裡已經徹底解決了一切問題。他還試圖解決絕對與相對、應有與實有的關係問題，這表現了許多問題的開放性⑬。

　　當今世界隨著經濟、社會的發展和價值觀念的更新，道德問題在各國都顯得日益迫切和尖銳，引起多方人士的努力探索。我們覺得，俄國思想家關於道德絕對者之必要性的觀念仍然具有現實意義。過去由於種種原因，許多人對道德中的絕對因素持否定態度。比如在前蘇聯的百科全書和辭典中，把「絕對者」僅僅解釋為唯心主義哲學所獨有的概念，是與科學和自由思想相敵對的，只有作為永恒物質或認識過程的屬性時才可以進入唯物主義。這是一種簡單片面的理解。因為從唯物主義觀點看，絕對者也是道德內容的一個要素。因為，第一，道德中的絕對因素是一切具體的歷史的道德體系存在和發揮作用所不可或缺的要素；第二，這些絕對因素在現實起作用的道德中具有兩個層次的意義，

---

⑬　同注❹，頁90。

首先是具體的道德要求、規範和評價，其次是價值取向和道德理想。美國學者在描述現代美國社會的道德狀況時，也深切感到絕對道德原則與美德的必要性：「教育者的道德相對主義致使他們將個人的自由選擇權利推廣到社會道德：竊賊（假如他們屬於白領階層和中產階級）成為『另有一種價值體系的人』，少女懷孕成為『另一種生活方式』的表現。教育者教導我們：兒童有權具有自己的私人語言，有權進行性行為，有權具有自己的價值體系。道德被認為是個人感覺問題，而不是公共的社會方針。」⓮因此作者特別強調必須有絕對的公共道德準則，否則社會便無法生存。要使道德絕對者發揮作用，首要的條件就是使它化為人的道德信念。當然，這種道德信念未必總是與宗教信仰相符合的，也不能把人為臆造的理想強加於個人和社會。道德信念的教育是必要的，但這一信念的逐漸形成主要來自活生生的道德感召力，來自現實人際關係的生活體驗。

11.4　羞恥　憐憫　崇敬

　　索洛維約夫道德哲學以至善和天國為最高理想，而以人的道德本性為第一根據，後者是他的道德哲學的真正基礎。他說：

> 任何一種道德學說，無論它如何具有內在說服力和外在權威性，如果不在人的道德本性自身之中找到自己的牢固支

⓮ Олденквист Э., Клем М.: Нравственные потребности человеческого рода/Вестник Московского университета. Серия 7, 1989. № 6, с.33--34.

點，都將是蒼白無力的和毫無結果的。儘管從古至今人類精神發展程度多種多樣，儘管人們的興趣愛好千差萬別以及受到種族、氣候和歷史條件的日益廣泛的影響，但是畢竟存在著人類道德的統一基礎，倫理學領域的一切有意義的學說都應建立在這一基礎之上。⓯

他認爲這種作爲全人類道德之基礎因而也是道德哲學之基礎的人的道德本性就是人的三種內在感受——羞恥、憐憫、崇敬。這令人想起中國古代思想家孟子（約公元前372—前289）的善之四端：側隱之心，羞惡之心，辭讓之心，是非之心。但俄國哲學家按照西方哲學的方式，把這三種感受作爲一切道德之基礎，由此引出其他道德感和道德意識，從而建立了一個系統的道德學說。索洛維約夫對這三者作了三段式的分析。

羞恥感是人的道德的自然根源，是人性之善的基礎。正是這種羞恥感把人和動物區別開來。任何一種動物包括高等動物都沒有像人一樣的羞恥心。而在人那裡，就每一個個人而言，從他無記憶之時起就有羞恥心（最初表現爲性害羞），然後獲得進一步發展；就整個人類而言，任何一個時代的任何一個人類種族無不具有羞恥感。然則何謂羞恥？當一個人服從於某種較低級的或不完善的東西，同時又感到不能容忍這種服從，感到自己必須超越這種東西的時候，這樣的人的心理感受就是羞恥。

羞恥感作爲人的根本特徵不僅在於把人從動物中劃分出來，而且具有更深一層的含義：羞恥感把人從自身的自然本性中劃分出來，成爲精神的人，高尚的人。羞恥感在心理活動中把人本身

⓯ 同注❹，頁 119。

排除在所害羞的東西之外。當人在爲自己的自然欲望和自身的機體本能所害羞的時候，同時也就表明他不僅僅是自然存在物，而是某種更高級的生物。這樣，索洛維約夫把人的生活劃分成兩方面：自然生活和精神生活。正是由於羞恥心，使作爲超自然的存在物的人得到了精神上的和道德上的自我確立。「理性在說明羞恥這一事實的時候，從中邏輯地得出了一個必要的普遍的道德規範——人的自然生活應從屬於精神生活。」⑯

羞恥心使人在生活道路上保持節制和正派，這無疑是善的要素。因此索洛維約夫對羞恥感給予了高度評價，認爲這是道德的、一般來說也是人道的最首要成分，他借用笛卡爾的名言說明羞恥心的重要性：「我羞故我在」。

如果說羞恥心能够調節人對自己低級本性的倫理關係，使人保持自身的節制和正派，那麼，人對他人的倫理關係則需要另一種調節者，這就是人的第二種道德感——憐憫或同情。具體地說，這種憐憫或同情就在於，一定的主體總能以相應的方式感受到他人的痛苦或需要，也就是由於他人而使自己感到或多或少的痛苦，於是表現出自己和他人的或多或少的一致性。

「惻隱之心，人皆有之。」憐憫不是人類進步的結果，因爲動物就有憐憫感；也不是社會組織的需要，而是人的原始的道德本性。憐憫的最初級的和最根本的形式是父母之愛（特別是母愛），無論在動物界還是人類世界都是如此。正是在這種父母之愛中產生和發展起來了一切複雜的外部和內部的社會聯繫。因此可以說，「憐憫是人與人之間的道德聯繫的個人心理本質」⑰。

---

⑯ 同上，頁53。
⑰ 同上，頁128。

憐憫作爲人類道德的基礎具有兩個方面的積極意義：第一，如果說羞恥把人從其他自然物中區分出來並與其他生物對立起來，那麼憐憫則把人同整個生命世界內在地聯繫起來。這有兩個含義：憐憫這種感受同時屬於人和其他一切生物，爲生命世界所共有。其次，一切生物都能夠和應當成爲人所憐憫的對象；第二，憐憫能夠喚起利他主義，是利他主義行爲規範的可能基礎。正是從利他主義原則中產生公正和仁慈這兩種道德規範。

叔本華就曾從理論高度把憐憫或同情作爲一切道德的基礎。索洛維約夫接受並發展了這一思想，系統地論證了憐憫在人對他人（及其他生物）關係中的道德意義。但他並未局限於此，因爲只有憐憫對道德理論還遠遠不夠。可以憐憫他人，自己卻行爲不軌（如貪於酒色等等）。因此他提出羞恥和崇敬與憐憫一起作爲道德的本原。不僅如此，他還對叔本華的思想進行了批判，指出叔本華把個人的特點與他人的特點完全等同起來是錯誤的，「憐憫的真正本質不是把自己同他人簡單等同起來，而是站在他人一邊，承認其意義——存在和幸福的權利。」[18]

人類的第三種基本道德感是崇敬，它與羞恥和憐憫同樣是第一性的。崇敬感不是決定人對自身本性的低級方面的道德關係，也不是決定人與同類的道德關係，而是決定人對那種在他看來是高尚的東西的道德關係。面對這種高尚的東西，人沒有羞恥，也不會憐憫，而是崇敬。人所具有的這種崇敬感或對高尚的東西的崇拜，是宗教和世俗生活中的尊敬行爲的道德基礎。

索洛維約夫認爲，崇敬感的個人心理基礎是兒童對父母的崇敬。兒童對父母的應有關係是以不平等爲基礎的，不能歸結爲公

---

[18] 同上，頁54。

正和仁慈，不能以憐憫爲根據。兒童直接承認父母對自己的優先地位和自己對父母的依賴性，他（她）對父母有一種崇敬感。兒童對父母的這種崇敬自然而然地得以複雜化和昇華，轉變成對那些高於周圍一切人並且具有一種神祕的強大力量的人的崇拜。因此，「對逝去的父輩和前輩的崇敬在人類的宗教道德和社會關係的發展中無疑占有首要地位」，所以，「宗教的最初萌芽不是偶像崇拜，也不是自然主義神話，而是人對父母（先是對母親，然後是對父親）之愛。」⑲

索洛維約夫把崇敬感歸結爲對上帝的崇敬。然而這並不意味著虛幻的宗教情感，這種對上帝的崇敬卻有現實的積極的道德意義。第一，這種崇敬使我們的一切行爲都服從於「上帝的意志」，而上帝不是別的， 正是最高道德準則的化身， 是「理性和良心的體現」⑳。第二，我們對宇宙統一的上帝的依賴不是直接實現的。 因爲我們存在的直接決定者是繼承性， 也就是我們的前輩及其所創造的環境。因此對上帝的崇拜首先要求對我們前輩的崇敬。所以，雖說崇敬感又叫宗教感，但崇敬感也完全可以具有世俗性：可以是對前輩、對把你培養成文明人的師長、家庭、民族和國家的崇敬。索洛維約夫說：「我不能不感謝和崇敬那些以自己的勞動和功勛使我們民族擺脫了野蠻狀態和達到當今文明程度的人們。」㉑

綜上所述，羞恥、憐憫、崇敬基本上包括了人所可能具有的道德關係的全部：包括了人對比他低級的東西，與他平等的東西

---

⑲ 同上，頁175；頁55。

⑳ 同上，頁56。

㉑ 同上，頁182。

和比他高級的東西的倫理關係──這三種應有的關係被確定爲：
對肉欲的駕馭，與生物（包括人）的團結，對超人原則的內在服
從。人的這三種第一道德感是人類道德的本原。「道德生活的其
他規定性（一切美德）都可以作爲這三種基本道德感的變形，或
者作爲三者與人的理性方面相互作用的結果」❷。例如，良心是
被思維改造了的羞恥心，是羞恥心的明確而概括的形式。人的理
性從這三種實際存在的道德基礎中引出道德生活的普遍的和必要
的原則和規範。

　　道德在社會生活中又是反映人們之間的社會關係的社會現
象，它以人的道德品質爲基礎，又通過道德行爲和社會道德規範
表現出來。因此，不能把道德僅僅歸結爲個人的道德品質或道德
意識。索洛維約夫也說明了這一方面。他指出，道德包括三個一
般方面：美德（即美好的自然品質）、善良行爲的道德規範、道
德幸福❸。他說上述三種道德基礎──羞恥、憐憫、崇敬不應僅
僅看作是三種主觀感受，而可以從道德的三個一般方面來考察：
作爲美德、作爲行爲規範，作爲一定的道德幸福的條件。例如羞
恥可以從上述三方面來考察：首先可以按照對羞恥的態度把人劃
分爲知恥的人和無恥的人，前一種是褒義的，後一種是貶義的；
因此羞恥心被作爲一種好的自然品質或美德。而這種羞恥心同時
是行爲的一般規範，通過這一規範又成爲評價行爲的基礎，儘管
不是人人都有這種美德。既然羞恥心本身是善，那麼我們的一切
行爲都應遵循它，也就是放棄一切可恥行爲。遵循這一規範的結
果便導致總是有自制力，導致精神的自由和精神對肉體存在的駕

---

❷ 同上，頁52。
❸ 同上，頁56。

馭，也就是道德幸福狀態。同樣，憐憫或同情心（與利己主義、殘酷和邪惡相對立）首先是一種好的個人品質或美德，因為它受到稱讚，它按照公正和仁慈的原則爲利他主義活動提出規範，而這種利他的活動導致這樣一種道德的幸福，即眞正的社會生活或與他人、最終是與一切生物的和諧。對崇高的東西的崇敬也是一種美德，它給宗教行爲提出正確規則，它帶來這樣一種道德幸福，即與前輩和一切決定著我們生活的不可見世界的和諧。

11.5 個人道德和社會道德

確認善與宇宙演化過程的不可分割、個人道德完善與社會道德進步的相互制約，這是索洛維約夫道德哲學區別於其他唯心主義倫理學說的顯著特點。許多唯心主義道德學說在強調個人道德情感和道德意志的主觀性時，往往忽視社會道德發展，或者僅從外在觀點看到社會道德規範對個人的限制。在索洛維約夫道德哲學中，雖以個人道德情感爲基礎，但最高道德目標的實現卻不僅僅是個人「獨善其身」的結果，因爲「任何一個人的個性完善永遠也不可能脫離一般進程，個人道德永遠不可能脫離社會道德」；同時，最高道德理想的實現也不能單憑「兼善天下」的個別聖人之力量，而是通過個人和社會的內在統一而達到的，這要求每個人都能理解和躬行善的創造的「共同事業」，使個人日益自覺和自由地加入人類和世界的一般進程。

個人與社會之相互聯繫 索洛維約夫把完全意義上的善確定爲眞正的道德秩序，這種秩序表現每個人對一切人和一切人對每個人的絕對應有和絕對自願的關係。因此，眞正的道德秩序完全

是大家的事，同時也完全是個人的事，因為每個人為了自己和為了大家都需要它，而且只有大家共同努力才能達到它。所以，不能把個人和社會對立起來，不能問個人和社會何者是目的何者為手段㉔。

《善的證明》從兩方面說明個人與社會的相互聯繫。第一，個人存在於社會之中。個人具有兩種基本屬性，就是理性認識和道德行為的能力。而這種理性認識和道德行為只存在於社會形式之中。理性認識從形式方面來講取決於一般概念。一般概念反映的是現實多樣性的意義統一；而概念的真正的和客觀的共性（一般意義）是在詞語的交往中揭示出來的。沒有這種交往，理性活動就不能實現，就會自然萎縮，然後理性思維本身便會消失或陷入純粹可能性狀態。語言——這種現實的理性——不是由相同的個性創造的，相同的個性不能成為語言的存在物，因而不是人；理性認識從物質方面講是以經驗為基礎的，而經驗是承自前人的、採納他人的和累積起來的（因而是社會性的、共同的），而絕對孤立的個人的經驗，即使它有可能存在，也顯然完全不足以認識真理。至於個人的道德規定性，即使他的思想或道德判斷本身不是社會關係的結果，像許多人認為的那樣，但顯而易見的是，這一思想的實現或人類道德的現實發展也只有在社會環境中通過個性的相互作用才能實現。第二，社會從其本質意義而言不是個人的外在界限，而是個人的內在補充。而且，由許多個人構成的社會也不是這些個人的算術總和或機械組裝，而是共同生活的不可分的整體。這種共同生活有三個部分：一是過去實現的並

㉔ 同上，頁281。

通過社會傳統保留下來的；二是現在通過社會工作而實現的；三是以觀念形式預先存在於美好的社會理想之中的。這也是個人一社會生活的三個基本方面——宗教方面，政治方面和預言方面。與此相適應，在整個人類意識和社會制度中有三個主要的具體階段：（1）氏族階段。它屬於過去，現在仍保留著它的變種——家庭；（2）氏族一國家制度。現在居統治地位；（3）作爲未來理想的世界大同。

索洛維約夫批判了把個人和社會絕對對立起來，認爲二者間存在著不可解決的矛盾的觀點。一方面，極端個人主義者強調個人的自足性，「認爲個性可以決定一切關係，把社會關係和集體秩序只看作是對個性的外在限制和隨意壓制，認爲這種限制無論如何應予取消」。這不過是「空洞的理想」；另一方面，極端集體主義者把人類生活僅僅看作是社會羣體，「他們認定人是微不足道的和暫時的社會成員，沒有任何個人權利，爲了所謂公共利益就可以不考慮個人權利」。這又是「可悲的幻想」。這兩者都割裂了個人和社會的相互聯繫，都是錯誤的。

人類道德組織　在《善的證明》第三部分中，索洛維約夫在以一般辯證法形式解決了個人和社會的關係問題之後，就過渡到對社會——它在歷史中走向神人類的勝利，亦即人間天國的建立——的各別方面的描述。他研究了人類社會的廣濶領域，諸如民族、經濟、法律、戰爭等問題的道德方面，最後一個總問題是「人類完整形式的道德組織」。他認爲這樣一種完整性是逐步形成和發展起來的。首先是家庭、祖國、人類這樣一個三段式。這三個領域是人在邏輯上和事實上都要必居其中和受其影響的。與此相適應的是歷史三階段：種姓階段、民族政治階段和精神一宇

宙階段。由此產生了三輩人之間的自然聯繫：祖輩、父母、子
女。他詳細考察了先輩崇拜、婚姻和教育這三個道德領域，它們
都把人同上帝聯繫起來，第一個領域通過過去；第二個領域通過
現在；第三個領域通過將來。這裡我們且看索洛維約夫對婚姻道
德的論述。他指出，男女之間的自然關係有三方面：（1）物質方
面，表現爲肉體吸引，這是由機體的本性決定的；（2）思想方
面，表現爲神魂顛倒的迷狂，這被稱爲愛情；（3）由生育目的決
定的自然性關係。婚姻是對性需要的滿足，但眞正的婚姻是男女
之間完全的精神融合，是創造完整的人的開端。但在眞正的婚姻
中，性關係不是被淸除，而是實現了昇華，它不再從屬於外在的
動物本性，而是屬於走向神化的人性。這種昇華的實現就是道德
任務。在完善的婚姻中，外在的生育成爲不需要的和不可能的。
但不應忘記，完善的婚姻不是開始就具備條件的，它只是男女道
德聯合的最終結果，不應過早地提出最高目的和建立空中樓閣。
在沒有達到這種完滿的精神之前，婚姻就不可能脫離思想和經驗
現實的兩重性㉕。這裡比較典型地表現了索洛維約夫的世界觀。
我們對此可以提出各種批評和修正。但即使在充分的批評修正之
後也不能完全解決婚姻愛情之諸多道德問題。不能否認，即使最
簡單最平凡的婚姻觀，也不是只訴諸動物過程，因爲平凡的人們
也在講，男女之間除了牢固的婚姻外，還應當有某種個人之間的
內在依戀。這種內在聯繫是什麼？很少有人說出，但未必有人敢
於否認這種聯繫，即使找不到它終爲何物。正如中國金代詩人元
好問（1190-1257）所嘆「問世間，情是何物，直教生死相許？」，

㉕　同上，頁490-492。

這種男女之間的最普通的、最日常的、不歸結爲動物關係的聯繫，正是索洛維約夫所說的人性婚姻（而非獸性婚姻）的基礎，這也正是他所指出的婚姻的道德意義之所在。

人不是手段　康德把「人是目的」作爲道德律令之一。索洛維約夫也提出一個類似的道德律令：個人無論何時何地和出於何種緣由，都不應成爲另一個人、階級或社會謀求福利的手段或工具❷⑥；「人的尊嚴的原則，或每個個人的絕對意義──因爲社會被定義爲一切人的內在的自由的協調一致，這是唯一的道德規範」。爲此，索洛維約夫批判了所謂「社會實在論」（Социальный реашзи）。這種觀點認爲，一定的社會制度和利益本身就對生活具有絕對意義，因此最高的道德原則至多也僅僅是維護這些利益的手段或工具；社會生活的某種現實形式實質上是最主要的，雖然這種形式也被竭力予以道德的證明，把它同道德原理和規範聯繫起來。索洛維約夫認爲這種當時很流行的觀點是錯誤的。因爲「在爲人類尋找道德支點的時候，就會發現，不僅一定的社會形式，而且社會性本身，也不是對人的最高和絕對的定義」。因爲社會性不爲人所獨有，蟻羣的社會性作爲其本質特徵也不亞於人。

索洛維約夫還對「社會共同利益」作了分析。他指出，這種共同利益只是作爲人的勞動成果才存在。人爲社會利益勞動，社會保證勞動者的充分存在。但從人的完整個性和價值而言，「共同利益」是不存在的。因爲「人本身的權利是建立在他所固有的

---

❷⑥　同上，頁345。
❷⑦　同上，頁346。

人的價值、每個人理性的無限性以及每個人的獨特性基礎上的」
❷。社會對人的要求只有通過個人意志來實現，否則就不是個人
的義務，而只是對某種東西的使用。

個人價值的實現 倫理學家索洛維約夫對個人自由和權利的
觀點是與那些主張個人絕對自由的學說或唯意志論不同的。這首
先表現爲他關於個人價值實現的社會制約性。在他看來，個人的
絕對價值和意義只是一種可能性，而這種可能性的眞正實現「是
受一切人的共性制約的，不是每個人的個別屬性，而是每個人通
過與他人的相互作用達到的。共同生活中所具有的一切必然要以
某種方式作用於個人，爲個人所掌握並通過個人達到眞正的現實
性。反過來看，在個人生活中，個性的現實內容只有通過社會環
境才能獲得並受其一定狀況的制約。在這個意義上可以說，社會
是充實或擴展了的個人，而個人是濃縮或集中了的社會。」❷所
以，個人價值的可能性「只有通過每個人和一切人的內在團結才
能變成現實」。在這樣一種理想社會，實現了「一切人的內在的
和自由的和諧」。他把這稱做「天國」，並指出，「從道德觀點
看，只有達到天國才是全部生命和活動的終極目的，才是最高的
善、幸福和快樂」。

11.6 生命的道德意義

至此，索洛維約夫道德哲學已爲我們提供了這樣一些關於善
的明確觀念：絕對的善是人類應有的道德理想和世界歷史的終極

❷ 同上，頁 285-286。

目標；善的第一根據在於人的本性；個人之善與社會道德統一於
世界總過程。那麼，人的價值和使命就在於加入這一總過程，履
行善的歷史創造這一「共同事業」，使善不斷發揚光大，以達到
最高理想。這正是人生的目的和意義所在，也就是索洛維約夫全
部道德哲學的宗旨。因此他把這部《善的證明——道德哲學》的
導言命題爲「生命道德意義的先在概念」，結語爲「生命道德意
義的最終確定」。這種道德哲學力圖通過對善的證明而爲現實人
生提供一種道德選擇的路標。因爲「人無論如何都無法逃避善惡
兩條道路的最終選擇」，而人們只有在承認了善的必要性和必然
性、善的意義和善的偉大的時候，才能努力爲善。「生命的道德
意義最初和最終都是由善本身來確定的，而善本身是通過我們的
內在良心和理性達到的，因爲這些善的內在形式由於道德的功績
而擺脫了激情的奴役，擺脫了個人和集體自愛的局限性。」❷⁹

　　人生意義何在？這是人們古往今來都在深深思索和苦苦追問
的難題。因爲人活天地間，生命有天年，雖有內心的自由意志，
卻又必須面對外在的必然世界。所以他要問「我是誰？我從哪裡
來？我到哪裡去？」——他要尋找自己在世界中的地位，試圖認
清自身存在的價值和意義。尤其是在社會震盪、文化價值更替或
個人命運乖戾無常之時。19世紀後半期的俄國就是這樣的時代，
所以對生命意義問題的極大興趣成爲當時俄羅斯倫理—哲學思想
的特點之一。不僅唯心主義哲學家在探求這個問題的答案，而且
唯物主義者赫爾岑和車爾尼雪夫斯基也積極研究人的道德世界。
而索洛維約夫的生命探索具有一定的代表性。

---

❷⁹ 同上，頁96。

在倫理哲學思想史上， 對人生意義的觀點可歸爲三類。 一是人生無意義論。認爲對於所有人來說都沒有唯一正確的生活之路， 生命形象與價值之高低貴賤結果均無差別。 榮華富貴功名利祿皆過眼煙雲，「是非成敗轉頭空， 青山依舊在， 幾度夕陽紅。」；二是神學觀點，認爲人和人類都有一種來自最高本體的使命，人生意義在於它是實現最高目標的手段；三是抽象人本學觀點，認爲生命意義在於滿足自身的自然欲望或在於保持深層自我的內在獨立人格。索洛維約夫的人生意義觀的特點是： 他堅決反對否定生命意義的悲觀主義和絕對虛無主義，確認生命的積極意義；反對把生命意義歸結爲低級的動物本性；強調人的精神性和道德性； 反對內在自我的自足性， 主張人生行爲的社會制約性； 反對人生價值的相對主義， 主張生命服從於絕對的最高目標。 但這也並非等同於純粹的神學觀點， 因爲這種最高目標就其本質來說不是外在的上帝的設定，而是基於人性自身的道德情感、道德需要和道德理想的內在目標。所以他把生命的意義確定爲善的歷史創造和證明——弘揚內在道德感，培養「浩然之氣」，以自己生命的言行爲善的歷史大廈添磚加瓦。

生命的意義在於善的創造，這也是索洛維約夫宇宙本體論和自由觀的結論。按照他的思想，人的體驗受三界所決定： 無機自然界、生物界（包括人類）和超生物的精神世界。人不可能自由地拒絕全部外在決定，因爲人是平凡的有生死的存在物。但人可以自由地區分高尙與低俗，可以自由地建立自己的內在世界，並遵循這樣的區分，也就是按照自己的良心來支配自己的行爲，這就是意志自由。但這種自由不是一般地抽象地給定的，而是在具體的世界中給定的，而這個世界的內部狀況和進程又取決於神聖

與邪惡兩種力量的複雜多變的鬥爭，這兩種力量的鬥爭貫穿於三個世界，即無機界中時空有序性與混沌無序的鬥爭，生物界中生與死的鬥爭，精神世界中善與惡的鬥爭。在這種情況下，個人力量未必會對整個宇宙進程產生重大影響，儘管個人對世界發展的貢獻也是不可忽視的。個人的自由意志不能決定世界命運，只能決定自己：我是為世界增加了善，還是因參與了惡而毒害了世界。就是說，人只有通過善的創造才能達到真正的存在。

心中有個夢想，身外有個世界。理想與現實的矛盾無時無處不在困擾著人生。如何走出這一困境？索洛維約夫提出一種「實踐理想主義」（Практический идеализм）他說，善的創造也是擺脫這種矛盾的唯一合理的出路。一般來說，要克服人生理想與外在現實之間的矛盾，有三條可能的出路。其一，放棄理想，遷就於與這一理想相對立的確定的外在現實，屈從於現實中的惡。索洛維約夫認為這條途徑會導致道德懷疑論和對人的仇視，這樣的生命是沒有意義的；其二，唐吉訶德式的幻想。這種幻想看不到與理想相矛盾的事實，把這些客觀實在宣布為欺騙和幻象。這條路也是行不通的，終將走向失敗；第三條出路是最合理的，即「實踐理想主義」之路。這就是：「不迴避現實中不道德的一面，不是對此視而不見，但不要把它看作是絕對不變的和不可逆轉的東西，而應當發覺那些真正應有的東西的萌芽和條件，依據已有的這些善的雖不完滿卻是真實的表現，來幫助善的因素得以保持、增長和取得勝利，通過這些使理想和現實日益接近……」❸⓿

當然，索洛維約夫畢竟是一位生活在一百年前的道德哲學

---

❸⓿ Соловьев В. С.: Собранные сочинения в 10 т. т.9, c.42.

家，具有宗教唯心主義世界觀，所以從今天觀點看他的某些觀點難免有其個人的和歷史的局限性。對此筆者試作幾點評論。第一，索洛維約夫的生命意義觀是以善的絕對性爲基礎的。這裡應當劃分兩種情況：絕對的善作爲道德規範和絕對的善作爲社會理想。在後一種情況下，這種絕對之善的學說顯然具有理想主義性，這種說教也難以成爲現實的道德力量。在前一種情況下，則這樣的道德規範是必需的，但並非是抽象的，它的正確性在於有效地調節了人際關係，使社會和諧，使人全面發展。

第二，絕對的善的實現和對生命意義的探索是一個過程。絕對與相對是辯證的關係。應該強調的是，人的道德信念、道德目標、道德理想不是從外部強加的，而是在他的社會生活中，在與他人的交往過程中，在道德情感、道德經驗等等基礎上逐步形成和確立起來的。對生命意義的探索也是這樣。索洛維約夫證明了絕對的善之後便英年早逝了；列夫・托爾斯泰經過漫長而痛苦的生命意義探求之後，在垂暮之年終於發現：幸福是永遠達不到的，因爲幸福本身是無限的完善。所以「人生的眞正幸福不在於達到他眼前的目的，而在於追求他不可迄及的目的之過程」[31]。因此，探索生命意義的過程同時也是豐富自己全部生命的過程。

第三，道德問題與生命意義問題不僅僅是一個理論問題，也是實踐問題。在現實生活中，不僅有愛與和諧，還有恨與鬥爭。生命意義問題誕生於生活本身，人們以自己的生命實際來解決這個問題，有時並不依賴於哲學思考。而且人們還不是時時都在按自己的理性、信念和理想生活。所以生命意義問題不是理論的特

---

[31]　Толстой Лев : Полные сочинения. том 23, с.40.

權，有些人不去思考生命意義，但他們的生命也是有意義的。當然這並不是說對生命意義的哲學研究是徒勞無益的。如果說理論能指導實踐，那麼道德哲學就能指導人生。它應給大千世界中的芸芸眾生指點生命意義之迷津。

11.7 對《善的證明》的批評

索洛維約夫的道德哲學不僅受到稱讚，也招致許多批評。當時的主要批評者有黑格爾主義者齊切林和康德主義者維堅斯基。

齊切林 在 1897 年第 4 期（9-10 月號）《哲學和心理學問題》雜誌上發表了齊切林對索洛維約夫《善的證明》和〈法與道德（實用倫理學概論）〉的長篇評論文章〈論倫理學基礎〉，由此引發了兩位哲學家關於倫理學基本問題的一場爭論。齊切林對索洛維約夫的批評主要有以下幾方面：

——道德哲學與理論哲學。索洛維約夫認為證明善本身是道德哲學的主要任務，而證明作為真理的善才是理論哲學的任務。這一出發點成為齊切林批評的主要方面。對於這位理性主義者來說，作為科學的道德哲學只有建立在牢固的理論哲學基礎上才是可能的。所以他說索洛維約夫「拒斥形而上學」也就等於鏟除了他自己所創立的道德哲學的基礎。事實上，如前所述，《善的證明》的作者並未否認理論哲學對道德哲學的認識論和方法論意義。

——意志自由。齊切林指責索洛維約夫的道德哲學迴避意志自由問題。的確，後者十分明確地把絕對自由排除於道德領域之外，因為按照他的觀點，道德哲學是以「理性自由」為基礎的，

「理性自由」在他那裡是與「道德必然」相一致的。問題的實質在於兩位哲學家對意志自由的不同理解。索洛維約夫所說的意志自由是絕對意義上的自由，是純粹的隨心所欲；而對於齊切林來說，意志自由不是指無理由的隨想，而是在兩種動機間的選擇。沒有意志自由就不能想像「應有」概念和「法令」概念。他認為，只有人按自由的內在選擇所進行的行為才可能是道德的。若在選擇中加入必然，就談不上道德。這裡齊切林的理解實際上是維護了德國古典哲學所制定的對意志自由這一複雜形而上學問題的傳統理解；而索洛維約夫則試圖與這種傳統的理論模式決裂，努力把形而上學與道德區分開來，他傾向於對意志自由這一概念做出具體的個人的解釋：人按願望行事，但願望又依據他是誰、他的自身本性怎樣，而不完全取決於他的理性。這裡再次表現出他對西方唯理論的批判，而且具有某種存在主義意味。

——國家強制。齊切林認為索洛維約夫關於通過國家政權的強制作用來實現人間天國的論點是錯誤的，因為這完全否定了自由。在他看來，作為一切道德之基礎的意志自由和作為國家基本功能的強制是不相容的。而按索洛維約夫觀點，社會道德具有強制形式，為了鏟除這些形式，就必須走過運用這些形式的階段。換言之，一定秩序的外部實現容許直接或間接的強制。但他強調，這只對外在領域而言，至於作為內在狀態的道德完善，則這裡的任何強制都是不可能的。他企圖找到一定的國家措施，藉以建立最低限度的善的強制組織，而他能促進人類道德完善之總目標的實現並成為這一全人類過程的外在基礎。這種國家在人類道德完善中的作用的觀點雖有烏托邦性，但他從道德觀點揭示國家功能的價值方面的嘗試具有一定意義。

　　齊切林的批評是不無根據的。但由於他不理解索洛維約夫對人類存在之永恒問題的新觀點新嘗試，所以他的批評往往不是從批評對象引出的內在批評，而是一種外在批評，把既成的範疇強加於新現象。

　　維堅斯基　《善的證明》出版後，哲學史家、新康德主義者維堅斯基也撰文批評。他指出這種道德哲學的兩個矛盾：其一，認爲在其中道德以宗教爲基礎，同時宗教又以道德爲基礎，這是循環論證。這表明維氏不理解索洛維約夫道德哲學的深刻之處。索洛維約夫一方面承認二者各有特殊性，同時又指出二者是如何相互交織的以及等同之處何在。這不是範疇混淆，而正是深刻的辯證法所在。如前所述，道德與宗教之關係不是絕對的此先彼後或此主彼次，而在發展過程中的辯證統一。其二，他認爲這一學說中的另一矛盾是個體生命的絕對道德與社會道德的矛盾，他說這是二元論：索洛維約夫必須或者從個人出發，要求個人具有社會使命，或者從社會出發，要求社會保證個人完善。這種批評顯然未理解作者關於個人與社會的辯證關係。

　　饒有興味的是，這位維堅斯基在索洛維約夫去逝不久便出版了紀念他的小册子，其中隻字未提自己批評這位哲學家的文章，而稱索洛維約夫是「典型的俄羅斯思想的推動者」、是「唯一獨具特色的俄國哲學家」，說這一哲學思想之特色恰如藝術創作領域的普希金。

第十二章　愛的意義

> 愛是一個人否定自我，確認他人，並通過這種自我否定來
> 實現他最高的自我確認。❶

　　從柏拉圖對愛情偉大力量的讚頌，到基督教愛的律令；從近
代博愛主義到謝林的愛就是「克服利己主義」，愛的意義成為西
方文化史上經久不衰的論題。

　　索洛維約夫的愛的哲學吸收了思想史上的某些遺產，亦有自
己的獨創之處：他承認性愛的個性意義，更賦予愛一種普遍的一
般哲學意義；他不僅把愛作為個人自我完善的偉大力量，而且把
它與人類歷史的最終使命聯繫起來；他力圖找到完成這一愛的使
命的途徑。

　　中國儒學講求由「內聖」而「外王」。索洛維約夫的愛的哲
學也不限於抽象的個人，而是自個人始，兼及天下眾生和歷史大
業。這種愛的哲學也類似於另一位俄國哲學家尼・費奧多洛夫的
「共同事業的哲學」❷。這裡，可以說索洛維約夫的愛的哲學也
是一種歷史哲學。

　　索洛維約夫在為百科辭典所撰辭條中，把愛定義為「一個
被喚起興奮的人為與另一個人結合和生命互補而對他（她）的傾

---

❶ Соловьев В. С. : Сочинения. М. 1988. том 1. c.40.
❷ федоров Н. : Сочинения. М. 1982. c.557--558.

慕」❸。他根據愛與被愛者的關係，把愛分爲三種：第一，**奉獻多於索取的愛**，或自上而下的愛；第二，索取多於奉獻的愛，或自下而上的愛；第三，奉獻與索取相當的愛，或對等的愛。第一種是父母之愛，它以憐憫或同情爲基礎，包括強者對弱者、長者對幼者的關照；第二種是子女對父母的愛，它以感激和崇敬感爲基礎。這種愛還超越了家庭的界限而產生出精神價值的觀念；第三種愛是性愛，它使彼此的生命達到完滿。這種充滿激情之愛以憐憫、崇敬和羞恥之結合爲基礎。這裡，索洛維約夫的愛的哲學又是一種道德哲學。

12.1　性愛的個性意義

傳統的基督教觀念不承認性愛的意義，甚至不曾發現這種性愛，確認男女之結合只是出於生育目的，而生育之外的性愛是不道德的。索洛維約夫是最早眞正承認男女性愛不是爲種族蕃衍而是具有個性意義的基督教思想家之一。他首先以自然史實爲根據反駁了這種基督教舊觀念。一個最顯著的事實是在自然生物界中存在著無性繁殖。此外，他認爲，在生物機體從低級到高級的序列中，性愛與種族蕃衍成反比例關係，一方面愈強，則另一方面愈弱。

愛情具有一種魔力。它能達到任何一種強烈程度，使人迷狂。這種力量緣何而來，人們一直在探求。按照當時在俄國流行的叔本華的學說，每個個人的熱烈愛情是宇宙意志用以達到自己

---

❸　Соловьев В. С. : Собранные сочинения в 10 т. т.10, с.236.

特殊目的的狡計或誘惑，性愛也只不過是自然本能或種族蕃衍的手段或工具。索洛維約夫反駁了這種觀點。他說，宇宙意志作為左右人類生活的力量，實際上是指上帝。這種力量安排好世代長河中人類祖祖輩輩的應有結合。人類的祖先們已從這種天意中秉承了各種品性，但是，愛並不屬這些品性之列，因為愛就其嚴格意義而言，作為一種狂熱的性吸引，是絕對個性化的。他援引《聖經》史中的人物和事件，證明愛雖在《聖經》裡出現過，但只是作為一個獨立的事實，而不是基督血統的形成工具。《聖經》裡沒有說亞伯拉罕很愛撒拉而娶她為妻，以撒與利百加之結合並不是因為愛，而是遵循一個早已做好的決定，是她父親的意圖。雅各愛拉結，但這種愛對耶穌的誕生來說是不必要的。耶穌得由雅各之子猶大來生。但猶大並不是拉結之子，而是雅各所不愛的利亞所生。

可見，在聖書和一般歷史文獻裡，從未把性愛說成是具有歷史意義的方式或工具；性愛並不為人類服務。因此，當我們的主觀感情告訴我們愛具有獨立的幸福、愛對我個人生活具有特定的絕對價值的時候，這種主觀感情也同樣在客觀現實中與這樣一個事實並行不悖，即高度個性化的愛從來不會成為人類種族蕃衍的工具。性愛（就其本義而言）在歷史進程中沒有起過任何直接作用。性愛的積極意義根植於個人的生命之中。

無論對動物還是對人來說，性愛都是個體生命的鼎盛。但由於在動物界種族生活遠重於個體生命，因此動物的最高行為只對種族有益。這不僅是說性衝動只是動物種族蕃衍的手段，而且是說，性衝動借助於性的競爭與選擇而為產生更完善的機體服務。人們已經作出很大努力，想賦予人類世界的性愛以同樣意義，但

是我們看到，這完全是徒勞的，因為對於人類來說，個體具有獨立的意義，絕不只是歷史進程中達到一個外在於個體的目標的工具。或者更確切的說，歷史進程的真正目標並不是使人們的個性只能作其暫時的苦難的工具。

12.2 愛是超越自我而與天地合一的力量

謝林在〈斯圖加特談話〉中把愛定義為「對利己主義的克服」。索洛維約夫熟知這篇作品，並作了自己的解釋和發揮❹。謝林所說的是神的利己主義和神的愛。但是索洛維約夫所講的愛是現實的愛，不僅包括作為個體生命之鼎盛的性愛，而且使這種愛超越了倫理領域，賦予其一種一般哲學的、社會歷史的乃至整個宇宙完善的意義與使命。這乍看似令人費解，但若從他的整個思想特點來看，則是十分自然的。他的全部哲學的核心和目標是達到人生與社會之完美境界，達到萬物統一，所以實質上他的本體論、認識論、歷史哲學和倫理學是目標一致的，理性與愛也都在追求這種人生極境和宇宙理想中加以解釋。

自然萬物是盲目的、自在的，真理或普遍規律在它們那裡只表現為自然客體的生息流變和生物的世代更替。人比自然界的萬物生靈更優越的地方在於，人有自我意識和理性，人有認識和發現真理的能力，把握普遍規律的能力，每個人都能藉此而成為絕對整體的生動反映，成為宇宙生命的一個獨立的、有意識的器官。於是，一切是非善惡美醜的複雜過程便由此開始了。索洛維

---

❹ Соловьев В. С.：Свобода и зло в философии Шеллинга/ Историко-философский ежегодник '87. М. 1987. с.271--278.

約夫承認個性的絕對價值，但個人的意志自由必須體現在同宇宙本體的和諧統一之中。「個人的眞正生命只有在我們能夠和應當參與的宇宙生命的發展中才能得到完全和絕對的實現並達到永恒」❺。但在這種統一中並不喪失人的個性，這就是個體自我和宇宙整體的對立統一關係。如果不能處理好這種關係，使統一的整體吞沒了個性，就是退回到了蒙昧的非人狀態；反之，如果片面強調個性，不顧整體的、普遍的、共性的一面，則將導致虛假的自我確認和抽象的個人主義，這就是索洛維約夫所講的利己主義。

利己主義的虛僞和罪過絕不在於一個人過高估計自己，相信自己有絕對的重要意義和無限的價值；如果有人這樣，那麼他是對的，因爲每一個人的主體，作爲一個現存力量的獨立的中心，作爲一個無限完美的潛在實體，作爲一個能有意識、能在他的生命中容納絕對眞理的造物 —— 每一個這樣的人，都有絕對的意義與價值。人在估計自己的價值時沒有達不到的高度，沒有做不到的事情（按照福音書中的話：「有什麼能抵得上人自己的靈魂？」）。誰若不承認自己的這個絕對價值，就等於否定了人的價值，這是一個根本的錯誤，是一切不信任的根源。如果一個人如此怯懦，甚至不能信任自己、也不能信任自己的力量，那麼他還能信任其他什麼東西呢？利己主義的根本虛妄絕不在於這種主體絕對的自我肯定和自我評價，而在於當一個人公正地認爲自己有絕對意義時，卻不公正地拒不承認他人也有同樣的絕對意義。當一個人把自己看成是存在的中心的時候（事實上他也的確是中

---

❺ 同注❶，頁43。

心），卻把他人也劃入了存在的地界，但他人處於自己存在的外圍，只給他人剩下一點外在的相對的價值。

當然，在抽象的理論認識中，每一個沒有精神失常的人總會承認他人與自己享有同等權利。但是在他的內心感受和現實生活中，他卻斷言自己與他人之間有許許多多的差別，完全不可比：他自己就是一切，而他人本身則是虛無。然而，一個人越是在這種排斥一切他人的自我確認的時候，他越是不能在事實上如願以償。他正確地承認自己具有、而錯誤地認爲別人沒有的這種無限意義與絕對價值，其本身只是一種潛在性，只是一種尚待實現的可能性。上帝是一切，也就是它在一次絕對行動中擁有了存在的一切內容；而人有你我彼此之分，人在事實上只能是「這一個」而不是「那一個」，人只有在自己的意識和生活中消除了劃分彼此的界限，才能成爲一切。「這一個」只有和他人一起才能變成「全體」，只有與他人在一起，才能實現他的絕對意義，成爲宇宙整體的不可分割、不可代替的部分，變成一個獨立的、有生命的、獨一無二的絕對存在的器官。眞正的個體是萬物統一的一定形式，是接受和融會他者的一定方式。人要是脫離了他者而肯定自己，他就失去了自己存在的意義，剝奪了自己生命的眞正內容，把自己個人變成一種空洞的形式。因此，利己主義絕不是個性的自我確認、自我肯定，相反，卻是自我否定、自我毀滅❻。

怎樣克服利己主義呢？當然首先要正確認識如上所述的人與宇宙整體的關係，亦即認識普遍眞理。但這遠遠不夠。利己主義作爲個體生命的一個現實的基本因素，生成於我們生命的最深

---

❻ 同上，頁506—507。

處，並且由此蔓延開去，貫穿和左右著個體生命的全部；這個力量在我們存在的每個細節、每個方面從未停止過影響。為了真正摧毀自我中心主義，必須以同樣具體、同樣確定的力量來與之對抗，來滲透我們的整個生命，占據人性的每一個角落。這種可以把我們的個性從利己主義的鎖鏈中解放出來的另一種力量必須具有與個性相對應的東西，必須是同樣的真實、具體。而單純的對真理的理論認識顯然不具備這些特徵，「理論是灰色的，而生活之樹是常青的」。當這種活生生的利己主義的現實力量在人那裡尚未遇到另一種與之抗衡的活生生的力量之前，對真理的認識只是來自另一個世界之光的外在反照。假如一個人是在這個意義上接受真理，那麼他個人與真理之間的聯繫就不是內在的和牢不可破的。空洞的理論和道德說教面對蓬勃生動的生命與個性總顯得蒼白無力。所以，除理性的真理外，還需要一種活生生的力量，這種把握著人的內在本質、使人真正脫離虛假的自我確認的力量，就叫做愛❼。愛既能有效地消除利己主義，又能真正地證明和拯救個性。

愛比理性意識更強大，但沒有理性意識，愛也不能成為提高而不是消除個性的內在拯救力量。只有借助於理性意識（真理意識），人才能把自我即真正的個性同利己主義分離開來。因此，當一個人犧牲掉這種利己主義，獻身於愛的時候，他就在其中找到了活生生的現實力量，這不僅沒有使個性連同利己主義一起丟掉，而且相反，使個性成為永恒。在動物界，由於動物自身沒有理性意識，故在愛中所實現的真理在這裡找不到起作用的內在支

---

❼ 同上，頁505。

點，只能作爲一種外在的命運的力量對它們起作用。這種力量支配著它們，使其成爲外在的世界目的的盲目工具。這裡，愛體現爲種族對個體的片面勝利，因爲在動物身上，個體性正好與它們直接作爲某種具體存在物的利己主義不約而合，因而個體性也就隨著利己主義的毀滅而毀滅。

這樣，愛的一般意義就是通過犧牲利己主義來證明和拯救個性。在這方面，愛的力量不但強於理性意識，而且較之其他現實力量更有效。事實上，人類存在的那些形而上的和形而下的、歷史的和社會的條件，無時無處不在改變和削弱著我們的利己主義，設置了種種堅固的障礙來阻止這種自我中心主義赤裸裸地表現出來並導致可怕後果。然而這些通過自然或歷史來實現的阻止和糾正措施雖然以個人或社會道德的形式不斷表現出來，有時甚至十分明顯，但終究未能觸及利己主義的基礎本身。只有一種力量能夠透入利己主義的根源，從內部根本消滅它，就是愛，而主要是性愛。利己主義的過錯在於強烈的排他性的唯我獨尊，同時又拒絕承認他人有這樣的意義。理性告訴我們這是無根據的、不公正的，而愛能夠直接在實際上消除這種不公正關係，使我們不是在抽象意識中，而是以內心情感和生命意志去爲自己而承認他人的絕對意義。當我們在愛中不是抽象地而是本質地認識了他人的真理性、當我們生命的中心超出了我們經驗的界限之時，我們也揭示並實現了我們自己的真理性和絕對意義。這絕對意義恰恰就在於我們有能力超越出我們的實際現象存在範圍，能夠不只是活在自己之中，而且活在他人之中。所以，愛的重要性不在於它是我們的情感之一，而在於它使我們的全部生活興趣從自身遷移到他人，是我們個人生活中心的重新定位。每一種愛都具備這一

特點, 性愛尤其如此。 性愛之於其他愛的特點在於: 性愛更熾
熱、更強烈, 更能抓住人的全部身心、更能使愛者與被愛者之間
進行更全面更徹底的身心交流和感應。雖然其他形式的愛也具有
重要意義和高度價值, 但是無論神祕的愛（宗教之愛）、父母之
、友愛和博愛等等, 都不可取代性愛❽。

12.3 走向愛的理想

作爲歷史理想主義哲學家, 索洛維約夫不是把愛只作爲心理
體驗和主觀情感, 而是建立了一種從個人到宇宙的愛的烏托邦。
在這一理想大業中, 愛的眞正意義和使命在於以下三方面:

第一, 創造一種高尚的、完善的人格, 這是愛的直接任務。
在經驗現實界, 人作爲一個男性或女性個體, 只生活在一個確
定的片面性和有限性之中。而有著理想人格的完整性的眞正的人
顯然不能僅做一個男性或女性, 而且還必須做這兩性的最高統一
體。實現這個統一, 創造一個作爲男性準則和女性準則的自由統
一的眞正的人, 既保留他們原來個性特徵, 又克服他們之間的物
性分離和差別, 這就是愛要首先解決的問題。

這使我們想起, 柏拉圖《會飲篇》的神話故事說, 人曾經是
兩性同體的, 由於自己的罪過, 被神分成兩半, 亦即男性和女
性。此後, 人們要恢復原來的完整, 每個人都在尋找自己的另一
半, 這就是愛情。其中的道理是, 愛情是使人恢復自我完善的力
量。索洛維約夫顯然對此作了自己的解釋和發揮, 他把這種完善

❽ 同上, 頁508—510。

的人說成是具有高度精神境界和高尙道德品質的人，或曰超人。

第二，改變人與自然的關係。迄今爲止，自然界對人來說或者是蠻橫獨斷的母親，或者是任人擺佈的婢女，只有個別詩人還保留著一點對自然界的愛，把它作爲平等的生命存在物，儘管這是無意識的。這裡，索洛維約夫呼籲，人應當同自然界「建立一種和諧統一的關係，這是由於處於個人和社會環境中的人的眞正生命所決定的」❾。

第三，實現整個宇宙和全部歷史的最高目標，因爲單獨的個人只有和全體一道才能達到這一目標，這是愛的終極使命。

要有效地完成這一使命，首要的條件是自覺提出和正確理解愛的偉大意義。但這一點在實際上還沒有做到。從過去到現在，人們還只是把愛當作一種既成事實，看作人的內心體驗，並沒有讓它承擔任何義務；當然，也一直有兩個任務——生理上擁有被愛對象和與她（他）共同生活。但這只是動物界生活規律和社會生活規律的產物。愛首先是自然事實（或神賜），是不依賴於我們而產生的自然過程。但由此不能斷言，我們不能够和不應當自覺對待和獨立引導這一自然過程，使之走向最高目標。假如我們把語言只作爲一種自然過程，假如我們的語言只是自然音響的結合，假如詞語所表達的只是我們無意識的感覺和觀念，而不把語言作爲表達思想的手段和達到理性所自覺提出的目的的手段，那麼就不會有科學、藝術和社會生活，甚至語言本身也得不到充分發展；像語言對於人類社會和文化的意義那樣，愛對於創造眞正的個性人格有更大的意義。但事實上人類文化已大有進步而人的

❾ 同上，頁546。

個體性卻依然如故，其原因首先在於我們有意識地對待語言及其產品，而愛卻依舊處於激情和欲望的黑暗境地。

正如語言的眞正意義不在於說話過程本身而在於說了什麼一樣，愛的眞正使命不在於簡單的情感體驗，而在於通過這種體驗實現了什麼。對於愛來說，只有自己感受到所愛對象的絕對意義還不夠，必須把這種絕對意義實際上給予所愛對象。但是遺憾的是，如果說人類的語言已得到很大發展，那麼愛在人們之中則至今仍處於自然萌芽狀態，因為人們至今尚未很好地理解愛的眞正意義。

不但如此，索洛維約夫說，愛在現實生活中的遭遇彷彿更加可悲，甚至我們不得不承認愛只是幻影、是欺騙。在日常生活的狹小圈子裡，人們表面的友好和睦儘管很親密，但卻是外部的。這樣的關係不是詩的永恒，而更近乎一篇平白的散文。愛的對象實際上並不能永遠保持絕對意義，這種意義實際上是愛的理想所賦予的。對於局外人來說，這種種感情糾葛作弄難免可笑。隨著時間的推移，戀人自己也將有同感。如夢如醉的眷戀之情或一絲絲消磨殆盡，或因戀人的驟然醒悟而頓時消逝。也許可以說，若就個人存在和人類個性的絕對意義的角度而言，這種愛是一種欺騙。當然生兒育女、傳宗接代對於在羣體存在中生活的人類的進步是必要的和有益的，但從愛這個詞的嚴格意義來講，卻不爲生育傳代所需。歷史和日常生活經驗都毫無疑問地證明夫妻雙方可能順利地生兒育女，可能深情地愛孩子和精心養育他們，然而他們之間卻可能從來沒有過愛情。因此，人類集體的、普遍的利益及種族蕃衍絲毫不需要崇高而深沉的愛情。這樣看來，愛在日常生活中的實際結果並未完成它應當承擔的歷史使命。它暫時占據

了我們的本性，然後又悄然逝去，沒有進步影響（生育不是愛的真正目的）。那麼，是否因爲愛的理想意義未能實現，我們就必須承認愛是不可實現的呢？

在我們的生活中確有斯塔弗洛金❿和洛根丁⓫，他們眼中是灰暗冷漠的世界，自詡看破紅塵，如詩人所云：「一切都是命運／一切都是煙雲／一切都是沒有結局的開始／一切都是稍縱即逝的追尋……」。但是另一面，愛心與善意又真切地存在於人們的內心之中，不時傳送著脈脈的溫情或迸發出強大的威力，唯其如此，才有人類千百年來對它的不朽的讚美和不斷的追尋。相信人類的善良意志，熱烈地追求美好未來，這正是索洛維約夫「實踐理想主義」之根本精神。因爲畢竟，「不是一切大樹，都被風暴折斷；不是一切種子，都找不到生根的土壤；不是一切真情，都流失在人心的沙漠裡；不是一切夢想，都甘願被折斷翅膀」。人的價值的偉大，就在於與惡的抗爭和對真善美的追求。

「黑夜給了我黑色的眼睛，我卻用它尋找光明！」儘管愛的事業道路坎坷，我們卻要充滿信心。這就是索洛維約夫的態度。因爲從人的本性來說，由於他有理性，有道德自由，有自我完善能力，因此他有無限的潛能。我們沒有權利事先斷言某種任務是超過他的能力所實現的，除非這任務本身有內在的邏輯矛盾或不符合天地和歷史進程的協調發展。如果單純因爲愛尚且從來未實現就否認實現的可能性，那就大錯而特錯了。不應忘記，曾幾何時，人類的科學、藝術及對自然界的駕馭不也有過同樣的情形嗎？即使是理性意識本身，在變爲人身上的事實以前，也不過是

❿ 陀思妥耶夫斯基小說《羣魔》中的人物。
⓫ 薩特小說《惡心》(*La Nausée*) 中的人物。

動物界中朦朧而無效的意念而已。為創造可以實現理性思想的人體器官大腦，經歷了多少地質和生物時代，經歷了多少周折和失敗！愛對於人來說，正如理性之於動物一樣，它起初只是萌芽，尚未達到事實上的存在。如果說無數的宇宙紀元見證了人類理智的蒙昧，卻最終沒能阻止它的實現，那麼在相對而言還較為短暫的幾千年的人類歷史中尚未實現愛就更不能給我們任何理由推斷將來也不可能實現愛了。在這個意義上說，愛的任務不是它的終極狀態，而在於它逐步實現的過程之中，在於在實現中證明這種起初作為情感而產生的愛的意義，在於從內心的一絲溫情中使愛心發揚光大，走向社會、自然和宇宙的愛的理想。

第十三章　美與藝術

對無論任何對象或現象從其終極狀態或從未來世界的觀點
所進行的一切感性描繪，都是藝術作品。❶

追求人類的最高價值——真、善、美，並使它們真正地變成
現實，這是索洛維約夫全部思想探索的核心。真善美歸結於完整
和諧的萬物統一，這又是人類最高的社會理想和宇宙目標，而
美學與藝術的規定性便由此而生：實現了的最高理想就是絕對的
美；實現過程本身就是審美認識的對象；為實現理想而努力便是
藝術的任務。早在《抽象原理批判》中就表述了這一思想：

> 如果說萬物統一在道德領域是絕對的善，在認識領域是絕
> 對的真，那麼，它在外部現實中的實現，在感性物質存在
> 中的體現，就是絕對的美……由於它在人的世界和自然界
> 中尚未實現，具必須通過我們自己的努力，故實現此目標
> 便是人類的任務，也是藝術的使命。❷

索洛維約夫力圖開創一種新美學，其基礎不再是作為思辨對象的

---

❶ Соловьев В. С.: <Обший смысл исскустве>/Сочинения, М.
1988. Т. 2. с.399.

❷ Там же, том 1.с.745.

美，而是作爲現實本身的生機勃勃的力量的美。

13.1　美的本質

　　索洛維約夫的學說是宗教唯心主義的，但對實現人類最高價值理想的歷史進程的解說，使它的某些理論又具有積極的唯物主義特點和鮮明的現實性，這使得他在世界唯心主義思想史上顯得卓然不羣。他的美學和藝術理論便是如此。他的萬物統一思想體系賦予了美的本質以獨特的含義。

　　第一，美的價值本質。審美活動是人的精神生活的一個方面，與認識活動和道德活動有諸多不同，從而形成了專門的美學。索洛維約夫從人的生命的完善這一根本點出發，強調了美作爲人類價值世界的特定體現，與眞和善的最高價值是統一的。這樣，就把美不是作爲脫離眞理認識和道德活動的孤立現象，而是把美的範疇理解爲眞理內容和道德內容的感性存在形式，力圖揭示美的價值取向，研究美學與精神世界的理論結構和道德結構的相互聯繫，這正是這位哲學家美學思考的基本含義。

　　第二，美是參與生活的實在。眞正的理想美與人的生活有本質聯繫，人們觀念中的審美理想不僅僅是「表象」，也不是對現實的隨意的空洞誇張，而是人生中的一種實在。它參與人生現實的改造和完善，因此，審美和藝術活動是一項「重要事業」。

　　第三，美的歷史評價。美是一個複雜對象。什麼是美的標準，一直是美學家與藝術批評家爭論不休的問題，或偏執於美是對象之外在形式，或斷言美爲普遍理念的外化，或主張美是個人情感的外移。這些觀點都從某一側面說明了美的本質意義。索洛

維約夫則以其特有的思想風格，超越了純粹形式、抽象理性和個
人經驗，而把美的現象放在全人類和整個宇宙的大背景下和歷史
發展進程的總趨勢中加以考察。他力圖說明，在美所表現的兩大
領域——自然美和藝術美當中，美的本質都在於該對象以某種形
式和在某種程度上向世界歷史意義上的和諧與完善的趨近；在於
它為實現「萬物統一」的全人類歷史大業做出了什麼貢獻。也就
是說，在考察美的現象時，不是在此時此地對現有事實做客觀的
理性反思，而是從應有的普遍價值意義上，站在歷史進程的未來
去審視，亦即從美好願望的實現和歷史發展趨勢的統一來說明美
的本質和進行審美評價。對此，索洛維約夫寫道：

> 真正的美學和藝術理論，在以現有形式闡明自己的對象
> 時，應為自己的未來開闢廣闊天地。僅以抽象公式的形式
> 揭示和概括現象的事實聯繫的理論是貧乏無力的……真正
> 的哲學理論在理解事實的含義，亦即該事實與一切相應事
> 物的相互關係時，還要把這一事實同那些尚不確定但有生
> 命力的新事實聯繫起來。不論這種理論顯得多麼大膽，只
> 要它是以理性在一定現象中或在這一對象的該階段上所揭
> 示的真正本質為依據，那麼它就不是任何隨意的幻想。因
> 為對象的本質必然大於和深於其外部現象，因此，它必然
> 是那些進一步體現或實現這一本質的新現象的源泉。

索洛維約夫正是以這一基本觀點說明自然美和藝術的一般意義
的。

13.2 自 然 美

鑽石和普通煤塊在化學成分上是同一種東西，夜鶯啼鳴與猫
叫春在生理基礎上也沒有區別。但鑽石是美的，並因其美而珍
貴，而無論如何人也不會把煤塊當作飾物；同樣，夜鶯的啼鳴總
被當作自然界中美的表現，而猫的叫春無論何時何地也不會給人
帶來美的享受。可見美是某種形式上特別的東西，不直接依賴於
和歸結為現象的物質基礎。同時，這種美也不取決於對其有用性
的主觀評價。索洛維約夫承認這種作為絕對價值的形式美：它的
價值不是作為滿足某種生活或生理需要的手段，而在於其自身，
它以自己的存在而使欣賞者的靈魂感到滿足和愉悅。

按照古希臘美學的定義，美是排除主觀情感和意志的直觀的
對象。索洛維約夫說，這個定義完全是對的，但卻是純粹消極的
和毫無內容的。無論在進行一切純粹的審美評價時排除主觀情感
和意志對於思想家多麼重要，但對他更重要和更有意義的是美的
積極本質問題。德國天才詩人歌德在〈淚水中的慰藉〉一詩中，
在一句消極的詩行「你別想摘取天上的星星」之後，又加上積極
的一句「卻可以快樂於它們的美麗」。在一切美的對象中，這種
美麗到底是什麼？這正是美的哲學所應主要解決的問題。純粹的
美不服務於任何東西，它是目的本身，在實際生活意義上它是純
粹無實用價值的。但這絲毫不排除這樣的問題：這一目的的獨立
內容是什麼？這種純粹無用的東西又是由於哪種內在屬性而有價
值？這樣，索洛維約夫不滿足於只停留在自然美的表面形式，而
要深入挖掘自然美的生活價值含義，這是對美的現象的真正哲學

探索。

美是世界中所進行的現實自然過程的產物。但對於欣賞者——人來說，一定對象的美是由於其中體現了超物質的因素。正是這種因素與人的精神、人的生命相溝通。自然美的內容也與無機界向人的生命的演化進程有關。光和生命——這是評價自然美的內容的兩個基本標準。

在無機自然界中，美屬於兩類現象和對象，一類是直接成為光的載體的現象，另一類是彷彿具有了生命和表現出某種生命特徵的對象或現象。正是由於光，使無機物脫離了惰性和不可透性，使世界有了明暗之分。在這個意義上，光是自然美的第一要素。自然美的進一步表現則取決於光與物質的組合。這種組合有兩類：一是機械的或外部的，一是有機的或內部的。前者造成了自然界中光的現象，後者則導致生命現象（通過光合作用）。這樣，物質的美都是由於光的作用，光先是照亮了物的表面，然後滲入其內部，使其具有了生機。

天空之所以美，不是由於它是上帝最先創造的，而是由於它所具有的真實屬性。這種美的屬性便取決於光。陰晦的雨天和無星月的黑夜都談不上任何美。包容一切的天空作為一種光明的美表現為三種形式：日光、月光和星光。太陽的升起標誌著蓬勃的光明戰勝了混沌的黑暗；日落月明，夜空中的月色有一種陰柔的女性美；而遼闊浩瀚的星空則讓人聯想到宇宙萬物的和諧統一。

從無際的天空回到我們的地球環境，其中也有許多光與物交織成的美：絢麗的朝霞和輝煌的晚霞以及陽光在雨滴中折射成的五彩繽紛的彩虹。還有寧靜的大海，倒映著藍天白雲，遠處是一望無垠的水天一色，象徵著天與地的連接……

無機界中的另一類美屬於那種彷彿具有自由生命的動態現
象。這種類似生命的美首先表現在各種形式的流水中：淙淙的溪
流、山間的小河、飛瀉的瀑布。波濤洶湧的大海作爲一種躁動不
安的生命的象徵，獲得了一種新的美。但這些巨大的自然力只有
在這樣的時候才爲美，即不是吞沒世界和破壞世界的統一，而只
是以風雨雷電的運動形式來充實這種統一性。混亂本身是醜的，
但它是許多自然美的襯托。像洶湧澎湃的大海，夏日的暴風驟雨
這類現象所以有審美價值正是由於其混亂和不安。索洛維約夫在
此引用了一位俄國詩人的〈唱給黑夜的大海〉： ❸

> 多麼美妙，黑夜的大海，
> 這裡輝煌燦爛——那裡一片灰藍！
> 月光中，彷彿一匹巨大的生靈，
> 奔走，喘息，巨掌拍岸。
> 閃爍、浩蕩、隆隆作響
> 在無邊無際、無拘無束的空間。
> 身披朦朧月色的海，
> 你多麼美妙，在無人的夜晚！
> 蕩漾的漣漪，是寬廣的胸懷，
> 你在如此祝賀誰的節日慶典？
> 波浪洶湧，濤聲轟鳴，
> 引來機敏的星星自高空觀看。

---

❸ Соловьев В. С.：<Красота в природе>/ 同注❶，С. 353.

——丘特切夫❹

　　光的作用在植物界由外部照明變成了內在動力。在植物中，光的形式與暗的物質第一次結合爲一個有機體。所以植物是天的因素在地上的第一次眞正體現，是對地上自然力的第一次眞正改造。在這天與地的第一個活產物中，因內在生命尚很弱小，所以它只具有千奇百態和五顏六色的觀賞美（尚無表達主體內部狀態的聲音），作爲生殖組織的花朵是其集中表現。植物界的審美標準是與自然科學標準相符合的：高等植物要美於低等植物，如顯花植物就較隱花植物更美，結構較簡單的水藻、苔蘚就不如較高級的蕨類植物更美些。

　　動物界則是另一種狀況。在動物的兩個主要類別——無脊椎動物和脊椎動物中，就不能說高等的脊椎動物要美於低等的無脊椎動物。在這裡審美標準和動物進化論標準完全是兩碼事了。蝴蝶是無脊椎動物，但它顯然要較大部分高等動物都美。魚類更富有美的形式，而更爲高級的哺乳動物——河馬、犀牛、鯨則不那麼美。叫聲最美妙動聽的是中等類別的鳥類，而最高等的動物猿卻是十分醜陋的。實現了完善的內在狀態與完美的外在形式之結合的是女性的身體，這是動物美與植物美的最高綜合。

　　自然美只有在人身上才達到了自己的最高體現。人是審美原則在自然界中最完善的體現，而且人天生就有意識，能够創造性

---

❹　丘特切夫（ Тютчев, ф.и., Tiutchev, F. I., 1803-1873）——俄國詩人。受謝林自然哲學學說的思想影響，其抒情詩充滿躁動不安的情緒，世界、自然、人在他的詩中處在對立力量的永恒衝突中。關於自然界普遍精神化、關於外部現象和內在世界之同一，是他的詩的一大特點。

地把握自然界的現實。然而，由於人越來越貪婪地對待自然界，
把自然界當成似乎毫無個性的東西加以掠奪，當代世界自然界和
人之間的矛盾正在不斷加深。這種對自然界的輕率態度正在把自
然界變成荒漠。這樣，索洛維約夫不但從道德方面，而且從審美
方面提出「生態」問題。他把審美創造的特殊任務規定爲：不僅
實際地改造社會，而且實際地改造自然，達到自然與社會的和諧
統一。這與陀思妥耶夫斯基關於「美拯救世界」❺的美學夢想非
常接近。

13.3 藝術哲學

從自然美進入藝術美的時候，索洛維約夫認爲，雖然自然美
是藝術哲學的基礎，但藝術不僅僅是對自然美的直觀反映，藝術
負有自然中始而未竟的偉大使命——實現美的終極理想，即未來
人生及宇宙的完善。所以他堅決反對脫離現實的爲藝術而藝術，
強調藝術對生活的積極作用。這就是他的藝術哲學之精神。

(1)藝術改造現實

生長在自然中的樹與畫在畫布上的樹具有同樣的審美效果，
所以用相同的詞語表達對它們的審美評價。假如只限於表面的觀
看，就難免引出這樣的問題：何必在畫布上重複自然中已有的美
的事物？此非兒戲乎？對這個問題的通常回答是：藝術所再現的
不是現實的對象和現象本身，而是藝術家在其中之所見，而眞正

---

❺ 陀思妥耶夫斯基小說《白痴》（Идиот）主人公梅什金（Мышкин）
公爵語。

的藝術家之所見是現象的典型特徵。自然現象中的美的成分經藝
術家的意識和想像而剔除了一切物質偶然性而得到強化和表現更
爲鮮明。繪畫、雕塑與自然美之區別在於它是被集中、濃縮、強
調的美。索洛維約夫不滿於這樣的解釋，他說：

> 顯然，藝術與自然的審美聯繫要更深刻更有意義得多。其
> 眞正的聯繫不是重複，而是自然所開始的藝術事業的繼續
> ——進一步更充分地解決同一個美學課題。❻

因此，在他看來，藝術不應滿足於那種不依賴於藝術家的意志和
活動而在自然中存在和被發現的美。自然美對藝術家來說，「只
是掩蓋醜惡生活的遮羞布，而不是對這種生活的改造。所以具有
理性意識的人不應僅是自然進程的目的，而應成爲從其理想方面
更深刻更全面地反作用於自然的手段……正如在物理世界中光能
轉化成生命、成爲動植物的組織成分、不是只反映物體而是體現
在物體之中一樣，理性之光也不能局限於單一的認識，而應以藝
術形式在新的現實中體現生命的意義。」❼

索洛維約夫特別強調，眞正的藝術美具有深刻地和強烈地作
用於現實世界的能力。它不是囿於純粹形式和流於無意義的消
遣，而是能够抓住生活的現實，改造它，使它變得更加美好。所
以「眞正的藝術是一項重要事業」❽。他指出，古代美學家也承
認眞正的美應實現對現實的改善。比如亞里士多德在《詩學》中

---

❻　同注❶，頁390。
❼　同上，頁392—394。
❽　同注❸，頁351。

說，古典悲劇應當通過淨化人的靈魂而對人進行實際改善❾。柏拉圖在《國家篇》中也補充說明了某種音樂和抒情詩對於加強英勇精神的現實道德作用❿。另一方面，造型藝術除對靈魂的審美影響外還對外部自然物質——對藝術品所從創作的材料有一定的直接作用，儘管是表面的和局部的。一件美的雕塑對於一切普通大理石來說無疑是新的現實對象，而且從客觀意義上說是更完善的特殊對象。雖然藝術美對現實對象的這種作用是純外在的，但並沒有理由斷言任何藝術形式無論何時何地其作用都是外在的，相反，我們完全有根據認為，藝術無論對事物的本質和人的心靈都有不同程度的影響。

　　總之，藝術家畢竟製造了某些新對象、新情境和某種新的美的現實，假如沒有藝術家就不會有這種新現實。這種美的現實或這種實現了的美較之一切尚遠不完美的現實來說只是一個十分弱小的部分。因此就有人說藝術只不過是人們美好願望的象徵而已，是不可捉摸的瞬間彩虹。索洛維約夫不同意這樣的看法，他說，現有藝術作品的局限性，理想美的虛幻性，只表明人類藝術發展還未達到完善的程度，而無論如何不出自藝術的本質自身。認為現有藝術活動的方式和範圍已臻於完善的觀點也是錯誤的。如人類的其他現象一樣，藝術也是一個流動的現象，也許我們所掌握的僅僅是真正藝術的一個片斷。即使美的本身是不變的，但使美得以實現的規模和力量卻是多層次的，不應站在現有層次上停滯不前，儘管藝術也發展了數千年。這就是說，我們對藝術的要求應比它迄今所給予的更多。

---

❾　Аристотель: Поэтика. 1449b. 27.
❿　Платон: Государство. 386b-387d, 398b-403c, 411d

(2)藝術的最高任務

美的終極理想是實現宇宙的普遍聯合或積極的萬物統一。這不是像理想主義者那樣使理想或觀念脫離物質，而是使理想真正地加入物質， 是內在精神與外在物質的最深刻最緊密的相互作用。索洛維約夫提出實現美的理想的三個要求：其一，精神本質的直接物化；其二，物質現象的精神化而成為理想內容的特定形式； 其三， 精神內容和它的感性表現在美中結成不可分割的統一。顯然，物理世界中的美的現象不能滿足這三個條件，這一任務應通過人的創造──藝術來完成。這樣，索洛維約夫向藝術提出三個任務：（一）把那些自然美所無法體現的理念的最深層的內在規定性和本質直接客觀化；（二）使自然美充滿崇高精神；（三）藉此使自然美的個體表現成為永恒。這就是把物理生命變成精神生命。而藝術的最高任務就是：「在我們的現實中完全體現這種精神的完滿性，實現絕對的美，或建立全宇宙的精神有機體。」❶

顯然,完成這一偉大任務是和整個世界歷史的終結相對應的。當歷史尚在進行之中的時候，我們只擁有這一完善的美的預示因素。也就是說，完美的藝術屬於歷史的遙遠未來，而藝術的今天狀況，正如它迄今創作的所有作品一樣，僅僅預示著未來的完美現實。現有的某些偉大藝術作品包含著永恒的美的某些成分，因而成為自然美和未來生活之美的聯繫環節，是促進前者向後者過渡的手段。這樣理解的藝術不再是空洞的玩物，而成為一項重要的和有益的事業。從這個意義上說，真正藝術的一般定義是：

---

❶ 同注❸，頁 351。

對無論任何對象或現象從其終極狀態或從未來世界的觀點
所進行的一切感性描繪，都是藝術作品。

索洛維約夫說，人類的藝術都是以直接或間接的形式預示著
完善的美。直接的預示體現在音樂和某些純抒情詩（包括史詩和
戲劇中的抒情段落）中。這時，把我們同事物的直接本質、同
理想世界聯繫起來的最深層的內在情境穿透一切物質的局限和制
約，在美的聲音或詞語中得到自己的直接的完滿的表現。比如萊
蒙托夫（ Лермонтов, Lermontov 1814-1841）的著名詩句：

> 有這樣一類聲音，
> 如此悠遠而微弱，
> 除非心靈的波瀾，
> 才能將其觸摸。

間接的預示通常有兩種形式：第一,把自然美強化和理想化。
生命的內在的永恒意義隱藏在自然或人類世界的局部現象中，只
模糊不清和殘缺不全地表現爲自然美，藝術家通過以理想化的濃
縮的形式來再現這些現象，從而揭示和說明這種永恒意義。如
建築藝術是把自然的一定形式予以理想化的再現，表達了這種理
想形式戰勝自然物的非理想力——重力；古典雕塑把人的形體美
理想化，它以藝術形象預示了我們在現實中偶爾發現的精神物質
性；風景畫（和部分抒情詩）以集中的形式再現了外部自然複雜
現象的理想方面，清除了一切物質偶然性（甚至三維空間），而

宗教畫和讚美詩則是人類歷史現象的理想再現，其中預示了人生的最高意義。 第二， 以否定形式間接預示完美現實， 即揭示一定現實與生命理想或最高意義之間的矛盾。如英雄史詩、悲劇、喜劇。 劇中人物深切感到現實與應有之間的內在矛盾， 通過反對非理想的現實來實現精神生命的意義。 如莎士比亞（William Shakerspear, 1564-1616） 的《羅密歐與朱麗葉》，歌德的《浮士德》。

(3)反對「爲藝術而藝術」

從自己的上述藝術觀出發， 索洛維約夫反對「 純藝術」或「爲藝術而藝術」的美學觀點。不是因爲這樣的藝術過去崇高，而是因爲它脫離現實。他指出：

> 藝術不是為藝術而存在的， 而是為實現一種完滿生活而存在的，這種生活必然要把藝術的特定要素──美包含於自身之中，但不是把它作為某種孤立自足的東西，而是把它置於同其他一切生活內容的內在本質聯繫之中。⑫

所以他認爲，把藝術規定爲反映世界的能動形式和體現生活、歷史及文化價值的手段，規定爲服務於眞正的生活意義與理想的特殊活動，是揭示藝術之審美含義的方法。

假如「爲藝術而藝術」論者的觀點所指的是，藝術創作是人類精神的特殊活動，它滿足特定需要，具有特定領域，那麼他們

⑫ Соловьев В. С. : ＜Первые шаги к положительной эстетике＞/ Там же, c.553.

顯然沒有錯。但是他們走得太遠了：他們否認藝術同人類其他活動的本質聯繫，否認藝術必須從屬於人類生活的總目標，認爲藝術是自我封閉的和絕對自足的。他們超越了藝術的合法自主權而宣揚審美分立主義。索洛維約夫以形象的比喻反駁這種觀點：即使說藝術對人類如呼吸對個人那樣必不可少，那麼須知呼吸實質上還有賴於血液循環、有賴於神經和肌肉的活動，從屬於完整的生命，若其他器官受到損害，單靠美麗的肺也無法進行呼吸。他還進一步指出，甚至當美學家、藝術理論家和批評家維護藝術是脫離生活的純粹直觀這種觀點的時候，他們自己的活動就已陷入了與自己的理論信念之間的矛盾。比如說有的批評家認爲偉人的全部任務只是直觀，所以他自己的活動在一定程度上也是直觀，但他在爲宣傳自己的理論而寫作、出版和活動，這本身就是出於自己的最高使命，而不是藝術自身的目的。

在談到藝術理論界的現狀時，索洛維約夫認爲，現代藝術特別是俄羅斯藝術的進步正在於藝術家本身對改造生活的自覺努力。現代藝術家不滿足於形式美，而「在或大或小的程度上自覺地使藝術成爲照亮和重塑整個人類世界的現實力量」。從前的藝術「把人從統治世界的黑暗與仇恨中抽象出來，讓人高枕無憂地沉迷於自己的光輝形象；而現在的藝術則相反，使人正視這種生活的黑暗與仇恨，只是帶著照亮這種黑暗和消滅這種仇恨的願望」❸。但不論是爲藝術而藝術的理論，還是藝術中的自然主義——即以藝術家對現實的直接觀察來反映現象和關係——都是與這個願望不相容的。「既然藝術不應局限於使人脫離惡的生活，

---

❸ Соловьев В. С. : <Три речи в положительной зстетике>/ Там же, c.293.

而應改善這種惡的生活，那麼，這個偉大目的絕不是對現實的簡單再現就可以達到的。純藝術把人懸在空中，把人帶到奧林匹斯山峰；　新藝術則帶著愛和同情使人回到地面，　但不是爲沉湎於此，因爲這不需要任何藝術，而是爲了醫治和更新人的生活。」⑭

13.4　藝術批評

在美學和藝術觀上，宗教唯心主義者索洛維約夫與俄國19世紀批判現實主義文學藝術思潮（別林斯基、果戈理⑮、萊蒙托夫、車爾尼雪夫斯基）遙相呼應。他雖然在一些根本哲學問題上與車爾尼雪夫斯基有分歧，但他高度評價這唯物主義哲學家的美學思想。車爾尼雪夫斯基的美學是發表最早的唯物主義藝術理論。他提出「美是生活」的著名論斷。他把自己的美學建立在提高現實、生活、大自然的地位的基礎上，從而爲現實主義美學奠定了基礎。他反對脫離生活的藝術，反對虛幻的、無益的虛構藝術。這些思想集中體現在他1853年5月通過答辯的博士論文《藝術對現實的審美關係》（Эстетические отношения искусства к действительности）中。索洛維約夫爲該書的再版（1893年）專門撰寫了一篇讚賞性的評論，這就是〈走向積極美學的第一步〉（Первые шагик положитеіьной эстетике）。其中寫道：

　　反對把美和藝術脫離開生活的一般進程，承認藝術活動沒

---

⑭　同上。

⑮　果戈理（Гоголь, П. B., Gogoli, N. V., 1809-1852）——俄國著名作家。著有《親差大臣》、《死魂靈》等名作。

有自己的獨立的最高對象，而只是服務於人類生活總目標
的手段——這是走向積極美學的第一步。這一步在俄國文
學中已於40年前邁出了。**⑯**

邁出這一步的就是車爾尼雪夫斯基。

索洛維約夫還維護車爾尼雪夫斯基的思想，駁斥反對派對這
一思想的歪曲。他解釋說，如果說車爾尼雪夫斯基使藝術從屬於
現實，那麼他當然不是像他同時代的某些作家一樣，宣稱「狗比
莎士比亞重要」，他只是確認現實生活的美高於藝術幻想所創造
的美。車氏的這些美學原理對於索洛維約夫來說如此正確、如此
重要、如此有價值，以致於使他在該文最後寫道：如果沒有車
氏邁出的必不可少的第一步，「美學領域以後的卓有成效的工作
（把藝術創作和人類的最高目標聯繫在一起）將是不可能的。」

而普希金的詩，按照索洛維約夫的評價，則缺乏實踐的理想
主義。他雖然高度評價普希金的詩人天才，說普希金創作的特點
是「把生活天才地變成詩」，但他又指責詩人把與解決詩的理想
和現實之間的矛盾相聯繫的問題置於視野之外。他說，普希金
「不善於或不願意成為實踐的理想主義者。他鮮明透徹地指出了
矛盾，但不知何故又輕易地容忍了矛盾。甚至在指出這個矛盾是
一個事實並對此作了精彩描述時**⑰**，也沒有想到——直到其最後
成熟時期——這個事實包含著要求解決的任務」**⑱**。這種看法雖
未必全面，但索洛維約夫力圖在同代人面前展現普希金詩歌的價

---

⑯ 同注 **⑫**。

⑰ 比如他的詩「Пока не требует поэта 」

⑱ Философские науки. 1982. № 3. с.146.

值世界，**揭示**它的哲學含義和它爲社會服務的程度。

　　索洛維約夫高度評價陀思妥耶夫斯基的藝術貢獻。他在總結當代俄國文學藝術發展過程和分析發展趨勢時得出這樣的結論：這種藝術的最大特點在於兩種取向：一是「力圖使觀念充分體現在最小的細枝末節，直到它與當前的現實近乎完全融合」，二是「力圖使藝術影響現實生活，按照某種理想的要求改造和完善現實生活」[19]。他說俄羅斯藝術發展的這種新趨勢的偉大預言家就是陀思妥耶夫斯基——這不僅僅是因爲他的言論通過《作家日記》的發表而成爲直接的政論作品，而首先是由於他的藝術作品已超出了對生活的形象再現。「假如社會不公只是陀思妥耶夫斯基長篇小說的主題，那麼他就還只是個文學家，不會在俄國社會生活中有特殊意義。但實際上對他來說，他的小說的內容同時也是生活的任務。他立刻把問題放在道德和實踐的基礎上。在看到和評判世間所發生的事件以後，他又問：該怎麼辦？」[20]

　　索洛維約夫關於世界理想的審美實現和對現實的藝術改造的思想無疑包含著許多有價值的成分。比如，關於美的價值本質、藝術與生活的密切聯繫問題，仍是當今有待更好解決的理論與實踐課題；再如，他提出藝術家的藝術創作活動有不可推卸的道德的、社會的和歷史的責任，他說藝術家的任務在於「通過感性形象具體地表現那種被哲學通過理性概念規定、被道德家大力宣揚和被歷史活動家作爲善的理論加以實現的最崇高的生活目的」，在於形象地描繪作爲絕對價值的「應有」。這一思想在當今社會的藝術實踐中也具有現實意義。

---

[19]　同注[13]，頁294。
[20]　同上，頁297。

第十四章　理論哲學

> 哲學思辯的本質特性在於追求一種絕對可靠性，它經得起
> 自由而徹底的思維之考驗。❶

《善的證明》最後一句寫道：「我們在道德哲學中證明了善
本身之後，便應當在理論哲學中證明作為眞理的善。這樣，道德
哲學就過渡到理論哲學。」

理論哲學是索洛維約夫全部哲學體系構想中繼道德哲學之後
的第二個核心，但只完成了三篇文章：〈理論哲學第一原理〉
（Первое нагало теоретической философии）、〈理性的可靠
性〉（Достоверность разума）、〈合理性的形式和眞理的理
性〉（Форма разумности и разум истины），三者總標題爲
「理論哲學」，這是他理論哲學體系的若干片斷。

在這些論文中，沒有先前著作中的那些神祕主義術語，完全
按照世俗哲學的經典風格來敍述，主要探討認識論問題，這與當
時在歐洲十分盛行的新康德主義的影響有關。

14.1　哲學之特性在於追求可靠真理

哲學家與非哲學家的區別在於他不甘願接受未經理性思維檢

---

❶ Соловьев В. С.：Сочинения. М. 1988. т. 2. с.762.

驗的信念；哲學的興趣面向眞理，但哲學的特性不在於它一般地追求眞理（數學、歷史學等專門科學也面向眞理），而取於它如何對待眞理，從哪方面走向眞理及在眞理中尋找什麼。哲學理性不應滿足雖確定無疑卻不甚可靠的眞理，而只接受符合全部思維要求的可靠眞理。當然，一般說來，一切科學都追求可靠性，但有相對可靠和絕對可靠之別。部門科學滿足於相對可靠性，接受某些未經檢驗的判斷。任何物理學家都不會出於自己事業的動機而提出和解決關於物體的眞正本質問題、關於空間、運動、整個外部世界的可靠性問題和關於現實存在物的意義問題，他基於公眾的意見而接受了這些事物的可靠性。

只有絕對可靠性才能滿足眞正哲學之需要。但這並不是說哲學事先就相信並保證能夠獲得絕對可靠的眞理；它可能永遠也找不到這種眞理，但它的使命就在於永遠在尋找，直到最後，不在任何界限面前滯足不前，不接受任何未經理性檢驗的東西。

哲學思維的第一基礎在於它的絕對本原性，哲學必須從自身出發來展開自己的思維過程。這就是說，哲學有其自身的理論層次、思維特點，它的對象不是經驗中的事物，也不是科學的客體，而是經過了思想檢驗的存在，或者說，不是事物本身，而是由人的主觀性建立起來的關於事物的觀念。因此，當一個事物未由思想從其自身中把它塑造出來之前，它不是哲學的對象。

14.2　可靠性與信仰

理論哲學的基本問題是知識的可靠性問題。所謂知識，一般是指思想與對象的符合。那麼這種符合是通過什麼方式進行的？

何以確信對象的眞實性？一種觀念是把知識的可靠性訴諸意識本身的絕對可靠性。中世紀哲學創始人奧古斯丁和近代哲學開創者笛卡爾都是從意識（自我、心靈）的眞理性出發，從而各自爲後來的哲學發展開闢了廣闊天地。

這種觀念是易於理解的：當我們具有一定的主觀感受比如感覺、思想、願望、情緒激動和做出決定等等之時，我們同時也知道，我們正在感受這些狀態，我們的主觀狀態是同事實本身不可分的，這就是我們關於事實的知識。這種知識應當被認爲是絕對可靠的，因爲這裡的思想是事實的直接重複。

但這裡有許多問題：第一，意識本身只能說明主觀現實性，不能保證客觀的眞實存在。意識中對某些事物的感受或某種經歷可能是眞的，也可能是夢境，亦或是幻覺；第二，當我們說面前的書桌的客觀存在時，只是說存在著具有一定屬性特徵的觀念，我們的意識只是重複了一定的觀念事實，僅此而已。假如我們進一步確認我們的意識所感知的這些屬性都是不依賴於我們的現有觀念而存在的某種東西，這便顯然已超出了意識所能確定的可靠知識領域，進入了不確定的領域。

因此，我們沒有絕對可靠的理由確認外在世界的現實性存在，意識中所給定的只是我們所感知和思考的觀念事實的總和。關於外在世界本身的實在性問題不可能出現在直接意識中，而當我們對這一問題進行反思之時，則第一個回答是：我們相信外部世界的實在性，而哲學的任務即在於對這一信仰給予理性的證明。有時把信仰叫做直接知識，這在比較意義上說是正確的，因爲信仰的事實較之科學知識或哲學思維更具有基礎性和更少間接性。

這樣，就又回到了理性與信仰這一老問題上來了。索洛維約夫的哲學認識論似總為此深深困擾。在前些段落裡他講可靠眞理和拒絕接受未經理性檢驗的意見；這裡，當說明何以證明外在世界的存在時，他又訴諸信仰。在這一點上他晚期的基本觀點與早期沒有本質區別。

在早年批判理性主義和經驗主義時，索洛維約夫說，我們應當承認，無論現實經驗還是我們的理性，都不能給我們提供眞理的基礎和標準；經驗和理性作爲認識源泉具有局部眞理性，但它們並未解決知識的客觀現實性和普遍性問題，只有信仰才把我們和認識對象內在地聯繫起來，使我們直接進入對象。我們通常認識對象有兩種方式──一是從外部認識，於是獲得經驗知識和理性知識；二是從內部認識，於是獲得絕對知識。正是證明了絕對之存在的信仰，使經驗知識和理性知識成爲可能：如果沒有對對象之絕對實在性的信仰，經驗就無法擺脫主觀感受，概念也不可能作爲客觀材料。信仰在認識中具有核心意義。

在晚期的理論哲學著作中，索洛維約夫實質上仍持此念，認爲哲學的任務在於對信仰的理性證明，而且指出，如果以「外在世界之現實性是直接意識所給定的」這一論斷爲藉口脫離哲學的這一任務，那就是隨意的以虛假的意識取代哲學。他說，儘管這種意見廣爲流行，但它的模糊不清與缺乏根據性依舊昭然在目，很明顯的證據就是這種意見和「我們相信外界之眞實存在」這一最初判斷同時存在。但假如上述意見正確，那麼這個判斷就該是荒謬的，因爲假如外界的存在是直接意識所給定的，則對它的信仰就成了全然不必要的：我說我相信自己坐在桌前寫作，這顯然是荒唐的，我不是相信，而是意識到這種眞實性。我相信我意識

中的某件事不是夢而是眞，這也是信仰的對象（然後予以理性證
明），這是因爲這種判斷也不是在直接意識中給定的，直接意識
本身在實在與所見之間沒有說明什麼。超越了這種意識的自我可
靠性，讓它回答外界的實在性問題是錯誤的。

14.3　笛卡爾之局限

　　歐洲近代哲學鼻祖培根和笛卡爾遵循的一個重要原則是保護
哲學思維的源泉不受任何不相干的影響。所以他們都很注重方法。
尤其是笛卡爾，他提出預先懷疑方法作爲建立知識體系的原則。
他寫道：「要想追求眞理，我們必須在一生中盡可能地把所有的
事物都懷疑一次。」❷他依照這種方法，首先懷疑人們對可感物
質世界的認識，然後懷疑用演繹法獲得的各種知識的眞實性。但
笛卡爾在這種普遍懷疑中肯定了主體自我的存在。他抓住了懷疑
意識這一心理狀態。他說，當我在懷疑一切存在的時候，卻不能
懷疑「我在懷疑」這件事實本身。而懷疑是思想活動，所以，說
「我在懷疑」，也就是說我在思想；既然我在懷疑、我在思想是
無可懷疑的，那麼作爲懷疑活動主體的「自我」的存在便是確實
可靠的了。於是他得出了「我思故我在」這個著名的結論。

　　索洛維約夫對這一公式作了詳細分析。這裡包括三個術語：
思維、存在、主體自我。第一，思維是什麼？笛卡爾在自己的著
作中做了十分明確的界定。他把思維理解爲所意識到的內在的心
理狀態，不涉及它的現實的或假定的對象，這樣，思維只不過是

---

❷　笛卡爾《哲學原理》，商務印書館，1959年，頁 1。

心理活動事實，別無所指；也就是前面所說的意識。笛卡爾認爲
這種思維是自身可靠的，不會引起任何懷疑、爭議或問題。他並
且把這種思維（意識）的可靠性和主體自我的可靠性聯繫起來，
從而證明主體自我存在的可靠性。然而，索洛維約夫認爲這作爲
內在事實的意識的自身可靠性既不能保證意識的外在對象的現實
可靠性，也不能直接得出思維主體、自我本體的眞正實在性。他
否認主體自我的存在，但在他看來主體的存在只是信仰，他關心
的是爲這種信仰提出理論基礎。所以他說：笛卡爾的普遍懷疑是
片面的，他確認主體存在的無疑性卻使他的觀點成爲可疑的。

　　第二，笛卡爾明確地劃分了外在對象中無疑和有疑的東西、
實有和假定的東西。我現在所見的這張桌子，是無疑的和實有的
東西，這是從我的意識而言的：在我的意識中產生了關於桌子的
幾何特徵和感性特徵的觀念，桌子是確定無疑的；我既然看見了
它，那麼我就不能說我看見的是椅子。但這裡馬上就產生一個問
題：從實在的意義上說這張桌子是什麼？是主體本性所自然具有
的夢或表象，還是不依賴於主體的現實對象或物體？這兩種回答
都可能是眞的。換言之，這兩種回答在研究和證明之前都只是可
疑的假定。笛卡爾的懷疑就此止步了。

　　主體自我的存在是無疑的現實，但有這樣的問題：自我是什
麼？對此有三種回答：（一）自我僅僅是感覺、願望等現象學存
在的總稱，是許多心理狀態之一種，這是英國心理學派❸的意
見；（二）自我是某種特定的、唯一的存在類型，不是某種個別

---

❸　指英國經驗心理學派。 19世紀的主要代表有詹姆斯・穆勒（Jams
　　Mill, 1773-1836）及其子約翰・穆勒（John Stuart Mill, 1806-
　　1873）。

現象，而是一切現象的普遍的形式條件，是先驗的、具有聯繫作用的思想行爲；這是康德的觀點；（三）自我是某種超乎現象之上的本質，或是心理活動的本質和中心，它具有不依賴於其狀態的自身存在，這是笛卡爾在個別場合表述的意見，並爲後來的唯靈論者進一步明確化了。

這三種意見哪一種都不能說是確定無疑的。它們都沒有解決問題。顯然，在這些意見的範圍內，所說的只是一定假說的眞與非眞，而不是現實存在的自身可靠性。

14.4　理論哲學的出發點

在分析了笛卡爾的懷疑方法之後，索洛維約夫確認，我們的心理體驗和意識及「自我」的一般狀態是第一性的、無可爭議的事實，但問題在於，這種事實向我們說出的不是某種實在，而是某種設定。我們應當從劃分實在與設定開始。但這種劃分不意味著局限於某一方面。

我們的意識不斷提出一些不可窮盡的問題，僅僅停留在意識的材料上是不可能的。在意識土壤中生長出超越其界限的要求；在五光十色的經驗現象中出現了對某種更堅固更永恒的東西的探索。我們還不能說，這種探索將把我們帶到何方，但顯而易見的是，這種探索本身是某種可靠的東西。

既然我們不滿足於意識事實和流動的精神狀態，那麼顯然我們的意識中除此而外還出現了某種別的東西，這個東西是什麼？這便是哲學所以開始的問題。

14.5 理性與真理

在〈理性的可靠性〉一文中，索洛維約夫從心理體驗的事實出發，認爲這種體驗所表示的不是直接的個別概念；一切個別的東西只有在它作爲某種普遍的東西的變種時才有可能。當我們想到我們稱之爲波浪或海洋或時間的東西之時，我們想到的只是各類對象的概括形式；如果我們說，這是海浪，這意味著，這裡我們想到的是一般的海浪，並不依賴於這種海浪是否客觀存在。從思維的發生學來講，總是從個別到一般的過程，在這一思維過程中起實質作用的不僅是記憶，還有我們用來指稱記憶對象的一定詞語，正是這種詞語促成了從個別性向普遍性的過渡。

但這裡產生一個問題：莫非我們思維得到的普遍性只是思想的主觀過程本身的形式結果？不是。對思想的形式概括會使它成爲無意義的和無目的的。如果僅僅是形式上的概括，就無法解釋，爲什麼某種思想是這樣地而不是那樣地進行活動；爲什麼我們的思想（若不是盲目的）總是追求某種客觀目的，也就是說，思想不僅限於主觀領域，還要求客觀意義。這樣，我們就走向理性問題，確切地說，是客觀上可靠的理性問題。

《理論哲學》之第三篇〈合理性的形式和眞理的理性〉就是解決上述問題的。其核心論點是主觀與客觀的統一性。正如簡單的心理事實離不開對這一事實的形式概括一樣，對這一事實的形式邏輯概括也只有存在著進一步概括時才是可能的。如果存在著直接事實的形式邏輯性，那麼就是說，不僅有形式，而且有內容；如果存在著主觀邏輯性，那麼，也就有客觀的合理性。離開

客體的主體、離開內容的形式是不可思議的，同樣，離開創造活動的理性的主觀邏輯也是不可思議的。此外，由於現實是無限的，所以反映現實的創造性的理性也是無限的；而由於我們的思維不能馬上達到眞理，所以思維總是創造活動。

14.6 本體觀的變化

早期索洛維約夫哲學中也像其他客觀唯心主義者一樣，把一切事物包括神、世界和人都看作是觀念性的永恒本體，任何相對的條件和偶然性都於此無損。但到晚期的理論哲學中，這種本體觀發生了根本變化──這時，任何本體都被認爲是由偶然的和相對的成分構成；而任何本體中的永恒要素都只不過是某種設定，它可能實現，也可能不實現。

當然，這時在他那裡終極的絕對本體依然是神，但除此而外就根本不存在任何絕對本體了。比如說，個人、個人的精神就不再是先前意義上的本體了。人已經不具有任何特別的至上的和決勝的特徵。他對人的個性的描述也是從最簡單最基本的體驗和日常的、變動不居的人的感覺開始的。至於人的完整個性，他說，它完全不是作爲終極形式出現的，而總是存在於不明確的朦朧狀態，進一步說，它甚至根本不是一種存在物本身，而只是一種設定，一種假說。這種觀點引起了他的朋友、人格主義者洛帕京的強烈反對，後者還專門撰文加以反駁。

索洛維約夫在生命晚年對本體範疇的興趣逐漸減弱。關於這一點他的侄兒寫道：「索洛維約夫在晚年著手重新思考和修改自己的認識論和形而上學體系，並設想重寫《抽象原理批判》。但

他只來得及寫出了《理論哲學》的前三章。」❹

的確，我們已經看到，在〈理論哲學的第一原理〉中作者堅決反對笛卡爾，否定了精神的本體性。他寫道：

> 作為內在事實的現存意識的自身可靠性不能保證作為外界實在的被意識對象的可靠性，但從這一意識中能否直接得出作為特定的獨立存在物和思想主體的意識主體的真正實在呢？笛卡爾認為是可能的和必然的……我完全不同意這種觀點。❺
> 最近當我回頭重新審視理論哲學的基本概念時，我發現這種觀點遠不具備我從前想像的那種自明性和可靠性。❻

索洛維約夫此時把康德以後的哲學提到很高地位。他說：

> 黑格爾主義的偉大優點在於把教條主義的無意義的「本體」和批判主義的雙重意義的「主體」變成了辯證法道路上的里程碑。把笛卡爾主義的「精神」變成了康德主義的「理性」，而這一理性被溶解於思維過程本身之中。❼

在一首詩中，索洛維約夫以自嘲的口吻表達了自己的思想變化：

---

❹ Лосев А. : Вл. Соловьев и его время. с.104--105.
❺ 同注❶，頁776。
❻ 同上，頁793。
❼ 同上，頁828。

沒有本體！

黑格爾巳把它們拋在腦後，

而離開它們，

我們在人世很好地生活依舊。

　　當然，這三篇文章不是對理論哲學的系統闡述，而在一定程度上只相當於作者晚年理論哲學思想的某種概括或導言。作爲早期理論哲學的若干補充，其中也包含著某些新東西，反映了哲學家晚期的思想變化。

　　晚年的索洛維約夫試圖建立自己的理論哲學體系，計畫寫出一部《眞理的證明》，但未能如願以償。不幸的是，正當這位哲學家的理論思維走向更爲精深之境的時候，他卻英年早逝了。

第十五章 索洛維約夫以後

索洛維約夫使俄羅斯思想走向全人類的廣闊天地。❶

「歷史的戲劇即將閉幕，只剩下一個尾聲」——《三篇對話》中這樣預言道。

索洛維約夫在這種世紀末的悲涼中辭別了人世。從此，歷史進入了動盪不安的20世紀。

思想的價值能超越時空。索洛維約夫的學說在他有生之年並未引起很大反響，卻招致不少批評。當時他的哲學和宗教思想實際上只有兩個主要追隨者，即他的朋友謝爾蓋和葉甫根尼・特魯別茨科依兄弟。然而在20世紀初的俄國，一批思想家在對現實問題的哲學思考中，在尋求擺脫俄國社會和精神危機的出路時，又重新發現了索洛維約夫的思想價值，於是這位已故哲學家的思想遺產成爲20世紀初俄羅斯「宗教哲學復興」和俄羅斯象徵主義文學繁榮的主要思想源泉之一，他的生平和學說也因而得到深入系統研究和廣泛傳播。

15.1 「萬物統一哲學」流派

如果說18世紀以來的俄羅斯哲學主要是接受西方影響（斯拉夫主義主要是社會政治思想，無系統化的哲學理論），那麼到19

---

❶ Зеньковский В. : История русской философии. С.70.

世紀後半期至20世紀初，則形成了俄羅斯所特有的哲學流派——
「萬物統一哲學」流派，與當時流行的新康德主義、實證主義、
唯物主義流派相抗衡。這一流派的開創者和第一階段的代表人物
便是索洛維約夫；第二階段的形成則表現爲一批「新宗教意識」
思想家對索洛維約夫的重新發現和在此基礎上的進一步研究。

　　20世紀初俄國資產階級民主革命前夕，政治局勢動盪，社會
對抗加劇，於是社會各階層和組織的團結統一便成爲迫切問題。
一些思想家在探求解決社會問題之路時訴諸宗教哲學思想。1902
年，曾經是一個「合法馬克思主義者」和新康德主義者的思想家
布爾加科夫開始轉向宗教哲學。他發表了〈進步理論的基本問
題〉和〈瓦斯涅佐夫（Васнецов, Vasnezov）陀思妥耶夫斯基、
索洛維約夫、托爾斯泰之比較〉兩篇文章，這是他思想轉變的標
誌。同年，他在基輔、波爾塔瓦、基什涅夫等地作了題爲〈索洛
維約夫哲學給現代意識提供了什麼？〉的公開演講，後經整理於
1903年發表於《哲學和心理學問題》雜誌。文中問道：「現代意
識首先需要什麼？現代人類的精神渴求是什麼？」他明確回答：
「現代人類所首先渴求的是構成索洛維約夫全部哲學基本原理的
東西——積極的萬物統一」。他認爲，

　　　　在勞動分工體系中被分割成碎片的現代意識將擺脫不掉這
　　　種分裂的病痛，它正在尋求一種統一的世界觀，這種世界
　　　觀能把深層的存在和日常勞作聯繫起來，能使個人生命有
　　　意義，使它成爲永恒。❷

---

❷ Акулинин В.：Философия всеединства：От В. С. Соловьева
к П.А. Флоренскому. С.25.

索洛維約夫的宗教哲學思想正是在這種意義上適合現代的需要。

1903年1月開始出版《新路》（Новнй путь）月刊。其編者兼出版人別爾佐夫在確定該刊綱領時寫道：

> 我們站在新宗教世界觀的基礎上。我們明白，被父輩們取
> 笑的「神祕主義」是堅定而透徹地理解世界、生命和自身
> 之意義的唯一出路。果戈理、陀思妥耶夫斯基、索洛維約
> 夫──這就是我們的家譜。❸

1905年，《新路》改名《生活問題》（Вопросы жизни）。同年2月號上發表了葉‧特魯別茨科依致本刊信，號召哲學家研究索洛維約夫的遺產。這封信得到了布爾加科夫的支持，他稱「該信提出了與索洛維約夫基本世界觀相聯繫的完整綱要」。這份雜誌對於批判功利主義和實證主義世界觀，促進俄羅斯宗教哲學力量的聯合，起了很大作用。雜誌周圍團聚了一批文學家、哲學家和批判家。除特魯別茨科依兄弟和布爾加科夫外，還包括彼得堡宗教哲學學會成員羅扎諾夫❹和梅列日科夫斯基❺，此外還加入了年輕的弗洛連斯基和埃倫❻。這就是「萬物統一哲學」流

---

❸ 同注❷，頁25—26。

❹ 羅扎諾夫（Розонов, B.B. Rozanov, V. 1856-1919）──俄國文學家、哲學家。其思想特色是以「非理論性」的文學形式揭示深刻哲理和人生永恒問題。

❺ 梅列日科夫斯基（Мережковский, Д.С. Merejkovski, 1866-1941）──俄國作家、哲學家、象徵主義詩人。俄羅斯宗教哲學復興運動的傑出代表之一。

❻ 埃倫（ Эрн В.Ф. ）──俄國哲學家，著有〈索洛維約夫的認識論〉一文。莫斯科於1991年出版了他的選集，作為「祖國哲學思想史叢書」之一。

派第二階段的主要代表人物（另有卡爾薩文）。他們的主要共同之處就是，都接受索洛維約夫的主要論題，或多或少地利用索洛維約夫的思想，從相同的基本觀點出發批判當時國內外流行的其他哲學思潮。他們在某些方面雖有分歧和爭論，但究其實質都是「從索洛維約夫學說中生長起來的俄羅斯宗教哲學思想這同一棵樹幹上的枝叉」。這些哲學家和文學家積極投身於當時俄國的學術和政論活動，作了大量報告和公開演講，組織出版《路標》（Вехи）、《從深處》（Из глубины）等文集，建立專門出版社，參與《東正教通報》（Православный Вестник）《基督教評論》（Христианское обозрение）撰稿等等。由於他們的活動，使索洛維約夫學說的信奉者數量大增。1906年11月，由布爾加科夫、弗洛連斯基等發起，在莫斯科成立了「紀念索洛維約夫宗教哲學學會」，參加者有參議員、托爾斯泰主義者、神甫、大學生、高等女校學生、工人和極端黨派成員。

雖然早在1902年布爾加科夫就宣布索洛維約夫是「俄羅斯哲學學派」的奠基人，但直到1910-1911年這一學派才真正形成爲「萬物統一哲學」學派。如果說頭10年對索洛維約夫的研究主要局限於回憶錄和傳記形式，那麼這時則開始對他的思想進行系統研究。1911年出版了《論弗拉基米爾・索洛維約夫》（第一集），包括埃倫〈索洛維約夫的認識論〉、別爾嘉耶夫〈索洛維約夫宗教意識中的東西方問題〉等文；1912年《俄羅斯思想》（Русская идея）雜誌第三期刊載阿斯科爾多夫(Аскольдов, Askoligov)的文章〈俄國「尋神派」和索洛維約夫〉；特別是1913年在莫斯科出版了葉・特魯別茨科依的兩卷本專著《索洛維約夫的世界觀》。此外，繼1901-1904年在聖彼得堡出版了8卷本《索洛維約夫著

作集》之後，1911-1914 年又出版了增補後的第二版（10卷）。
《索洛維約夫書信集》（4 卷）在聖彼得堡 1908-1923 年出版。

　　「萬物統一哲學」流派並非一個狹義的學派，其不同代表人
物的體系各不相同，但他們共有的東西就是都有萬物統一概念或
確切地說是萬物統一符號。什麼是萬物統一？這個概念很難在意
義上準確表達。簡言之，萬物統一是存在的某種理想結構或存在
的和諧方式，是存在之多樣性的完美統一，這就是它的本體論方
面。這一概念不可能繪出一個完滿的、邏輯上正確的概念，這是
哲學所無窮無盡予以反思的客體。從古希臘開始，當哲學理性要
表達存在的組織方式和確立原則的時候，就往往訴諸萬物統一；
而俄羅斯的宗教哲學就是對這一古老傳統的延續和發展。

　　當然，萬物統一哲學包含著諸多宗教神祕主義成分。但這一
學派哲學家所研究的問題絕不僅僅歸屬宗教神學，而是有許多深
刻的理性哲學內容。比如：

(1)關於哲學對象問題，或哲學知識的本質和特點問題

　　萬物統一哲學強調哲學與宗教、科學及其他社會意識形式的
深刻聯繫和相互制約性，重視哲學同人生意義問題、人的使命問
題的聯繫；

(2)反對新康德主義認識論

　　認為它只解釋人的認識的必要前提，在解決認識問題時只遵
循邏輯標準；認為這是不夠的，還要有建立在知基礎上的行的理
論。知行合一，強調哲學的現實改造功能，這是該流派哲學家區
別於其他唯心主義派別的重要之點；

(3)信仰問題

他們把信仰作了具體分析， 劃分出三種信仰：第一， 作爲一種特定知識形式（較之經驗知識和理性知識而言）的信仰；第二，作爲心理狀態的信仰（信念、信心）；第三，作爲克服認識中的思維矛盾之方法和手段的信仰。這裡，第一種信仰具有超自然性，而後兩者皆爲對信仰的理性解釋。可見，信仰現象不僅爲宗教神學所特有，不僅具有非理性特點，而且具有理性意義。這就是這派哲學家關於信仰與理性的關係、信仰的地位和作用觀念所具有的認識論意義。

在萬物統一哲學的第二階段中，弗洛連斯基主要從各門自然科學的橫向豐富了萬物統一哲學❼，卡爾薩文則從歷史學的縱向發展了這一學說❽。

時至1922年前， 由於自然和歷史的原因，這一學派的集團已趨於瓦解。 埃倫、 羅扎諾夫、 葉·特魯別茨科依分別於 1917、1919、1920年相繼去逝；別爾嘉耶夫、布爾加科夫、卡爾薩文和其他一些持不同政見的學者、教授、作家一道於1922年被驅逐出境； 弗洛連斯基被流放西伯利亞。但正是從20世紀初的這一文化氛圍中， 發展出了後來在西方頗受關注的俄羅斯僑民哲學，如別爾嘉耶夫的存在主義「自由精神哲學」，洛斯基、弗蘭克❾的直

---

❼ 參見本書第 2 章關於該哲學家的注文；又參見金亞娜〈俄羅斯文化的向標〉/《東西方文化評論》（四），北京大學出版社，1992年版。

❽ См.：Литературная газета. 22 Февраля 1989 г.

❾ 洛斯基（Лосский Н. О., Losski, 1870-1965）——俄國哲學家， 1922年後僑居國外，是直覺主義認識論的奠基人。對邏輯學和價值哲學也有一定貢獻。
弗蘭克（Франк С. Л., Vrank, S.L., 1877-1950）——俄國哲學家，1922年後僑居國外，其哲學主要功績在於從自己的萬物統一哲學出發論證和發展了直覺主義認識論。洛斯基和弗蘭克也接受索洛維約夫哲學影響，廣義上也屬於萬物統一哲學流派。

覺主義認識論和價值哲學。

15.2 俄羅斯象徵主義文學

20世紀初是俄國文化氣氛相當活躍的時代，不僅是宗教哲學復興，也是俄羅斯文化的復興。廣義上講，斯科里亞賓和斯特拉文斯基❿的音樂創作也屬於這一文化潮流。俄羅斯象徵主義文學派別也發端於此。

有人把普希金時代稱爲俄羅斯文學和詩歌的「黃金時代」，而把20世紀初的這一文化復興時期稱做「白銀時代」。這時主要是詩歌藝術的繁榮，雖未曾出現像19世紀那樣大量不朽的長篇小說，卻湧現出了勃洛克（А. Блок, A. Blok　1880-1921）、別雷（А. Белый, A. Belyi　1880-1934）、依萬諾夫（Вяч. Иванов, Viach. Ivanov 1866-1949）、勃留索夫（Брюсов, Bliusov 1873-1924）等傑出詩人、散文家和文學理論家，他們創作了許多富有俄羅斯精神風貌的作品，而這些人物都受到索洛維約夫思想的直接影響，從而形成俄羅斯象徵主義文學流派，它與舊文學流派和西歐象徵主義都有不同特點。當然，索洛維約夫的影響在這裡不是來自他的理性化的哲學著作，而來自他的某些詩和短文中表現出來的世界二重化思想、「索菲亞」的形象和對未來的

---

❿ 斯科里亞賓（Скрябин, А. Н., Skriabin, A. N., 1871-1915）——俄國作曲家、鋼琴家。19 世紀末 20 世紀初俄國藝術文化的傑出代表之一。受唯心主義哲學和美學影響，創作了別具特色的音樂風格，其作品歌頌人的精神的偉大力量、鬥爭的熱情和勝利的歡慶，歌頌英雄主義的大無畏精神。
斯特拉文斯基（Стравинский, И. Ф., Stravinski, I.F., 1882-1971）——俄國作曲家、指揮家。

「末世論」的預言。

　　對塵世存在的價值思考，從現實存在向應有世界的追求，是索洛維約夫哲理詩的重要特點。其中，現象及表達這一現象的詞通常有兩層含義：塵世的經驗現實和崇高的神祕理想。比如「太陽」，既是自然的太陽，又是「愛的太陽」；「分離時刻」既是跟意中人分別，又是世界靈魂發展之瞬間物質與精神的脫離。

　　這種二重化的特點還表現爲索洛維約夫詩意的兩種傾向，一是盡量把對立概念的內涵兩極化，二是強調兩極的統一，它們之間必然的融合。如天——地、光——暗、善——惡、奴——主、幸福——痛苦、神性——物性、愛情——虛無。

　　在這裡，集眞善美於一身的理念不僅是抽象精神，而且是現實的存在和生動的個性。索洛維約夫在1892年的一首詩中寫道：

> 我們所見的世界萬物，
>
> 　只是那個
>
> 不可見世界的反光和暗影。

　　這種二重化思想特點對俄羅斯象徵主義文學產生很大影響。如伊萬諾夫所言，它開創了「整整一個流派，甚或是詩歌的一個時代」。象徵主義把這種可見現實看作精神現實。而象徵正是兩個世界之間的聯繫，是彼世在此世的標誌。

　　與此相連，索洛維約夫把這種兼有最高精神和完美形體的東西叫做基督教的「索菲亞」，具有女性特徵。而這一時期的象徵主義詩人把「索菲亞」直接看作「美婦人」（Прекрасная Дама）勃洛克從索洛維約夫那裡接受了對「美婦人」的崇拜，寫了一整

卷獻給美婦人的詩。

索洛維約夫思想中包含著一種歷史預言的因素，他敏銳地傾聽著歷史進步的腳步聲，要預示人類的未來。勃洛克和別雷感受到了來自索洛維約夫的清新的未來之風，他們宣布了「頹廢派」階段的結束，開始了象徵主義美學。

超越純藝術界限、訴諸未來，等待未來的重大事件，這是象徵主義詩人的一個顯著特點。他們以特有的敏銳預感到俄國正在急速墮向深淵，舊俄國行將就木而新俄國應當誕生，而新俄國的面貌如何，尚不得而知。

19世紀末20世紀初對俄國人來說是文化價值觀念迅速轉變的時代，像陀思妥耶夫斯基一樣，象徵主義詩人預言內在精神革命。別雷在描寫這種狀況時寫道，他們等待曙光的出現，盼望明天太陽的升起。別雷還是一位浪漫主義的預言家。在他的長篇小說《彼得堡》中，人和宇宙分解為原素，物體失去了彼此劃分的界限，人能走進燈泡，燈泡能走上大街，而大街通向無限宇宙。勃洛克則在一首詩中預感到某種恐怖的東西正在向俄國逼近：

> 狂放的激情已化解
> 面對一輪殘月……
> ──
>
> 我看見俄羅斯遙遠的天際，
> 一場大火正悄然蔓起。

15.3 在俄國的命運

20年代以後，由於意識形態方面的原因，索洛維約夫的學說和著作在蘇聯經歷了曲折坎坷的命運。30—50年代，這種學說受到官方的批判，這在當時的歷史條件下是不足爲奇的。首先由於他的宗教唯心主義世界觀與馬克思列寧主義的無神論唯物主義相對立，其次因爲他是「宗教哲學復興」時期思想家和活動家的精神宗師，而他們是反對革命的。因此索洛維約夫哲學被說成是「本質上反動的」，他的著作也橫遭指責，不得再版，而且若在其他作品中引證了這些著作，也會帶來惡意的指責和非難。這一時期官方的著作和機構中主要研究的是同一時代俄國革命民主主義者〔別林斯基、車爾尼雪夫斯基、杜勃羅留波夫（Доъроіюъов H.A.，Dobroliubov 1836—1861）等〕的哲學思想，而把宗教哲學包括索洛維約夫哲學作爲批判對象一帶而過，儘管他在俄羅斯哲學思想史上占有極其重要的地位。**⓫**

70年代以後情況已有所改變。在某些書刊中陸續發現了一系列研究和介紹索洛維約夫思想的文章，如科岡（Л. Кагон，　）〈索洛維約夫和車爾尼雪夫斯基〉(1973)、明茨（Минц, Minc）〈索洛維約夫《詩與滑稽劇》一書前言〉（1974），戈魯別夫（A. Голубев, A, Golubev　）〈索洛維約夫倫理學中的個性概念〉(1978)，阿斯穆斯（A. Asmus　）〈索洛維約夫的理論哲學〉(1982)，拉什科夫斯基（E. Рашковский, I. Rashkovski　）

⓫ 奧夫相尼科夫《俄羅斯美學思想史》，頁375—376。

〈索洛維約夫關於哲學知識本質的學說〉（1982）。這些文章都肯定索洛維約夫在俄國哲學和文化史上的重要地位。

在蘇聯學術界的暗流中和大學校園裡，70年代以來對索洛維約夫和別爾嘉耶夫等哲學家的興趣明顯增長⓬。德國研究者達姆在第二屆蘇聯東歐研究世界會議（1980年，聯邦德國）上說，蘇聯哲學史研究已發生了質變：不僅研究唯物主義流派，而且對唯心主義和宗教哲學流派的研究也「驚人地增長」，即研究「從索洛維約夫到舍斯托夫」的俄羅斯哲學⓭。

但是，這些「自選的」研究在出版方面仍然受到官方的種種限制。1979年交付出版的《索洛維約夫著作集》第一卷被束之高閣；1983年，「思想」出版社出版了多年研究索洛維約夫的著名哲學家洛謝夫（А. Лосев, A. Losev, 1890—1985）的專著《弗拉基米爾·索洛維約夫》一書，但這年6月16日，蘇聯國家出版委員會就頒布了第254號令，說「思想」出版社出版該書是「愚蠢的錯誤」，這本書誇大了索洛維約夫對文化的貢獻。於是出版社領導受到處分，發行的書被勒令銷毀。但由於一些人和作者的共同努力使該書得以免除「死刑」，而代之以「流放」：允許在邊遠農村地區出售。

進入80年代後半期，蘇聯發生了舉世矚目的巨變。在「改革」和「公開性」的旗幟下開始了對歷史的反思與重估，人們要糾正意識形態化時期對歷史的錯誤評價，要填補歷史研究中的許多「空白」，要尋找自己民族的傳統精神。在這種背景下，俄

⓬ Вопросы философии. 1982 № 3, С.81.

⓭ Маслин М. А.: Современные буржуазные концепции истории русской философии. С.34.

羅斯宗教唯心主義哲學家備受青睞，甚至成爲文化生活的熱點，
不僅報刊雜誌發表大量他們的作品，而且他們的著作集也紛紛出
版。《索洛維約夫著作集》於1988和1990共出版 4 卷，基本包括
了他各時期的主要哲學著作。同時，索洛維約夫的哲學思想也獲
得了極高的評價。俄國哲學史家古雷加（A. Гуіыга, A. Gulyga）
說「索洛維約夫是與康德黑格爾相當的哲學家」，「是我們民族
的驕傲」 ❿ 。

　　如果說，本世紀初的「宗教哲學復興」是對索洛維約夫的重
新發現，那麼，經過幾十年的冷落與沉寂之後，他的著作和學說
在80年代末再度廣爲流行。有兩件事情可以生動地說明索洛維約
夫在蘇聯大眾中從鮮爲人知到風靡一時的變化。

　　1979年，來自西德的繆勒爾（L. Müller）教授（索洛維約
夫著作德文版的編輯）在古雷加的陪同下參觀索洛維約夫當年去
逝時所在的樓和房間，現在是一所療養院。當他們欲進樓門時被
警覺的女看守長攔住詢問來由，他們說想看看索洛維約夫逝世的
那個房間。她臉上顯出恐怖的神情忙說：「這裡誰也沒有死，這
是不可能的! 」他們啼笑皆非，不得不找到值班醫生解釋說這個
人是很久以前死去的，療養院的管理人員對此無責任。這才允許
他們走進那個房間，但看到的是臺球桌占據著幾乎整個房間，只
在牆角放著一只古舊的皮沙發，他們明白，這是索洛維約夫的遺
物，在照片上見過。看到古雷加哀傷的表情，繆勒爾走近說：「
別難過，隨著時間的推移，這裡會變成眞正的紀念館」。

　　整整10年以後，當一位中國學者走進莫斯科一家書店想購買
《索洛維約夫著作集》的時候，營業員覺得一個外國人居然要不

❿　Литературная газета. 18 Января 1989 г.

花黑市價錢買這種熱門書，忍不住訕笑。

15.4　在國外的影響

西方研究者一般把俄羅斯哲學史解釋爲宗教唯心主義哲學的歷史，所以索洛維約夫思想頗受重視。此外，20年代以後，一些僑居國外的俄國宗教哲學家寫了許多關於俄國哲學的著作，對索洛維約夫哲學予以高度評價。這些著作也引起了西方學者對索洛維約夫的興趣。

一些西方基督教哲學家和社會學家十分欣賞索洛維約夫關於基督教和東西方教會聯合的思想。新托馬斯主義者舒爾茨（Schulze）認爲索洛維約夫是俄國基督教思想的核心，是找到了「天主教眞理」和表述了「天主教信條」的哲學家；另一位新托馬斯主義者齊爾卡爾斯基（Сцилкарский，Schilkarski）把索洛維約夫哲學比喻成一座宏偉的教堂，只是這座教堂的「天主教圓頂」未引起俄國人的注意。他說索洛維約夫是近幾個世紀以來最偉大的天主教思想家⑮。

在西方一些哲學文獻中，索洛維約夫曾被與普羅丁、奧古斯丁、帕斯卡爾、萊布尼茨、克爾凱郭爾這樣一些大哲學家相提並論。

60—70年代，一些西方研究者還把索洛維約夫與泰亞爾⑯、舍勒⑰一道分別作爲基督教進化論和現象學的代表人物。如 K.

---

⑮　История философии в СССР. Том 3. C.390--391.

⑯　泰亞爾（Teilhard de Chardin，1881—1955）——法國宗教哲學家，新托馬斯主義者，天主教神父，人類學家、古生物學家。中文名德日進。

⑰　舍勒（Scheler，Max，1874—1928）——德國哲學家、現象學運動的早期代表之一，現代價值倫理學和哲學人類學的奠基人。

特魯納（K. Truhlar）《泰亞爾和索洛維約夫：創作與宗教經驗》（*Teilhard und Solowiew Dichtung und religigiöse Erfahrung, Freiburg-München,* 1966），達姆《弗拉基米爾·索洛維約夫和馬克斯·舍勒：比較解釋的嘗試：對現象學史的貢獻》（*Vladimir Soloviev and Max Scheler: Attempt at a Comparative Intepretation, Dordrecht,* 1975），在後一部著作中，達姆試圖用索洛維約夫哲學來「豐富」現象學哲學。

1978年，在聯邦德國出版了奧斯堡大學神學博士路·文茨列爾的專著《索洛維約夫的自由與惡》，書中廣泛考察了索洛維約夫在創作各時期解決倫理問題的不同途徑。作者認為，雖然哲學家沒有給出自由的邏輯定義，卻把自由放在人的存在的多樣性之中來理解，把對自由本質的探索貫穿於對世界的哲學思考之中，承認自由的現實存在，而對自由的否定是惡。他所主張的自由不是單純的個人的隨心所欲，而必須依賴於普遍的和一切人共同遵守的規範和社會方針。而他所做的正是要揭示個人權利和個人價值的基礎。

索洛維約夫的著作在國外以德、英、法、意、荷、日、克羅蒂亞、捷克等文字出版；1966—1970年在布魯塞爾出版了俄文版的《索洛維約夫全集》（共16卷，但並不完全）；1953年開始在聯邦德國出版《索洛維約夫全集》德文版，至1980年出齊；此後，在該國幾乎每年都要出版關於索洛維約夫的評論著作，如《東方學和國際研究聯邦學院通報》1988年第39號的主題是「索洛維約夫與現時代」，其中〈索洛維約夫與戈爾巴喬夫改革〉一章中指出，索洛維約夫集中表達了俄羅斯文化的精神，這種精神表明俄國只適合於獨裁統治，因此作者預言俄國國家生活法制化

的努力終將失敗。

　　據古雷加1981年在一篇書評裡說，僅最近十年以來，在西方出版的關於索洛維約夫的論著就多達百餘種。

15.5　從歷史的觀點看

　　索洛維約夫的思想包含著某些具有永恒值價的根本問題，它們將與人生同在，永不會過時。然而他畢竟是生活在一個世紀以前的哲學家，其學說也不能不反映那個時代的局限，也不能不帶有個人特有的缺點。歷史的進程大浪淘沙，當人類的歷史和思想經過了曲折坎坷的百年風雲之後，我們回首反觀，似乎可以更清晰地看到個中的是非得失。

　　索洛維約夫學說的最大特點是綜合或融合思想：宗教、哲學、科學的綜合，形而上學、人類學、歷史哲學的結合，眞、善、美的統一，東西方思想與文化的融合，等等。從現實觀點看，這種融合的理想包含了一種調和生活矛盾的企圖，實質上等於保留了矛盾，並未予根本解決。但另一方面，這種綜合或融合的理想是與「凡存在的都是合理的」、「人類歷史和思想發展的每個階段都具有其原因和意義，都是對人類進步總過程的貢獻」這樣一種觀念相聯繫的，這裡顯然包含著辯證法和歷史主義的種子。

　　索洛維約夫全部世界觀的宗旨是實現積極的萬物統一，亦即人類和宇宙最高理想。這裡，他把一切問題——從自然利用到精神改造——的最終解決都同基督教理想和願望聯繫起來，因此被稱爲宗教唯心主義。但對此不宜簡單否定。筆者認爲這種宗教唯

心主義理想中包含兩個層面，其一是社會政治層面，就此而言，這種理想是虛無縹緲的神權政治烏托邦，其實現方式（內在精神革命）也是脫離實際的幻想，因為這種理想忽視了社會生活的經濟基礎。20世紀俄國和世界的現實是並未發生宗教革命。世紀之初的1905年革命和1917年革命深刻地改變了傳統的宗教文化觀念，使其在俄國失去了政治和社會意義。因為歷史已經表明是科技進步、工業革命和經濟發展迄今為止對改變人類的生活和社會的面貌起了更大的作用。

然而哲學思考不應止於站在當今現實而反觀歷史，也應當站在人類發展的立場展望未來。所以歷史標準也是一個過程，因為歷史沒有結束，生活還在繼續。

眾所周知，現代工業文明給了人們更多的舒適與方便，但也無可否認，這種文明遠未解決人的存在的全部問題，卻給人的精神帶來某些病痛——在高度緊張的現代文明社會，人們在尋找失落的精神家園。而索洛維約夫哲學的特別之點正在於全身心地為人的精神性而鬥爭；此外，現代文明也帶來了尖銳的道德問題和生態危機，而索洛維約夫哲學的又一根本特點是為個人和社會的最高理想——世界的和諧統一而鬥爭。這也就是筆者想指出的索洛維約夫宗教唯心主義世界理想的第二個層面——哲學層面。這種理想與宗教唯心主義無必然聯繫，或者說已超越了傳統宗教界限，這是一種古已有之的人文理想，是人類對世間至真至善至美的信仰與追求。正是這種實踐的理想主義，是索洛維約夫哲學具有生命力的重要根源。

索洛維約夫年表

1853年 1 月16日

生於莫斯科歷史學家謝・米・索洛維約夫之家。

1864—1869年

就讀於莫斯科第五小學。

1869年

進入莫斯科大學數理系。

1872年 1 月16日

完成〈基督教的生命意義〉（ Жизненный смысл христианства ）一文。

1873年 7 月

轉入莫大文史系。

1873年11月

發表〈古代多神教中的神話過程〉(Мифологический процесс в древнем язычестве)（載《東正教評論》1873年 No 11）

1873年秋—1874年夏

在莫斯科神學院旁聽神學和哲學。

1874年夏

莫斯科大學畢業，留校任教。

1874年11月24日

在聖彼得堡大學通過碩士論文《西方哲學的危機（反對實證主義者）》答辯。

1875年1月

開始在莫斯科大學講授哲學史導論課。

1875年夏

被派往英國深造。

1875年冬

受「索菲亞」的神祕召喚離開英國前往埃及。

1876年夏

從國外歸來，在莫大開辦邏輯學和哲學史講座。

1877年1月

發表題爲〈三種力量〉（Три силы）的演講，表達了1877—1878年俄土（耳其）戰爭形勢下的愛國主義情緒，主張作爲第三種力量的斯拉夫傳統的俄羅斯應擺脫伊斯蘭教的東方和西方文明。

1877年3月

辭去莫大職務，到聖彼得堡在人民教育部任職，並在聖彼得堡大學和高級婦女講習班開辦講座。

1877年3—11月

發表《完整知識的哲學原理》（連載於《人民教育部雜誌》）。

1878年夏

同陀思妥耶夫斯基一同去奧普丁沙漠。

1878—1881年

開辦「神人論」系列講座。

1880年 4 月 6 日

在聖彼得堡大學通過博士論文《抽象原理批判》答辯。

1881年 3 月28日

在公開演講中呼籲寬恕刺殺沙皇的民意黨人。因此被迫離開聖彼得堡，後送交辭呈，從此辭去公職。

1881—1883年

發表〈紀念陀思妥耶夫斯基的三次演說〉。

1882—1884年

創作宗教內容的著作《生命的精神基礎》。

1883年 1 月—12月

發表〈大爭論和基督教政治〉（連載於《露西》（Русь）雜誌）。

1883年10月

發表〈走向眞正哲學之路〉（Путь к истинной философии）（載《露西》雜誌 No 20）。

1886年

出版《神權政治的歷史與未來》。

1887年 3 月

在莫斯科爲大學生作題爲〈斯拉夫主義與俄羅斯思想〉的演講，提出東正教的眞正進步是彼得大帝的西化活動。

1888年 2 月

發表批評但尼列夫斯基的文章〈俄羅斯與歐洲〉（載《歐洲導報》1988 No 2）。

1888年 4 月

為出版自己的著作奔走法國。

1889年

在巴黎以法文出版《俄羅斯與宇宙教會》一書。

1889年

與格羅特等人在莫斯科創辦《哲學與心理學問題》雜誌，同年在該雜誌第一期發表〈自然美〉。

1890年5月

發表〈藝術的一般意義〉（ Общий смысл искусства ）。

1890年8月和11月

發表反駁斯拉夫主義者斯特拉霍夫的文章〈臆想中的與西方鬥爭〉（《俄羅斯思想》1890 No 8）和〈斯特拉霍夫的幸福思想〉（《歐洲導報》1890 No 11）。

1891年初

發表〈偶像與理想〉（Идолы и идеалы）一文，批評托爾斯泰的平民化思想，說這一理論只對他個人有意義，是他個人精神的「現象學」，是無意義的宣傳。

1891年

被任命為勃羅克高茲和埃弗龍百科辭典哲學卷的編委，不僅做了大量編輯工作，還親自撰寫了〈普羅丁〉、〈康德〉、〈黑格爾〉、〈孔德〉、〈但尼列夫斯基〉、〈列昂季耶夫〉等重要辭條。

1891年

在剛剛成立的彼得堡哲學學會上作了關於柏拉圖、普羅塔戈拉、孔德、萊蒙托夫、別林斯基等思想家的學術報告。

1891年10月19日

在莫斯科心理學會作題爲〈論中世紀世界觀的衰落〉的演講，其中論證了基督教的衰落及文化發展之另謀出路的必要性。

1892—1894年

完成〈愛的意義〉。

1893年7月—1894年春

出國旅行，先後到芬蘭、瑞典、蘇格蘭、法國。

1894年1月

發表爲車爾尼雪夫斯基《藝術對現實的審美關係》第二版而作的評論文章〈走向積極美學的第一步〉（《歐洲導報》1894 No 1）

1897—1899年

完成代表倫理學體系的理論專著《善的證明——道德哲學》，先在雜誌上連載，1897年成書出版，1899年再版。

1897—1899年

完成總標題爲《理論哲學》的三篇文論〈理論哲學第一原理〉、〈理性的可靠性〉、〈合理性的形式和眞理的理性〉。

1898年

又一次去埃及旅行，尋找年輕時的神祕夢想，並完成了神祕主義詩作《三次會面》。

1898年

在聖彼得堡哲學學會紀念孔德誕辰100周年之際作了題爲〈奧古斯特·孔德的人類思想〉的報告。

1898年

發表〈柏拉圖的生活悲劇〉（載《歐洲導報》1898 No 3、

No 4）。

1899年 4 月

旅居法國戛納，開始寫《關於戰爭、進步和世界歷史終結的三篇對話》，至1900年初完成。

1899年10月25日

在《新時代》雜誌發表公開信說明自己正在從事的工作：（一）翻譯柏拉圖；（二）理論哲學；（三）美學；（四）對普希金的美學講評；（五）《聖經》哲學的翻譯及對《聖經》的解釋。

1900年 7 月31日

在莫斯科郊區烏茲科耶莊園他的朋友特魯別茨科依家中病逝。

參考書目

一、索洛維約夫原著:

Собранные сочинения. Т.1--VШ.СПб, 1901--1904.

Собранные сочинения. Т. 1--Х. СПб, 1911--1913.

Письма. Т.1--Ш. СПб, 1908--1911.

Сочинения. Т.1--П. М. изд.<Мысль>. 1988.

Сочинения. Т.1--П. М. изд.<Правда>. 1990.

<Исторические дела философии>/Вопросы философии. 1988 № 8.

二、有關評述著作:

Трубецкой Е. : Миросозерцание Вл. Соловьева. Т.1--2. М. 1913.

Зеньковский В. : История русской философии. Т.1. Paris YMCA-
           Press. 1948.

История философии в СССР. Том 3. М. 1968.

Кувакин В. А. : Философия Вл. Соловьева. М. изд. <Знание>,
           1988.

Маслин М. А. : Современные буржуазные концепии истории
           русской философии. М. 1988.

Галактионов А. А., Никандров П. Ф. : Русская философия IХ--

ХIХ вв. 2-е Изд. Ленинградского университета. 1989.

Бердяев Н. : Русская идея / Вопросы философии. 1990 № 1--2.

Ку линин В.Н. : Философия всеединства : От В. С. Соловьева к П.

А. Флоренскому. Новосибирск. 1990.

Лосев А. : Вл. Соловьев и его время. М. 1990.

М. 奧夫相尼科夫《俄羅斯美學思想史》中譯本，中國人民
大學出版社，1990年。

三、有關評述文章:

Бердяев Н. : Проблема Востока и Запада в религиозном сознании

Вл. Соловьева / В кн. Сборник первый о Владимире

Соловьере. М. 1911.

Эрн В. : Гносеология Вл. Соловьева / Там же.

Аскольдов С. : Русское богоискательство и Вл. Соловьев / Русская

мысль. 1912. № 3.

Гулыга А. : Владимир Сергеевич Соловьев / В рубрике <Из
　　　　истории русской философской мысли>Литературной
　　　　газеты. 18 Января 1989 г.

Асмус В. Ф. : Теоретическая философия Bi.Соіовьева /
　　　　Философские науки. 1988. № 6.

Уткина Н. : Тема всеединства в философии Вл. Соловьева /
　　　　Вопросы философии. 1989. № 6.

Еёже : Вл. Соловьев : Россия на пути создания богочеловечества /
　　　　В кн. Русская философская мысль в 80-х г. Х1Х в. о
　　　　будушем Рòссии. М. 1990.

Рашковский Е. Б. : Владимир Соловьев : учение о природе
　　　　фиіософского знания / Вопросы философии. 1982. № 6.

Его же : Вл. Соловьев о судьбах и смысле философии : Там же,
　　　　1988. № 8.

Голубев А.Н. : Понятие личность в философии Bi. Соловьева /
　　　　Там же, 1978. № 3.

Макаров М. Г. : Обоснование нравственного идеала в философии
　　　　ранних славянофилов и у Вл Соловьева /
　　　　Филлософские науки. 1992. № 2.

Пугачев О. С. : В. С. Соловьев: зтические абсолюты и линия
　　　　жизненного поведения / Вестник Московского
　　　　университета. 1992. № 6.

Павлов А. Т. : К вопросу о своеобразии русской философии / Там
　　　　же.

俄文人名索引

西文人名索引

主要概念術語索引

十 三 畫

十 四 畫

十 六 畫

十 七 畫

二十三畫

世界哲學家叢書(一)

書　　　　名	作　　者	出版狀況
孔　　　　子	韋　政　通	撰　稿　中
孟　　　　子	黃　俊　傑	已　出　版
荀　　　　子	趙　士　林	撰　稿　中
老　　　　子	劉　笑　敢	撰　稿　中
莊　　　　子	吳　光　明	已　出　版
墨　　　　子	王　讚　源	撰　稿　中
公　孫　龍　子	馮　耀　明	撰　稿　中
韓　非　子	李　甦　平	撰　稿　中
淮　南　子	李　　增	已　出　版
賈　　　　誼	沈　秋　雄	撰　稿　中
董　仲　舒	韋　政　通	已　出　版
揚　　　　雄	陳　福　濱	已　出　版
王　　　　充	林　麗　雪	已　出　版
王　　　　弼	林　麗　眞	已　出　版
郭　　　　象	湯　一　介	撰　稿　中
阮　　　　籍	辛　　旗	撰　稿　中
嵇　　　　康	莊　萬　壽	撰　稿　中
劉　　　　勰	劉　綱　紀	已　出　版
周　敦　頤	陳　郁　夫	已　出　版
邵　　　　雍	趙　玲　玲	撰　稿　中
張　　　　載	黃　秀　璣	已　出　版
李　　　　覯	謝　善　元	已　出　版
楊　　　　簡	鄭　曉　江	撰　稿　中
王　安　石	王　明　孫	已　出　版
程　顥　、　程　頤	李　日　章	已　出　版

世界哲學家叢書 (二)

書　　　　名	作　　者	出版狀況
胡　　五　　峯	王　立　新	撰　稿　中
朱　　　　熹	陳　榮　捷	已　出　版
陸　　象　　山	曾　春　海	已　出　版
陳　　白　　沙	姜　允　明	撰　稿　中
王　　廷　　相	葛　榮　晉	已　出　版
王　　陽　　明	秦　家　懿	已　出　版
李　　卓　　吾	劉　季　倫	撰　稿　中
方　　以　　智	劉　君　燦	已　出　版
朱　　舜　　水	李　甦　平	已　出　版
王　　船　　山	張　立　文	撰　稿　中
眞　　德　　秀	朱　榮　貴	撰　稿　中
劉　　蕺　　山	張　永　儁	撰　稿　中
黃　　宗　　羲	吳　　　光	撰　稿　中
顧　　炎　　武	葛　榮　晉	撰　稿　中
顏　　　　元	楊　慧　傑	撰　稿　中
戴　　　　震	張　立　文	已　出　版
竺　　道　　生	陳　沛　然	已　出　版
眞　　　　諦	孫　富　支	撰　稿　中
慧　　　　遠	區　結　成	已　出　版
僧　　　　肇	李　潤　生	已　出　版
智　　　　顗	霍　韜　晦	撰　稿　中
吉　　　　藏	楊　惠　南	已　出　版
玄　　　　奘	馬　少　雄	撰　稿　中
法　　　　藏	方　立　天	已　出　版
惠　　　　能	楊　惠　南	已　出　版

世界哲學家叢書 (三)

書　　　　　名	作　者	出版狀況
澄　　　　　觀	方　立　天	撰　稿　中
宗　　　　　密	冉　雲　華	已　出　版
永　明　延　壽	冉　雲　華	撰　稿　中
湛　　　　　然	賴　永　海	已　出　版
知　　　　　禮	釋　慧　嶽	排　印　中
大　慧　宗　杲	林　義　正	撰　稿　中
袾　　　　　宏	于　君　方	撰　稿　中
憨　山　德　清	江　燦　騰	撰　稿　中
智　　　　　旭	熊　　　琬	撰　稿　中
康　　有　　爲	汪　榮　祖	撰　稿　中
譚　　嗣　　同	包　遵　信	撰　稿　中
章　　太　　炎	姜　義　華	已　出　版
熊　　十　　力	景　海　峰	已　出　版
梁　　漱　　溟	王　宗　昱	已　出　版
胡　　　　　適	耿　雲　志	撰　稿　中
金　　岳　　霖	胡　　　軍	已　出　版
張　　東　　蓀	胡　偉　希	撰　稿　中
馮　　友　　蘭	殷　　　鼎	已　出　版
唐　　君　　毅	劉　國　強	撰　稿　中
宗　　白　　華	葉　　　朗	撰　稿　中
湯　　用　　彤	孫　尚　揚	撰　稿　中
賀　　　　　麟	張　學　智	已　出　版
龍　　　　　樹	萬　金　川	撰　稿　中
無　　　　　著	林　鎮　國	撰　稿　中
世　　　　　親	釋　依　昱	撰　稿　中

世界哲學家叢書 (四)

書　　　　　名	作　　者	出 版 狀 況
商　　羯　　羅	黃 心 川	撰　稿　中
維韋卡南達	馬 小 鶴	撰　稿　中
泰　戈　爾	宮　　靜	已　出　版
奧羅賓多・高　士	朱 明 忠	已　出　版
甘　　　　地	馬 小 鶴	已　出　版
尼　赫　魯	朱 明 忠	撰　稿　中
拉達克里希南	宮　　靜	撰　稿　中
元　　　　曉	李 箕 永	撰　稿　中
休　　　　靜	金 煐 泰	撰　稿　中
知　　　　訥	韓 基 斗	撰　稿　中
李　栗　谷	宋 錫 球	已　出　版
李　退　溪	尹 絲 淳	撰　稿　中
空　　　　海	魏 常 海	撰　稿　中
道　　　　元	傅 偉 勳	撰　稿　中
伊 藤 仁 齋	田 原 剛	撰　稿　中
山 鹿 素 行	劉 梅 琴	已　出　版
山 崎 闇 齋	岡 田 武 彥	已　出　版
三 宅 尚 齋	海老田輝巳	已　出　版
中 江 藤 樹	木 村 光 德	撰　稿　中
貝 原 益 軒	岡 田 武 彥	已　出　版
荻 生 徂 徠	劉 梅 琴	撰　稿　中
安 藤 昌 益	王 守 華	撰　稿　中
富 永 仲 基	陶 德 民	撰　稿　中
石 田 梅 岩	李 甦 平	撰　稿　中
楠 本 端 山	岡 田 武 彥	已　出　版

世界哲學家叢書 (五)

書　　　　　名	作　　者	出 版 狀 況
吉 田 松 陰	山 口 宗 之	已 出 版
福 澤 諭 吉	卞 崇 道	撰 稿 中
岡 倉 天 心	魏 常 海	撰 稿 中
中 江 兆 民	畢 小 輝	撰 稿 中
西 田 幾 多 郎	廖 仁 義	撰 稿 中
和 辻 哲 郎	王 中 田	撰 稿 中
三 木 清	卞 崇 道	撰 稿 中
柳 田 謙 十 郎	趙 乃 章	撰 稿 中
柏 拉 圖	傅 佩 榮	撰 稿 中
亞 里 斯 多 德	曾 仰 如	已 出 版
伊 壁 鳩 魯	楊 適	撰 稿 中
愛 比 克 泰 德	楊 適	撰 稿 中
柏 羅 丁	趙 敦 華	撰 稿 中
聖 奧 古 斯 丁	黃 維 潤	撰 稿 中
安 瑟 倫	趙 敦 華	撰 稿 中
安 薩 里	華 濤	撰 稿 中
伊 本 · 赫 勒 敦	馬 小 鶴	已 出 版
聖 多 瑪 斯	黃 美 貞	撰 稿 中
笛 卡 兒	孫 振 青	已 出 版
蒙 田	郭 宏 安	撰 稿 中
斯 賓 諾 莎	洪 漢 鼎	已 出 版
萊 布 尼 茨	陳 修 齋	已 出 版
培 根	余 麗 嫦	撰 稿 中
托 馬 斯 · 霍 布 斯	余 麗 嫦	排 印 中
洛 克	謝 啟 武	撰 稿 中

世界哲學家叢書(六)

書　　　　名	作　　者	出版狀況
巴　克　萊	蔡　信　安	已　出　版
休　　　謨	李　瑞　全	已　出　版
托馬斯·銳德	倪　培　林	撰　稿　中
梅　里　葉	李　鳳　鳴	撰　稿　中
狄　德　羅	李　鳳　鳴	撰　稿　中
伏　爾　泰	李　鳳　鳴	排　印　中
孟德斯鳩	侯　鴻　勳	已　出　版
盧　　　梭	江　金　太	撰　稿　中
帕　斯　卡	吳　國　盛	撰　稿　中
達　爾　文	王　道　遠	撰　稿　中
康　　　德	關　子　尹	撰　稿　中
費　希　特	洪　漢　鼎	撰　稿　中
謝　　　林	鄧　安　慶	已　出　版
黑　格　爾	徐　文　瑞	撰　稿　中
祁　克　果	陳　俊　輝	已　出　版
彭　加　勒	李　醒　民	已　出　版
馬　　　赫	李　醒　民	已　出　版
迪　　　昂	李　醒　民	撰　稿　中
費爾巴哈	周　文　彬	撰　稿　中
恩　格　斯	金　隆　德	撰　稿　中
馬　克　斯	洪　鎌　德	撰　稿　中
普列哈諾夫	武　雅　琴	撰　稿　中
約翰彌爾	張　明　貴	已　出　版
狄　爾　泰	張　旺　山	已　出　版
弗洛伊德	陳　小　文	已　出　版

世界哲學家叢書 (七)

書　　　　　名	作　　　者	出　版　狀　況
阿　　德　　勒	韓　水　法	撰　稿　中
史　賓　格　勒	商　戈　令	已　　出　　版
布　倫　坦　諾	李　　河	撰　稿　中
韋　　　　　伯	陳　忠　信	撰　稿　中
卡　　西　　勒	江　日　新	撰　稿　中
沙　　　　　特	杜　小　眞	撰　稿　中
雅　　斯　　培	黃　　藿	已　　出　　版
胡　　塞　　爾	蔡　美　麗	已　　出　　版
馬克斯·謝勒	江　日　新	已　　出　　版
海　　德　　格	項　退　結	已　　出　　版
漢　娜　鄂　蘭	蔡　英　文	撰　稿　中
盧　　卡　　契	謝　勝　義	撰　稿　中
阿　多　爾　諾	章　國　鋒	撰　稿　中
馬　爾　庫　斯	鄭　　湧	撰　稿　中
弗　　洛　　姆	姚　介　厚	撰　稿　中
哈　伯　馬　斯	李　英　明	已　　出　　版
榮　　　　　格	劉　耀　中	排　印　中
柏　　格　　森	尚　新　建	撰　稿　中
皮　　亞　　杰	杜　麗　燕	排　印　中
別　爾　嘉　耶　夫	雷　永　生	撰　稿　中
索　洛　維　約　夫	徐　鳳　林	已　　出　　版
馬　　賽　　爾	陸　達　誠	已　　出　　版
梅　露·彭　廸	岑　溢　成	撰　稿　中
阿　爾　都　塞	徐　崇　溫	撰　稿　中
葛　　　蘭　　西	李　超　杰	撰　稿　中

世界哲學家叢書 (八)

書　　　　　名	作　　　者	出 版 狀 況
列　　維　　納	葉　秀　山	撰　稿　中
德　　希　　達	張　正　平	撰　稿　中
呂　　格　　爾	沈　清　松	撰　稿　中
富　　　　科	于　奇　智	撰　稿　中
克　　羅　　齊	劉　綱　紀	撰　稿　中
布　拉　德　雷	張　家　龍	撰　稿　中
懷　　特　　海	陳　奎　德	已　出　版
愛　因　斯　坦	李　醒　民	撰　稿　中
玻　　　　爾	戈　　革	已　出　版
卡　　納　　普	林　正　弘	撰　稿　中
卡　爾 • 巴　柏	莊　文　瑞	撰　稿　中
坎　　培　　爾	冀　建　中	撰　稿　中
羅　　　　素	陳　奇　偉	撰　稿　中
穆　　　　爾	楊　樹　同	撰　稿　中
弗　　雷　　格	王　　路	排　印　中
石　　里　　克	韓　林　合	排　印　中
維　根　斯　坦	范　光　棣	已　出　版
愛　　耶　　爾	張　家　龍	撰　稿　中
賴　　　　爾	劉　建　榮	撰　稿　中
奧　　斯　　丁	劉　福　增	已　出　版
史　　陶　　生	謝　仲　明	撰　稿　中
馮 • 賴　特	陳　　波	撰　稿　中
赫　　　　爾	馮　耀　明	撰　稿　中
帕　爾　費　特	戴　　華	撰　稿　中
梭　　　　羅	張　祥　龍	撰　稿　中

書　　　　　名	作　者	出版狀況
愛　　默　　生	陳　　波	撰稿中
魯　　一　　士	黃秀璣	已出版
珀　爾　斯	朱建民	撰稿中
詹　姆　斯	朱建民	撰稿中
杜　　　威	葉新雲	撰稿中
蒯　　　因	陳　　波	已出版
帕　特　南	張尚水	撰稿中
庫　　　恩	吳以義	撰稿中
費　耶　若　本	苑舉正	撰稿中
拉　卡　托　斯	胡新和	撰稿中
洛　爾　斯	石元康	已出版
諾　錫　克	石元康	撰稿中
海　耶　克	陳奎德	撰稿中
羅　　　蒂	范　　進	撰稿中
喬　姆　斯　基	韓林合	撰稿中
馬　克　弗　森	許國賢	已出版
希　　　克	劉若韶	撰稿中
尼　布　爾	卓新平	已出版
默　　　燈	李紹崑	撰稿中
馬丁・布伯	張賢勇	撰稿中
蒂　里　希	何光滬	撰稿中
德　日　進	陳澤民	撰稿中
朋　謔　斐　爾	卓新平	撰稿中